外国语言文学与文化论丛

16

四川大学外国语学院

主　编　段峰　王欣
副主编　黄丽君　池济敏　方小莉

四川大学出版社
SICHUAN UNIVERSITY PRESS

图书在版编目（CIP）数据

外国语言文学与文化论丛．16 / 段峰，王欣主编
．— 成都 ：四川大学出版社，2022.10
ISBN 978-7-5690-5734-8

Ⅰ．①外… Ⅱ．①段… ②王… Ⅲ．①语言学－国外
－文集②外国文学－文学评论－文集③文化学－国外－文
集 Ⅳ．① C53

中国版本图书馆 CIP 数据核字（2022）第 187073 号

书　　　名：外国语言文学与文化论丛 16
　　　　　　Waiguo Yuyan Wenxue yu Wenhua Luncong 16
主　　　编：段　峰　王　欣

选题策划：张　晶　余　芳
责任编辑：余　芳
责任校对：于　俊
装帧设计：杨红鹰
责任印制：王　炜

出版发行：四川大学出版社有限责任公司
　　　　　地址：成都市一环路南一段 24 号（610065）
　　　　　电话：（028）85408311（发行部）、85400276（总编室）
　　　　　电子邮箱：scupress@vip.163.com
　　　　　网址：https://press.scu.edu.cn
印前制作：四川胜翔数码印务设计有限公司
印刷装订：四川五洲彩印有限责任公司

成品尺寸：165mm×240mm
印　　张：14.75
插　　页：1
字　　数：273 千字

版　　次：2022 年 11 月 第 1 版
印　　次：2022 年 11 月 第 1 次印刷
定　　价：68.00 元

扫码查看数字版

四川大学出版社
微信公众号

目　录

翻　译

文学与文化

语言与语言教学

翻　译

语际书写中的文学想象和文化身份寻求：白先勇的文学自译①

段 峰

（四川大学外国语学院，成都 610207）

摘 要：白先勇用中文写作《台北人》的时候，正是那一代来自台湾地区的中国移民身处异域、思念故土的时候，文化差异所造成的自我认同危机使白先勇自觉地从充满中国文化符号的文学想象中寻求自我治愈的途径。《台北人》在写成 10 年以后又由他本人及其团队翻译成英文回到他写作时所处的文化中，还原了他当时通过文学想象来表达、建构自己文化身份的心理状态。

关键词：《台北人》；文学想象；身份认同；文化构建

白先勇生于 1937 年，是中国台湾小说家、散文家、评论家、剧作家。他 1958 年发表第一篇短篇小说《金大奶奶》，1960 年与同学陈若曦、王文兴、欧阳子等人发起创办了《现代文学》杂志，迄今已出版短篇小说集《寂寞的十七岁》《谪仙记》《游园惊梦》《台北人》《纽约客》，长篇小说《孽子》，散文集《蓦然回首》《明星咖啡馆》《第六只手指》《树犹如此》，电影剧本《金大班的最后一夜》《玉卿嫂》《孤恋花》《最后的贵族》等，并撰写了父亲白崇禧将军的传记《白崇禧将军身影集》。另外，他还不遗余力地推广昆曲，编著和主编了多部昆曲推广读物。1971 年，夏志清主编的《二十世纪中国短篇小说选》（*Twentieth-century Chinese Stories*）收录了白先勇的短篇小说《谪仙记》。夏志清评论道："毋庸置疑，白先勇是继张爱玲之后最重要的中国短篇小说作家。"（Hsia，1971：218）之前（1969 年）他在《白先勇论（上）》中也评论道："白先勇是当代短篇小说家中少见的奇才"，"在艺术成就上可和白先勇后期小说相比或超越他的，从鲁迅到张爱玲也不过五、六人。"（白先勇，2014）

---

① 本文系 2018 年国家社科基金一般项目"作为语际书写和文化建构的二十世纪中国文学自译研究"阶段性成果。

　　《台北人》1973 年由晨钟出版社发行，收录了 14 篇短篇小说，按顺序为《永远的尹雪艳》《一把青》《岁除》《金大班的最后一夜》《那片血一般红的杜鹃花》《思旧赋》《梁父吟》《孤恋花》《花桥荣记》《秋思》《满天里亮晶晶的星星》《游园惊梦》《冬夜》和《国葬》。小说描写的是一群 20 世纪 50 年代从中国大陆迁到台湾地区的男男女女在台湾的生活经历片段。这群人中有上海滩红极一时的舞女、空军遗孀、身上挂着伤疤的老兵、歌女、缅怀爱国运动的官员和大学教授、饭店老板娘、红极一时转而无人问津的电影演员等。作者对"他们在巨变之后生活方式上的依然故我——或依然故乐——毋宁视之为生命的一种高度反讽；对他们的沉湎于往日的或真或幻的光荣（也可说过去的一切如影随形地追踪着他们）也未尝不寄予深厚的同情。他所写的是'人心的自我挣扎'的历史"（白先勇，2013：11）。小说出版以来深受读者的喜爱，成了白先勇的代表作品。

　　白先勇的文学翻译活动仅包括他对自己作品的英文自译。除自译外，他没有翻译过他人的文学作品。1965 年，白先勇自译了短篇小说《香港1960》，并发表在杂志《文学：东方与西方》（*Literature: East & West*）上；同年，他从美国艾奥瓦大学"作家工作室"硕士毕业。后来他回忆道："在艾奥瓦'作家工作室'念书的时候，把自己的几篇小说译成英文，作为硕士论文……严格来说，那不算翻译，只能说我用英文把自己的小说重写一遍。"（白先勇，2018：43）1971 年，白先勇自译短篇小说《谪仙记》，英文名为 "A Chinese Girl in New York"，由夏志清润色修改后收录在夏志清主编、哥伦比亚大学出版社出版的《二十世纪中国短篇小说选》中（Hsia，1971：218–220）。关于这次翻译活动，白先勇写道："英文不是我的母语，用于创作就好像左手写字，有说不出的别扭。我知难而退，就再没有用英文创作的打算。"（白先勇，2018：43）1980 年，白先勇与叶佩霞（Patia Yasin）合作翻译了短篇小说《游园惊梦》，刊载于香港中文大学《译丛》（*Renditions*）第十四期。白先勇最主要的自译作品是《台北人》短篇小说集。迄今为止，《台北人》共有三个英译版本。第一个版本发表于 1982 年，由美国印第安纳大学出版社出版，英文书名为 *Wandering in the Garden, Waking from a Dream—Tales of Taipei Characters*。第二个版本是 2000 年由香港中文大学出版社出版的中英双语版本，第三个版本是 2013 年由广西师范大学出版社出版的中英双语版本。后两个版本的英文书名为 *Taipei People*。第一个英译版本的英文书名考虑英美读者的需求，采用了书中的名篇《游园惊梦》为书名，而后来的版本则保留了原书的书名《台北人》，"以便存真，并保留一点原文的反讽意味"（白先勇，2013：5）。香港中文大学出版社出版的版本以第一个版本为基础，"经过仔细校勘，少数英译词句上稍有编修，但全部内容没有改动，依旧是本来面目"（3）。广西师范大学出版社的版本与香港中文大学的版本相比没有任何改动。

  《台北人》的英译是一项团队工作。白先勇和叶佩霞合作翻译初稿，《译丛》的创始人高克毅作为译本的编辑，为译本加工润色。《台北人》的英译从 1976 年开始，到 1981 年完成，历经五年时间，可见翻译《台北人》是一项艰巨的工作，同时，翻译团队成员之间的电话沟通、书信来往等也很耗时。白先勇对团队的另两名成员赞赏有加，"能够优游于中英两种语文之间，从心所欲不逾矩的作家不多，高克毅先生是一个例外"。叶佩霞"熟读莎士比亚，一段一段会背的……街头巷尾的俚语俗话，耳熟能详，所以她的英文也能雅俗并兼"（42）。

  《台北人》英译本中，有三篇短篇小说是由他人翻译白先勇翻译团队略做修改后收录。《永远的尹雪艳》由柯丽德（Katherine Carlitz）和余国藩（Anthony C. Yu）翻译，发表在 1975 年《译丛》秋季第五期上；《岁除》由黛安娜·格拉纳特（Diana Granat）译成英文，同样发表在该期上；而《花桥荣记》则由威廉·莱尔（William A. Lyell）翻译，未经发表即被收录进《台北人》英译版本。

  白先勇的自译经历了从早期的个人尝试、和夏志清的二人合作，以及《台北人》的团队合作几个阶段。尽管白先勇认为"参加《台北人》的'翻译团队'，可以说完全是一种巧合"，但他又指出"参加《台北人》英译，是我平生最受益最值得纪念的经验之一"。自译的团队合作形式对于原文本在目标语中的忠实传达起到了重要的保证作用，"翻译三律'信、达、雅'我们先求做到'信'，那就是不避难不取巧，把原文老老实实逐句译出来——这已是了不得的头一关"。（白先勇，2018：41–43）对于自译者而言，团队合作过程就是将自译中合为一体的作者和译者分开，译者对作者负责，自译者的创造性受到有效的约束，从而保证了翻译的准确性和译文的忠实度。该过程对于自译者而言也是重要的帮助，合作者的建议可以不断提醒自译者不能在自译中随意发挥，而应趋同于原文，与原文保持一致。这在一定程度上减轻了自译者的压力，也减轻了其可能在自译中游移开原文所引起的不安。然而无论是忠实于原文还是改写原文，都被视为自译者的优势和特权，一旦这种权利受到压制，自译者定会有所不满，白先勇也不例外。当被问及他如何看待《台北人》的翻译时，他说，"作为作者，我觉得译文有点意犹未尽。作为译者，我觉得讲忠实，不能拘泥于一字一句的得失"（许钧，2001：60）。换言之，译文没有自由度，就不能充分表达原文的意义。原文的意义只有作者最清楚，也只有他最清楚在另一种语言中如何表达，这远远超出不同语言形式之间和语义层面上的对应，所以自译者的翻译具有改写的性质就不难理解了。这还勿论自译者在回看自己所写的原文时有了新的想法，并将此表达在译文中。不论是忠实于原文还是改写原文，自译者之于原文都有绝对的自由，这是自译行为的核心所在和存在的原因，自译者对自己作品的翻译不借助他人，而亲自操刀，本质上就是对这种自由的保护。

《台北人》汉英对照版序言写道："一本汉英对照的书可供三种不同的读者阅读：一种是只懂汉文的；还有一种是只懂英文的；第三种，无疑是最大的一群，就是汉英文都通的读者。他们不但要读小说，而且要看看这些故事是怎样度过两种文字播迁的风险的。"（白先勇，2013：5）鉴于此，《台北人》的英译采取团队形式就是为了将这种风险降到最低。当然，客观上也有白先勇本人对自己的英文翻译水平不自信的原因，他没有翻译过其他人的作品，严格意义上，他只自译了一篇他称之为改写的小说，那就是1965年发表的短篇小说《香港1960》，其他几次自译皆是与人合作。由此可以推定，在《台北人》的团队自译过程中，白先勇更多的是负责原文的解读，而叶佩霞和高克毅则更多负责译文的表现，这种形式与林纾的合作翻译相似，但又有很大不同。林纾不懂外语，他的耳听笔授是单向的，他的译文具有不可复原的特点；而白先勇的团队成员都具有双语能力，虽然各有倚重，但能互相帮助、互相制衡，确保"把这本书的中文尽量搬到英文这边来"（29）。在翻译过程中，出于对译文接受的考量，翻译者在忠实于原文的翻译策略下也做了必要的变通调整。乔志高在英文版序言中也提到，译者必须"对原文负责"，但他认为如一味直译，则可能"产生可笑的后果"；反之，如果过分追求"英文或美式英文成语来表达"，则可能会"减损读者'读的是一个中国故事'的感觉"。所以译文应当"自然而且精确"，"既是可读的英文又同时忠于原文"。（19）

具体而言，在《台北人》的英译中，以下方面集中体现了白先勇自译团队的翻译策略和方法：

（1）人名翻译。白先勇认为，"翻译，特别是中译英，名字的翻译就是个问题。名字一经拼音，意思全无，更不谈文中之美"（许钧，2001：59）。《台北人》中人物众多，人名往往包含一定的文化和文学信息，作者利用这样的信息或突出人物性格，或刻画人物身份等。《台北人》中的人名翻译主要采取音译、意译，或音译意译相结合的方法。①音译。在不影响译文读者获取原文主要信息和译文可读性的前提下，译者采用了音译的方法，还原原文中人名的称谓功能和文化属性，音译部分使用的是威妥玛式拼音法（Wade-Giles）。如：王贵生 Wang Kuei-sheng、徐壮图 Hsu Chuang-t'u（《永远的尹雪艳》），伟成 Wei-ch'eng、郭轸 Kuo Chen（《一把青》），骊珠 Li-chu、俞欣 Yu Hsin（《岁除》）等。②意译。意译即译意。《台北人》中的人名英译，除了采取音译的方法外，译者还采用了译意的方式，使译文读者能够通过人名的意义对人物的性格特点、身份地位、命运前途有前瞻性的了解，帮助译文读者更深刻地领略原文信息和作者的意图。《永远的尹雪艳》中的吴燕丽是戏剧演员，英文译作"Swallow Wu"，"Swallow"对应了"燕"的含义，同时也指人物有一副好嗓子，突出了人物的身份特征。又如《一把青》中，朱青译为"Verdancy Chu"。"Verdancy"有翠绿、新绿的含义，与原文中的"青"形成呼应，另外，该词在英文中还有"单纯、稚嫩、不成熟"的意思。这样翻译一方面突出人物最初的青涩性格，另一方面也与人物在经历多舛命运后变得轻浮、冷漠形成了鲜明的对比，使读者能够在阅读时对其人名及其性格命运产生联系，更好地理解文中的信息。此外，刘骚包 Smarty Liu（《一把青》），吴喜奎 Joy Wu、小如意 Little Sweetie、朱凤 Phoenix Chu（《金大班的最后一夜》），喜妹 Happy（《那片血一般红的杜鹃花》）等也属于此类。③音译意译结合。在《台北人》的英译本中，音译意译相结合的译例可以分为两种：一种音译在先，随后加上意译，意译的文字也以大写字母开头，使读者认为是人物的艺名或绰号，增强译文的可读性和可理解性；另一种是用译入语中意义和发音都和原文相近的词汇进行翻译，由于两种语言在音、形、义上的差别，找到音义基本相同或相似的词汇实属不易，所以此种方法的运用难能可贵。先看第一种例子，《永远的尹雪艳》中人名"尹雪艳"被译为"Yin Hsueh-yen, the 'Snow Beauty' of Shanghai fame"。"Snow"表现的是尹雪艳"一身雪白的肌肤"（白先勇，2013：41），而"Beauty"则体现了"无论尹雪艳一举手、一投足，总有一份世人不及的风情"（43）。《孤恋花》中的"柯老雄"被翻译为"K'o Lao-hsiung, nicknamed Yama, the King of Hell"（336）。"Yama"，"King of Hell"正呼应了后文中有关柯老雄的描述："跑单帮的，聚赌吸毒，无所不来，是个有名的黑窝主"（337）。这种方式具有文内注释的特征，既保留音译所保持的源语文化特征，又对原文姓名的意指加以说明，是译者的一种折中翻译手段。第二种音义结合的翻译手段集中体现在《金大班的最后一夜》里人名"金兆丽"的翻译上。金兆丽是一名舞女，曾是舞厅的台柱。为了使译文读者能够了解人物性格和经历，"金兆丽"被翻译为"Jolie Chin"。"Jolie"是法语人名，不仅和"兆丽"的发音相似，也有"美丽"之义。其所在的舞厅"夜巴黎"也被译为法文"Nuits de Paris"，因此"Jolie 又添了些舞厅里的巴黎味"（白先勇，2018：46）。音义兼顾的翻译是翻译的理想之境，也是团队智慧的结晶。

　　（2）文化负载词的翻译。在《二十世纪中国短篇小说选》中，夏志清在介绍白先勇自译的《谪仙记》时说，白先勇没有从他最负盛名的《台北人》中选择一篇小说来翻译，是因为"要在译文中重新掌握其丰富语言已是困难，要使所有的微妙典故让英文读者了解也属不易"（Hsia，1971：219）。"没有一种翻译能够称职地迻译这么一种多样，富有象征、意象和典故的语言。"（Lau，1975：31）中西方文化的差异造成了小说英译过程中处理文化负载词的困难。《台北人》的英译也采取了处理文化负载词翻译的通常做法，对于译文读者难以理解、上下文没有提供较多信息的词语，译者采用了文外或文内加注释的策略；对于基本不影响文字的理解，或通过上下文能够获取一定背景信息的词语，译者采取了意译或音译意译相结合的方法，比如"音译/意译＋文外注释"。这一类词语往往具有深厚的文化内涵和底蕴，如果只采取音译，抑或只译出表面的指称意义，译文读者可能无法理解或者理解有一定的误差。文后的注释可以促进读者对原文信息的把握。虽然添加注释可能会干扰阅读的流畅性，但在源语和译入语的文化差异较大时，这也是译者无奈之下采取的一种折中妥协的翻译策略。采用这种翻译策略的词汇包括衣着、棋牌、称谓、食品、戏剧、历史人物及年代、乐器、方言俚语等词汇。例如：旗袍 Ch'i-p'ao（《永远的尹雪艳》），文外注释为："a long gown slit at the sides and with a high collar that came into fashion in the late 1920s. Called ch'i-p'ao（Manchu gown）because it was supposed to have been modelled on the women's dresses of a Manchu banner people"。文外注释是《台北人》英译的一大特点，几乎出现在被收录的每篇小说的文后注释中。具体而言，《永远的尹雪艳》有 10 处注释，《一把青》有 3 处，《岁除》有 15

处，《金大班的最后一夜》有 2 处，《那片血一般红的杜鹃花》有 2 处，《思旧赋》有 1 处，《梁父吟》有 7 处，《花桥荣记》有 3 处，《满天里亮晶晶的星星》有 1 处，《游园惊梦》有 10 处，《冬夜》有 7 处，《国葬》有 5 处。而且这些注释较长，注释的篇幅占据《台北人》总篇幅的相当比例，这种直译加注的"厚翻译"方法在《台北人》的英译中运用得相当突出。又比如文内注释方法。较之文外注释，文内注释则为译文读者提供了较好的阅读体验。对于原文中具有一定文化内涵的内容，在不用长文解释、不显得突兀且读起来自然流畅的前提之下，译者采取了文内注释的翻译方法，不仅不影响译文的可读性，而且能使读者对这些词汇立刻就有一定的了解。如"两旁的对子却是郑板桥的真迹，写得十分苍劲雄浑"（白先勇，2013：281），译文为"The couplet on the two scrolls on either side, taken from Tu Fu's poem 'Climbing the Tower', was written in the vigorous and forceful hand of Cheng Pan-ch'iao"（280），译文中加上了关于杜甫诗歌的说明，帮助西方读者了解书法的内容。还有一种文内注的方式是音译、意译，或音译与意译结合的形式，如铁观音 Iron Kuanyin Tea，五香斋 Five-Fragrance Pavilion，满园花 Garden Full of Flowers，四喜临门 Four Happinesses at the Gate（《永远的尹雪艳》），红中白板 Red Dragon，White Dragon，麻婆豆腐 Granny Ma's Beancurd（《一把青》），状元楼 Top Marks Restaurant（《金大班的最后一夜》），风水 The Wind and Water（《思旧赋》），文房四宝 Four Treasures of the Study（《梁父吟》）等，这种方式既保留了原文的声音形式，又对原文的意义加以说明，可谓音译意译杂合的一种翻译形式，极具中国文化特色。

（3）"世界性的白话"。《台北人》中的人物来自多个不同的地方，性格迥异，人物对话往往带有方言。例如《思旧赋》中两位女佣罗伯娘和顺恩嫂之间的家常闲话就带有明显的地方语言特征，两人在对话中常感叹她们主人显宦人家的衰落。译者运用了美国南方方言来翻译两位老妇人之间的对话，美国南方黑人之间的对话也极具特色，包括"柔和的口音、多礼的态度，以及主仆关系之深，处处看得出一些古老文化的遗迹"（21），所以译文可以让读者更加容易且深入地理解人物身份和性格特征。"译者所用的是一种我所称为的'世界性的口语'（universal vernacular），也就是放之四海而皆准的口语。如果不是有这种语言，这两位嬷嬷或任何其他《台北人》里的角色，恐怕都无法轻易而传神地在英文里面活现了。"（21）如：

　　原文：离了公馆这些年，哪里过过一天硬朗的日子？老了，不中用了，身体不争气——

　　译文：In all the years since I left this house I haven't spent so much as a single day in good health. I'm old now; I ain't no use no more; this old body just won't hold up no more...

　　原文：像我无儿无女，日后还不知道死在什么街头巷尾呢？

　　译文：Now me, I ain't got no son, I ain't got no daughter; when the day comes I don't know where I'll be laying my body down, in the head of a street or in the tail of an alley. （252－274）

　　1984 年，卜立德（D. E. Pollard）和罗宾逊（Lewis S. Robinson）发表了针对 1982 年印第安纳大学出版社出版的《台北人》自译本的评论。卜立德认为，译本因原著作者的参与可以保证原文的内容不会被扭曲，从总体上肯定了译文的翻译质量；对于《思旧赋》的译文中选择美国南方方言来翻译两位老妇人之间的对话，评论作者认为美国本土南方人以外的读者可能会对译文的真实性和一致性提出质疑，因为译文并没有采用在他们看来令人最愉快和熟悉的方言，但同时又称这是一次努力保证译文质量的尝试，应当得到尊重（Pollard, 1984：179－180）。罗宾逊在评论中首先认同了《台北人》翻译工作的艰难，并对白先勇翻译团队取得的成就给予了赞扬；其次，对于译者的某些翻译策略予以评价，包括使用美国南方方言和译文加注等：对于译者运用美国南方方言的翻译策略，罗宾逊认为这是译者为了更好地传达原文精神的一种有意识的决定，但可能会在一定程度上分散读者的注意力；对于译文加注，罗宾逊肯定了注释的必要性，并认为译文需要增加更多的注释（Robinson, 1984：200－202）。

　　白先勇的著作曾被翻译为英、法、德、意、日、韩等多种文字。1961 年，白先勇的小说第一次被译成英文，译者为殷张兰熙（Nancy Chang Ing），小说名为《金大奶奶》，译文被收录在译者主编的《新声》（*New Voices: Stories and Poems by Young Chinese Writers*）中。1962 年，殷张兰熙翻译了《玉卿嫂》，并被选入吴鲁芹（Lu-cian Wu）主编的《新华文文学》（*New Chinese Writing*）中。1975 年，余国藩教授和学生柯丽德合译了《永远的尹雪艳》，黛安娜·格拉纳特翻译了《岁除》，都发表在《译丛》秋季第五期小说专栏。这两篇译文后来修改后被收入《台北人》英文版。同年，由朱立民翻译的《花桥荣记》和《冬夜》被收录入齐邦媛主编的《中国现代文学选集》(*An Anthology of Contemporary Chinese Literature*)。1976 年，约翰·关恩－特里（John Kwan-Terry）和斯蒂芬·莱西（Stephen Lacey）翻译的《冬夜》被收录入刘绍铭为哥伦比亚大学出版社主编的美国第一本台湾当代小说选集（*Chinese Stories from Taiwan: 1960—1970*）。1986 年，英文版《孽子》出版，译者为葛浩文。综上所述，白先勇自译且被其他译家翻译过的作品包括《永远的尹雪艳》（白先勇自译本，余国藩和柯丽德合译本）、《岁除》（白先勇自译本，黛安娜·格拉纳特本）、《花桥荣记》（白先勇自译本，朱立民译本）、《冬夜》（白先勇自译本，朱立民译本，约翰·关恩－特里和斯蒂芬·莱西合译本）。

　　文学自译的风格就是原著者跨文化他语书写的叙事风格，《台北人》合作自译的翻译形式代表的还是以原著者为主的翻译形式，或曰文学自译的特殊形式，和文学他译有很大不同。在文学他译中，原著者通常是不发声的，翻译的自由度由译者来决定。即使在一些具体的情况下，译者会听取原著者的意见，原著者也会提出自己的建议，如莫言与翻译家葛浩文之间的交往，但由于作者不懂外语，所以他实际上并无对译文表达的把控能力。而自译团队则不同，自译者始终把对自己作品的理解和他语表现置于主导地位，白先勇对高克毅和叶佩霞翻译能力的褒奖之词，肯定的是他们的某些翻译完美地表达了他彼时写作的意图和此时理解的结果。《台北人》英文自译所采取的忠实于原著的异化翻译策略和以直译为主的翻译方法，对于白先勇自译团队而言，可能有些不符合通常的翻译规律。一般而言，当非主流的文学文化被译入主流文化的时候，非主流文学文化的译者总会寻求一种符合主流文化、易于被主流文化接受的方式，比如按照译入语文化的诗学规范和文化期待来改变自己的特征。《台北人》的自译考量了以上因素，但最终还是以忠实于原文为宗旨，呈现出一个具有丰富中国文化特色的翻译文本，表现了白先勇通过自译的他语书写对中国文化形象在英语世界的构建的坚持。

　　白先勇在《台北人》的开篇引录了唐朝刘禹锡的《乌衣巷》："朱雀桥边野草花，乌衣巷口夕阳斜。旧时王谢堂前燕，飞入寻常百姓家。"英文翻译下有一段关于这首诗歌背景的详细介绍。这首诗歌的引录点明了《台北人》的主题。书中 14 个故事讲述各异，但都与各自的主人公故土离别、颠沛流离的多舛命运相关，所有的故事都弥漫着强烈的不胜今昔的苍凉情绪。

"《台北人》一书只有两个主角，一个是'过去'，一个是'现在'。'过去'代表青春、纯洁、敏锐、秩序、传统、精神、爱情、灵魂、成功、荣耀、希望、美、理想与生命。而'现在'代表年衰、腐朽、麻木、混乱、西化、物质、色欲，肉体、失败、委琐、绝望、丑、现实与死亡。"（欧阳子，2014：5）作品在"过去"与"现在"的强烈对比中，表现了作者的社会观、文化观和个人观。"'过去'是中国旧式单纯、讲究秩序、以人情为主的农业社会；'现在'是复杂的，以利害关系为重的，追求物质享受的工商业社会。'过去'是大气派的，辉煌灿烂的中国传统精神文化：'现在'是失去灵性，斤斤计较于物质得失的西洋机器文明。'过去'是纯洁灵活的青春。'现在'是遭受时间污染腐蚀而趋于朽烂的肉身。"（5－6）《台北人》写于1965至1971年间，这六年间，白先勇任教于美国加利福尼亚大学，教书之余，他有较多的时间去反思"先父母"的历史，反思民族所遭受的苦难命运，对他而言这是一种沉重的历史责任感。"我觉得再不快写，那些人物、那些故事、那些慢慢消逝的中国人的生活方式，马上就要成为过去，一去不复返。"（白先勇，1978：174）白先勇在作品中所表达的对历史、社会巨变的感叹，对传统中国文化的乡愁，也表现了他所属于的处于文化离散状态的华裔作家对故土的眷念和对传统中国文化的固守，构成了《台北人》的主题。《台北人》写作之时，正是白先勇那一代来自台湾地区的中国移民身处美国、浮萍落叶、随风漂流的时候。他们作为台北人对大陆的思念、作为中国人对故土的眷念，这双重的思念在异域文化的挤压下越发凸显。文化差异所造成的自我认同危机使白先勇自觉地从中国传统文化中寻求自我超越的途径。《台北人》在用中文写成10年以后又由他本人及其团队翻译成英文回到他写作时所处的文化中，还原了他当时通过文学想象来表达自己文化身份的写作缘由。从自译的阅读群体，"英美人士，多数是对中国文化文学有兴趣的大学生"（白先勇，2018：43）而言，译文所采取主要的直译加解释的翻译方法促进了他们对小说中中国文化表现和中国文化意象的理解，从而实现了中国文化他语书写和中国文化在他语文化中的形象构建的目的。从这一点上讲，《台北人》的自译无疑是成功的。然而，《台北人》所传达的文化离散的主题以及在新旧的回忆对比中所表现的"人类生命之'有限'，对人类永远无法长葆青春、停止时间激流的万古怅恨"（欧阳子，2014：14）是否也为译入语文化所完全认知，从接受反馈来看还不十分明显。《台北人》14篇小说"各自异调，这就给译者出了一个大难题。翻译文学作品我觉得准确地掌握语调（tone）是第一件要事，语调语气不对，译文容易荒腔走板，原著的韵味，丧失殆尽。语调牵涉用字的轻重，句子的节奏、长短、结构，这些虽然都是修辞学的基本功，但也是最难捉摸的东西"（白先勇，2018：43）。"一个作家，无论怎样客观地写小说，他对自己笔下人物所怀的态度（同情或不同情，喜欢或不喜欢），却都从他作品之'语气'（tone）泄露出来。"（欧阳子，2014：14）作品的语气也就成为理解作品许多言外之意的关键。在文学自译中，自译者的优势就在于或忠实或改写，都能将自己作品的语气传达出来。而白先勇的合作自译专注于原文形式和意义的传达，加之白先勇本人的英文水平有限，所以很难发挥出这一优势。

参考文献：

白先勇，1978. 蓦然回首［M］. 台北：尔雅出版社.

白先勇，2013. 台北人（汉英对照版）［M］. 桂林：广西师范大学出版社.

白先勇，2014. 文学因缘——感念夏志清先生［J］. 明报月刊（3）.

白先勇，2018. 树犹如此［M］. 长沙：湖南文艺出版社.

欧阳子，2014. 王谢堂前的燕子［M］. 桂林：广西师范大学出版社.

许钧，2001. 文字的转换与文化的播迁——白先勇等谈《台北人》的英译［J］. 中国翻译（6）.

HSIA C-T，1971. Twentieth-century Chinese stories［M］. New York：Columbia University Press.

LAU J S M，1975. Crowded hours revisited：the evocation of the past in *Taipeijen*［J］. The journal of Asian studies，35（1）.

POLLARD D E，1984. Reviewed work：*Wandering in the garden，waking from a dream: tales of Taipei characters* by Pai Hsien-yung，Patia Yasin and George Kao［J］. Bulletin of the school of oriental and African studies，University of London，47（1）.

ROBINSON L S，1984. Reviewed work：*Wandering in the garden，waking from a dream: tales of Taipei characters* by Pai Hsien-yung，Patia Yasin and George Kao［J］. Chinese literature：essays，articles，reviews（CLEAR），6（1/2）.

Literary Imagination and Search for Cultural Identity through Trans-lingual Writing: Pai Hsien-yung and His *Taipei People*

Duan Feng

Abstract: When Pai Hsien-yung wrote his *Taipei People* in Chinese, he was studying in USA, lost in cultural shock and homesickness with immigrants of his generation from Taiwan, China. The identification crisis due to the cultural difference makes him search for the self-healing method in the literary imagination full of symbols of the Chinese culture. Ten years after he finished the book, he self-translated the book into English with collaboration of other people to restore his psychological state to construct his cultural identification through the literary imagination.

Key words: *Taipei People*; literary imagination; identification; cultural construction

论贝尔曼翻译诗学思想中的
"可译性"问题①

胡陈尧

（四川大学外国语学院，成都610207）

摘　要："可译性"是翻译的理论建构与实践介入必然面对的重要问题，对该问题的思考应突破单一技法层面，深入翻译的本质。本文关注贝尔曼从诗学视角对"可译性"做出的创造性阐发，分析构成翻译之可为的"可译因素"和"契机"两重维度的深刻内涵，并重点探讨"可译性"与"不可译性"在贝尔曼翻译诗学视域内的辩证统一关系，以期更为深入地认识贝尔曼翻译诗学思想的核心意旨与价值蕴含。

关键词：安托万·贝尔曼；可译性；翻译诗学

1. 引言

　　"可译性"是翻译研究中一个常谈常新的论题，也是任何试图触及翻译本质的思考都必须直面的对象。在翻译理论研究日趋深化的进程中，诸多中西方翻译学者都曾就翻译的可行性问题进行过探讨，为翻译行为"正名"的同时也道出其面临的障碍与困惑，从而廓清翻译之可为的空间与限度。法国当代著名翻译理论家安托万·贝尔曼（Antoine Berman）在翻译伦理和翻译批评研究领域颇有建树，而他关于翻译诗学的思考同样极具建设性。文学翻译涉及文本的生成与发展，同时也是译者的一项创造性活动，必然与诗学发生关联，而翻译诗学的基本任务正是探讨"原作与译作的诗学在各自文学系统中的相互关系"（Baker，2004：167）。贝尔曼的翻译诗学思想集中体现在对工具论语言观的解构，对"文字翻译"的提倡和对"诗学性"这一

---

①　本文为四川大学专职博士后研发基金"贝尔曼翻译伦理与翻译诗学思想研究"（skbsh2021－20）、四川大学中央高校基本科研业务费项目"贝尔曼文学翻译批评思想研究"（2021自研－外语06）阶段性成果。

翻译批评标准的阐发；如果说贝尔曼旨在建构的翻译伦理指向对主体间关系的认知与重新界定，那么"开放、对话、交融和中心偏移"的伦理关系始终需要经由诗学的再创造得以确立。本文重点关注贝尔曼从广义的诗学视角对可译性问题做出的创造性阐发，探析其观点的理论基础与价值蕴含，继而深化对翻译历史性、创造性本质的理解与认知。

2. 为何可译：一种诗学路径

在可译性问题上，出现相对较早，影响最为广泛的是语言学派的观点。西方当代翻译理论的语言学派兴起于 20 世纪中期，其研究为翻译学走出"经验总结"模式、确立自身学科合法地位起到了重要的推动作用。然而，无论是早期基于普通语言学或结构主义语言学的相对封闭的研究范式，还是发展到后来对语用学和交际学的借鉴，对文艺美学观的接纳，对社会、文化、政治、意识形态等影响因素的考量，翻译语言学派的理论研究始终围绕一个稳定的轴心——意义——展开。语言学派普遍认同原文中存在着客观、稳固的，有待被理解和转换的意义，语言则是意义的载体，也是意义得以传达的工具这一观点。以意义的"可传递性"为标准，语言学派通常认为翻译的可行性基于不同语言、文化之间的共性，而语言和文化差异则成为不可译的因素，或者说构成了可译性的限度。在这其中，法国语言学派翻译理论家乔治·穆南（Georges Mounin）的观点具有代表性。在著作《翻译的理论问题》（*Les problèmes théoriques de la traduction*）中，穆南借用了普通语言学的"共相"（universaux）概念，用以指代"在所有语言，以及这些语言所表达的文化中共有的特征"（Mounin，1963：196）。这些"共相"构成了翻译的可行性："从任意一门语言到另一门语言的翻译至少在共相层面是可能的。"（Mounin，1963：223）穆南对可译性的探讨基于普通语言学的基本认知，同时将社会、文化等非语言因素考虑在内，但其实质仍是为意义在不同语言和文化间得以传达，从而促成交流的可行性进行辩护。贝尔曼对穆南的观点持批判态度，在他看来，穆南所关注的"仅是针对语言学家的问题，似乎完全忽略了译者所面对的是作品、文本，而非孤立的语言单位"（Berman，1995b：61）。

贝尔曼明确反对工具论语言观，拒绝将文学翻译视作单纯的信息交流或意义传递的过程，他提出翻译的本质在于"呈现"（manifestation），并用其取代"交流"（communication），因为"一切交流都是基于某一部分或局部，而作品的呈现始终是基于整体"（Berman，1999：76）。在这里，贝尔曼受到了海德格尔真理观的深刻影响。海德格尔反对将知与物的相符视作"真理"的传统观点，他将"真理"阐释为"使真实成其为真实的东西"（海德格尔，1996：215）。从词源角度看，"真理"（Aletheia）一词在古希腊语中的意义为"无蔽""揭示""呈现"，因此，真理"乃是存在者之解蔽，通过这种解蔽，一种敞开状态才成其本质"（海德格尔，1996：225）。为获得真理，人应深入从"遮蔽"到"解蔽"的过程，在总体层面对存在者加以理解，使存在者如其所是地呈现。具体到翻译层面，面对作为"诗"而非作为"信息"的文学作品，面对诗化的语言，文学翻译的目标不是寻求意义层面的"对等"，而是将原作中的世界与真理完整、清晰地呈现在目的语之中，使作为"生命"实体的作品得以在译语的"客栈"（auberge）中诗意栖居。

贝尔曼认为，文学作品本身不以意义传递为旨归且拒绝一切形式的交流，是否意味着翻译之"不可为"？为反思这一问题，贝尔曼将目光投向了本雅明。本雅明（Walter Benjamin）曾在《翻译者的任务》（*The Task of the Translator*）一文中表示："控制译文的法则在原作之内，包含在原作的可译性问题之内。一件作品是否可译的问题具有双重意义。或：是否能在作品的读者的总体性中找到胜任的翻译者？或更贴切地说：它的本质是否适于翻译，因此，仅就这种形式的意义来说，而要求翻译？"（1999：280）本雅明关于可译性的论述或令读者困惑：原作如何证明自身可译？可译性是否并不由语言间的某种相互关系所预先决定？为解除这些疑惑，贝尔曼认为有必要区分两种不同性质的可译性：作品在本质层面的可译性，以及作品在经验层面的可译性。我们可进一步将其阐释为：作品在诗学意义上的可译性和在语言意义上的可译性。学界通常更为关注后者，而本雅明旨在探讨的则是前者。本雅明将翻译视为一种生命"形态"，正如所有生命体都由一定的自然法则支配，支配翻译活动的法则位于原作之中，这种法则正是"可译性"（德文为 Übersetzbarkeit）。受本雅明观点影响，贝尔曼将"可译性"视为原作的一种内在结构，它决定了译作能够以某种特定的形态生成并不断发展，原作与译作之间是一种先验的决定与被决定关系，译作"是原作的某种形态变化——而不是外在于作品的转换"（Berman，2008：55）。因此，可以认为是作品在诗学层面的绝对可译性决定了其在语言层面的相对可译性。在这一点上，贝尔曼的态度是尤为鲜明的，即翻译是可行的，但其可行性由原作决定，可译性是所有伟大作品的本质特征。

3. 如何可译：可译性的双重维度

翻译之可行性得以确立，亟待解决的问题便自然是"如何可译"。贝尔曼并未以"等值"或"等效"为评判标准展开探讨，而是选择从广义的诗学视角出发，提出可译性所包含的双重维度：原作本身提供的"可译因素"，以及适当的"契机"（kairos）。

贝尔曼承认每一部作品在被翻译的过程中都会面临特殊的问题，这些问题因文本、译者和具体的社会文化语境而异，从而对经验层面的可译性造成影响。然而，"经验上的不可译完全不会影响一部作品本质上的可译性"（Berman，2008：57），无论作品的体裁与风格如何多元，其中都必然包含可译因素，可译性因而是作品的本质特征之一。关于原作本身提供的可译因素，可尝试结合贝尔曼本人的翻译批评实践予以理解。在《翻译与文字或远方的客栈》（La traduction et la lettre ou l'auberge du lointain）一书中，贝尔曼对夏多布里昂（François-René de Chateaubriand）的《失乐园》法译本进行了细致的评析，并力图证明原作中的可译因素在语际翻译中的决定性意义。夏多布里昂是法国18至19世纪浪漫主义的代表作家，是公认的散文体小说创作大师，他一生中罕有诗作发表，却在晚年以并非最为擅长的诗体翻译了英国诗人弥尔顿的长诗《失乐园》（Paradise Lost）。用夏多布里昂自己的话说，这是一部"孩童或诗人都可以逐行、逐字比对阅读的译作，就像翻阅一本在他们眼前打开的字典"（Chateaubriand，1982：122）。俄国著名诗人普希金长期关注法国的文学创作与翻译动向，他在阅读了夏多布里昂的《失乐园》译本后颇感震惊，随即在《现代人》杂志上撰文提出批评，认为夏多布里昂对《失乐园》的翻译乃是一次商业投机，"夏多布里昂虽然竭力一字不差地传达弥尔顿的原意，但他却没能在自己的译文中保证意思与表述的准确性。一字不差的直译从来不可能是正确的。每一种语言都有自己的固定用语，有自己约定俗成的修辞手段，有自己独特的表达方式，其中一些是不可能用完全对等的词语译成另一种语言的"（普希金，1997：525–526）。相较于普希金的否定，贝尔曼的观点则截然相反，他将夏多布里昂的《失乐园》译本与弗里德里希·荷尔德林（Friedrich Hölderlin）译《安提戈涅》、皮埃尔·克洛索夫斯基（Pierre Klossowski）译《埃涅阿斯纪》并称为西方"文字翻译"的三大杰出典范，"它（夏译《失乐园》，笔者注）在我们自己的故土提供给我们，给我们法国人，一种荷尔德林式的'转向'"
（Berman，1999：112）。贝尔曼的评价之所以与普希金完全相反，其中一个
重要原因在于他并未像后者一样，从特殊语言间的差异出发对作品的可译性
予以审度。在贝尔曼看来，夏多布里昂以"文字翻译"的策略翻译《失乐
园》乃是由原作的本质特征决定：弥尔顿的长篇史诗《失乐园》取材于
《圣经·旧约》中的《创世纪》，作者的创作语言可视为对英语的拉丁语化；
弥尔顿借用了大量拉丁语的词汇和复杂的句型结构，以增强英语的表现力。
有学者认为弥尔顿的这种创作手法"生成了与古罗马拉丁文化和文学经典
进行交际对话的互文性和杂糅性，结果就是《失乐园》'既是英语也是拉丁
语'的史诗现实"（刘立辉，2016：128）。基于此，贝尔曼认为《失乐园》
的原文在某种意义上已经是对一种"第三语言"的文字翻译，这决定了
《失乐园》的译者也应采取文字翻译的方式进行"二度翻译"。通过这一翻
译个案，我们便可更好地理解本雅明在《翻译者的任务》中提出的"原文
中固有的某些特殊含义在可译性中自行展示出来"（本雅明，1999：280）的
观点。贝尔曼也得出了相似的结论："一部作品与翻译的内在联系（包括可
译与不可译的成分）理想地决定了其跨语言翻译的方式，也决定了它可能
对翻译造成的'困难'"（Berman，1999：101），译者应立足原作本身所包
含的多重可译因素，运用译入语的表达方式将其整体化地呈现出来。

可译性的另一个重要维度是"契机"。贝尔曼借用了古希腊语中表示时
间的术语"kairos"，该词指时机成熟，可以开始行动或做出决定的正确时
刻。贝尔曼在一篇论述复译的文章中对翻译的"契机"做出了具体定义：
"造成无法'很好地'翻译一部作品的抵抗以突然且不可预见的方式（但并
不是没有理由地）'中止'的时刻"（Berman，1990：6）。翻译是一项兼具
阶段性与历史性的活动，"每一部译本都是在具体时代背景下生成的产物，
受到文本内外诸多因素的影响和制约"（胡陈尧，刘云虹，2019：147）。
"契机"并不局限于有利于翻译产生的文学、社会和文化因素，因为这些外
部因素所影响的更多的是作品的引介（或迁移），而不是严格意义上的翻
译。若将作品视为生命实体，"契机"则属于生命本身，正如生命总会历经
青涩与成熟，作品也有自身深刻的历史性与发展性，"无论关系的更新还是
条件的积累，都将为翻译的发生与成长提供直接可能"（刘云虹，胡陈尧，

2019：5）。在历史的某一既定时刻，译者的"翻译冲动"① 产生，大部分语言和非语言层面的不可能性都随之消失，对一部作品的翻译最终得以实现；在此之前，作品或已经历过多次引介和改编，却因"不合时宜"而未能迎来被翻译的时刻。以克洛索夫斯基翻译的《埃涅阿斯纪》为例。该部经典译作诞生于 1964 年，在贝尔曼看来，对维吉尔作品的翻译与 20 世纪 60 年代法国的社会与文化语境并不完全相符，当时的法国更加提倡进行"科学化"的翻译与批评，而不再倾向于从传统和经典中汲取养分；但也正是在这一时期，"法国文化开始重新审视与神话（muchos）及史诗（épos）的关系"（Berman，1990：7），对神话与逻辑（logos）间的对立统一进行反思②。此外，贝尔曼还注意到，克洛索夫斯基翻译的《埃涅阿斯纪》诞生在法国根深蒂固的民族中心主义翻译和超文本翻译的传统开始遭受质疑之际，该译本"力图以一种惊人的方式建立起法兰西翻译的新面貌"（Berman，1990：7）。由此可见，克洛索夫斯基翻译的《埃涅阿斯纪》既是法兰西文化正本澄源，汲取经验的"寻根"之旅，也是弃置民族中心主义传统，向他者敞开的"开放"之旅，在特定的历史"契机"下应运而生。至于本雅明所谓的"胜任的翻译者"，贝尔曼认为善于等待，且能准确捕捉历史"契机"的译者便是好的译者，换言之，"契机"到来，一部作品总会找到胜任的译者。

4. 可译与不可译：无尽的转化

贝尔曼并未将"可译性"作为一个孤立概念予以审视，而是以与之相对应的"不可译性"作为参照。出于诗学的整体视角，可译性与不可译性在贝尔曼那里并非对立的二元，而是共同构成一种辩证统一的关系。如果说可译性是作品的内在属性，那么不可译性同样内在于作品，"作品通过翻

---

① 贝尔曼认为伟大的译者都具有某种强烈的"翻译冲动"（pulsion traduisante），这种冲动不能简单地等同于翻译的欲望，因为很明显，所有译者都有翻译的欲望，该种欲望与其对立面，即不翻译的欲望（或者说在翻译行为面前的退缩与抵抗）之间是此消彼长的关系，而"翻译冲动"的存在会使不翻译的欲望降至最低。在贝尔曼看来，路德、阿米欧、施莱格尔、罗宾等人都是被"翻译冲动"所支配的伟大翻译家。（Berman，1995a：22）

② 在柏拉图和亚里士多德时代以前，古希腊语中的"muthos"和"logos"都可表示"叙述""话语"等含义，两个概念通常可以相互置换。然而随着西方哲学的发展，"muthos"和"logos"逐渐演化为对立的两极，"muthos"成为"神话"，侧重感性体验；"logos"则成为"逻辑"，强调理性至上。贝尔曼认为克洛索夫斯基对《埃涅阿斯纪》的翻译是对 20 世纪西方大行其道的逻各斯中心主义发起的挑战。

译，再度确认、证实了其根本的不可译性"（Berman，2008：68）。不可译性是作品内部不可触及的部分，亦是作品"最为内在的自傲"（Berman，2008：68）。贝尔曼通过不可译性旨在强调的实则是作品的丰富性：作品具有无限丰富的蕴含，任何翻译都无法挖尽这一富矿。面对作品的绝对富饶，贝尔曼认为不应就此将翻译视为苍白而绝望的尝试，译者甚至需要更多地去翻译。不可译性固然存在，但并不是不可克服、不可转化的，翻译正是将无限多的不可译性阶段性地转化为可译性的过程。正如贝尔曼所言，"作品由无限多不可译的层面构成，而这些不可译的层面同时也是可译的层面"（Berman，2008：69）。在这一点上，贝尔曼以他本人对《七个疯子》（*Les sept fous*）的翻译实践证明了将不可译转化为可译的可能性及途径。《七个疯子》是 20 世纪阿根廷现实主义文学大师罗伯特·阿尔特（Roberto Arlt）的代表作，贝尔曼将其称为"一部由多种异质性'语言'凝固、搅拌、混合、交融而成的散文体作品"（Berman & Berman，2010：14）。作者以一种偏离常态的方式书写死亡、罪行和性爱，作品在句法层面表现出极强的任意性，伴有异乎寻常的词句重复、倒错和时而模糊、时而明晰的不稳定文域。上述特征构成了作品独特的文学价值，但同时也构成其不可译的层面。面对作品中的诸多不可译因素，贝尔曼尝试进行创造性转化，以实现作品在诗学层面的价值重构。他将原作中过于尖锐、粗暴，触及法国读者容忍底线的部分进行了删减或转移，对多门语言的堆砌和大量的词句重复进行了一定程度的限制，使这些"失常"之处在潜移默化中成为原作"惊惶而喘息的节奏"（Berman & Berman，2010：18）。这一过程不是暴力拆解或强行拼接，而是致力于寻找法语中所谓的"非规范化结构"（structure non-normée），贝尔曼将这一结构比作一张渔网上最为松散也最为开放的部分，"在那里，这一过分理性的语言能够接受罗伯特·阿尔特式的过激，既不至于背叛自我，也不背叛他者"（Berman & Berman，2010：18）。通过译者的"再创造"，原作的文学特征得以在另一种语言中整体化地呈现，作品表面性、阶段性的不可译也在这一过程中转化为可译。

　　每一次具体的翻译行为都可被视作对作品的纵向勘探，翻译主体通过诗学的"再创造"将过程中遭遇的不可译性转化（或揭示）为可译，随即又遭遇新的不可译性。贝尔曼用一个形象的比喻表达了这一循环往复的过程："翻译将一定数量的大门向读者敞开，它同时也有意将读者引至不透光、幽闭的门前。读者在那里瞥见一种文化黑暗、无法涉足的区域。"（Berman &

Berman，2010：18）长此往复，伟大的翻译总是能够相对地触及作品更深入的层面。"是否应该说，存在着最终的那个不可译的内核，又或者说，无论如何，这一内核都由无法渗透的表层包裹？"（Berman，2008：69）贝尔曼提出了这一疑问，却没有做出明确回答。可以试想，如果作品的最后一层不可译被突破，翻译在某种意义上将与原文具有完全等同的效力，而这同时也剥夺了一切复译的必要性和作品成长的可能性。相反，作品在理论上逐层深入的不可译并未判处翻译以无效，转而为其提供了无限繁多的可能，现实中屡见不鲜的复译现象及其之于作品生命延续的意义便是证明，正如贝尔曼所言："如果不是所有的复译都是伟大的翻译，那么所有伟大的翻译都必然是复译。"（Berman，1990：3）同样，贝尔曼也提醒我们提防可译与不可译间的关系可能呈现出的另一面，即不可译性完全占据上风所带来的危险：如果作品中的可译因素被不可译因素彻底压制，作品将"在自身纯粹的特殊性和语言的深渊中消失殆尽"（Berman，2008：69）。贝尔曼列举了德国浪漫主义时期的一些以音乐性著称的诗歌（音乐性通常被认为是诗歌最不可译的部分），这些诗歌后来被浪漫主义和后浪漫主义音乐家改编为纯粹的音乐作品，却也因此失去了其最初作为诗文的独特价值。

　　总的来说，贝尔曼从诗学角度对可译性与不可译性的辩证统一关系予以辨析，并将其囊括在"作品"这个极具包容性的概念中，强调作品的整体性、历史性与作为生命实体的丰富性，规避了传统二元论思考的弊端。"可译性"与"不可译性"在贝尔曼看来均是作品最为本质的属性，保持着此消彼长、相互转化的关系，共同在有限的空间中筑起一个相对开放的场域。在该场域中，译者需谨慎地处理可译与不可译因素，合理地界定作为"再创作"的翻译和纯粹的艺术创作之间的界限，进而使翻译成为诗性的活动，却不成为诗本身。

5．结语

　　诗学是关于作品整体意蕴的学问，翻译诗学关注的是作品价值的迻译与重构。贝尔曼从诗学视角对作品的"可译性"做出阐释，其观点有助于我们认识到工具论语言观与翻译观的局限性，进一步明确文学翻译的创造性本质，理解译者主体在翻译过程中的能动作用，即"在认知与审美活动的互动中，创造性地超越不可译因素，把文学翻译提升到至高的审美境界"（许钧，2017：85）。同时也应看到，因受本雅明思想的深刻影响，贝尔曼关于可译性的思考带有浓厚的形而上色彩，而他本人也曾表示"翻译的本质更倾向于出现在非具体、非实用性的思考之中"（Berman，2008：38）。尽管如此，我们不应像部分学者一样，将贝尔曼旨在构筑的思想体系武断地界定为远离翻译实践的理论"乌托邦"。在回答"为何可译"与"如何可译"的问题时，贝尔曼均将目光投向翻译实践，从现实的翻译经验中探寻翻译之可为的多重维度，正如他所言："正是翻译的经验构成了我与翻译之普遍联系中的重心所在。"（Berman，2001：16）

参考文献：

本雅明，1999. 翻译者的任务［C］//陈永国，马海良，编. 本雅明文选. 北京：中国社会科学出版社：279 - 290.

海德格尔，1996. 海德格尔选集（上）［M］. 孙周兴，选编. 北京：生活·读书·新知三联书店.

胡陈尧，刘云虹，2019. 译与变：关于《西游记》海外传播路径的思考［J］. 小说评论（1）：144 - 152.

刘立辉，2016. 变动与天道：弥尔顿《失乐园》的巴罗克世界［J］. 西南大学学报（社会科学版）（1）：127 - 136 + 192.

刘云虹，胡陈尧，2019. 论中国古典文学名著外译的生成性接受［J］. 外语教学理论与实践（2）：1 - 7.

普希金，1997. 普希金全集6·评论［M］. 邓学禹，孙蕾，译. 杭州：浙江文艺出版社.

许钧，2017. 文学翻译研究的拓展与收获——《文学翻译的境界：译意、译味、译境》序［J］. 翻译论坛（4）：84 - 85.

BAKER M，2004. Routledge encyclopedia of translation studies［M］. Shanghai：Shanghai Foreign Language Education Press.

BERMAN A，1990. La retraduction comme espace de la traduction［J］. Palimpsestes，13（4）：1 - 7.

BERMAN A，1995a. L'épreuve de l'étranger：culture et traduction dans l'Allemagne romantique［M］. Paris：Gallimard.

BERMAN A，1995b. Pour une critique des traductions：John Donne［M］. Paris：Gallimard.

BERMAN A，1999. La traduction et la lettre ou l'auberge du lointain［M］. Paris：Seuil.

BERMAN A，2001. Au début était le traducteur［J］. TTR，14（2）：15 - 18.

BERMAN A，2008. L'âge de la traduction - La tâche du traducteur de Walter Benjamin. Un commentaire［M］. Paris：Presses Universitaires de Vincennes.

BERMAN I, BERMAN A, 2010. Avant-propos des traducteurs ［M］ // Arlt R. Les sept fous. Paris: Pierre Belfond.

CHATEAUBRIAND D F R, 1982. Remarques à propos de la traduction de Milton ［J］. Po&sie (23): 112 – 120.

MOUNIN G, 1963. Les problèmes théoriques de la traduction ［M］. Paris: Éditions Gallimard.

On the Issue of "Translatability" in Berman's Thoughts on Poetics of Translation

Hu Chenyao

Abstract: "Translatability" is an important issue that both theoretical construction and practical intervention of translation must deal with. The consideration of this problem should break through the technical level and go deep into the essential dimension of translation. This article focuses on Berman's creative interpretation of "translatability" from a poetic perspective, analyzes the profound connotations of the two dimensions of "translatable factors" and "kairos" that constitute the feasibility of translation, and focuses on the dialectical unity between "translatability" and "untranslatability" in the perspective of Berman's thoughts on poetics of translation, in order to have a deeper understanding of the core meaning and value implications of Berman's thoughts on poetics of translation.

Key words: Antoine Berman; translatability; poetics of translation

口译员手势的多模态个案研究：
"别在一棵树上吊死"[①]

胡敏霞

（四川大学外国语学院，成都 610207）

摘　要：作为口译重要的显身特征和交际手段，手势能辅助语言的理解、转换和生成，也能辅助工作记忆等一般性认知过程，但实证研究缺失导致学界并不了解手势在口译加工中的具体作用和机制。本文使用多模态话语软件 ELAN 对隐喻型信息加工中讲者和译员的手势使用进行个案分析。研究发现，译员通过发挥手势的交际、话语和心理功能以及对讲者手势的认知模仿，能够消解隐喻加工和角色转换产生的认知负荷。通过凸显手势在口语多模态加工中的认知效应，本研究为口译实践中的手势使用提供了初步证据。

关键词：译员手势；隐喻加工；认知效应；多模态分析

1. 引言

作为即席和即时的跨语言和跨文化交际活动，口译的信息加工面临诸多困难：认知补充需求大（Seleskovitch，1978），认知饱和风险高（Gile，1999；Seeber，2015），需要协调多个加工任务的精力分配（Gile，2009）。因此，译员会积极调动语言、声音和身体等多个模态的认知资源（Seeber，2012；2013；2017）。目前学界在以下口译认知加工的文字（verbal）语言和声音（vocal）语言层面取得了重要进展：（1）"错译、漏译、欠妥翻译"（Errors，Omissions and Infelicities，EOI，Gile，2011）等口译的言内特征；（2）加工时间（Xiang, et al.，2020）、有声停顿（Plevoets & Defrancq，2016；2018）、自我修正（self-repair，Shen & Liang，2021）、听/说时间差（EVS: ear-voice-span, Defrancq，2015）和听/记时间差（EPS: ear-pen-

---

① 本文是中央高校基本科研业务费项目"同声传译认知负荷的减荷策略研究"（2019skzx - pt211）、"同传译前准备策略研究"（2019 自研－外语 10）成果之一。

span，Chen，2020）等口译的声音特征。以上两个模态的研究成果为口译认知负荷的标记和表征做出了重要贡献。然而，在具身认知（embodied recognition）方面，尽管手势作为重要的视觉（visual）语言已经得到语言学和符号学界的深入探索，仅有少数国际研究关注了手势在口译认知中的功能和效应。

2. 文献综述

2.1 手势的机制与功能

手势（gesture）广义上可指"说话中出现的任何动作"（Feyereisen & de Lannoy，1991），但本文将讨论狭义的手部动作（hand gesture），包括被说话者主动赋予意义的符号（McNeill，1992）和无意识的自动化行为（McNeill，2005）。手势可包含预备、比画和收回（prepare，stroke and retract）三个阶段（Kendon，1980）或静止、预备、比画、保持和收回（rest，prepare，stroke，hold and retract）五个阶段（Bressem & Ladewig，2011），但手势的核心阶段是调动身体力量产生"比画"（McNeill，1992）。手势可分五大类型：（1）图示性手势（iconics）：描述具体实物；（2）隐喻性手势（metaphorics）：描述抽象概念；（3）指向性手势（deictics），指向空间点位；（4）节奏性手势（beats）：分割话语节奏（McNeill，1992）；（5）适应性手势（adaptors）：调整心理紧张（Bressem & Ladewig，2011）。

作为思维叙事的形象表征（Bruner，1990），手势可开启"不易被语言表达的思维窗户"（Alibali，et al.，1999）。因此，手势和语言在功能上具有统一性（Kendon，1972；1980）。首先，手势具有认知功能。艾弗森和戈尔丁－梅多（Iverson & Goldin-Meadow，1998）发现，盲人和正常视力者一样会自发地打手势。斯基珀等人（Skipper，et al.，2007）通过功能性核磁共振（fMRI）研究发现，当手势与故事内容一致时，被试布洛卡区（负责语言加工）的负荷最低，即伴语手势可帮助语言解码。格鲁哈热娃和普列托（Gluhareva & Prieto，2017）发现，当受试模仿含有节奏手势的视频后，自己的发音会更加清晰和地道。其次，手势具有语义功能。标志型手势（emblematic gestures）能够独立传达意义，如竖起大拇指点赞；伴语型手势（co-speech gestures）伴随语言出现，辅助语言的理解和生产，如上文中的图示性、比喻性或指向性手势（McNeill，2005）。再者，手势具有话语功能，衔接分散的话语成分，如节奏性手势（Müller，2007）。最后，手势还具有心理功能，如紧张时摸鼻子、理头发等适应性手势（Bressem & Ladewig，2011）。

2.2　口译加工与手势使用

作为高负荷（加工信息多/加工时间少）双语转换活动，口译的认知加工既是传统的核心研究范式（Pöchhacker，2016），又是近年来备受关注的"突变术语"。认知加工对译员有限认知资源的占用就是口译的认知负荷（Seeber，2013；Chen，2017）。

手势使用与工作记忆的容量和负荷等认知机制密切相关（Goldin-Meadow & Wagner，2005；Goldin-Meadow，2011）：工作记忆容量小的人会更积极地调用手势资源（Chu，et al.，2011；Gillespie，et al.，2014；Pouw，et al.，2016），而工作记忆容量大的人则更易理解手势意义（Wu & Coulson，2014；Özer & Göksun，2020）。表征语言类比（verbal analogies）的手势会增加工作记忆负荷（Overoye & Wilson，2020），但解决空间或数学问题的手势却会降低工作记忆负荷（Goldin-Meadow，et al.，2001；Morsella & Krauss，2004）。

口译加工与手势使用的关系已经产生初步研究成果。古山等人（Furuyama，et al.，2005）发现同传译员在认知负荷较高的答问环节手势数量会增加，手势幅度也会增大。雷纳特（Rennert，2010）发现讲者手势可帮助同传译员理解和甄别重点信息，而看不见讲者手势会导致译员焦虑。扎加尔－加尔旺（Zagar-Galvão，2013）发现讲者和同传译员的手势有重叠，如在列举时都会打出节奏性手势。斯塔霍维亚克－希姆恰克（Stachowiak-Szymczak，2019）发现，尽管列举和数字都是高负荷信息，但同传译员在列举时打出的手势更多。扎加尔－加尔旺（Zagar-Galvão，2020）发现同传译员的主要手势类型是节奏性手势。在交传中，格雷温和李（Gerwing & Li，2019）发现医疗口译员用手势来补充问诊信息。

综上，口译手势的实证研究目前主要是欧洲语对的同传手势的个案分析，学界还未开展汉英交传中口译员手势使用的案例分析。鉴于此，本研究将使用 ELAN 多模态软件对汉英交传的手势使用进行研究试点。研究选取包含隐喻的目标话语是因为隐喻加工涉及非常规翻译决策，认知成本高（卢植，2021），也属于典型的口译"问题触点"（Gile，2009）。因此，隐喻加工中使用手势的概率较大（Cienki & Müller, 2008）。

　　本研究主要回答以下问题：（1）讲者和译员的主要手势特征是什么？（2）手势在口译加工中发挥怎样的功能？（3）手势与文字语言及声音语言是否存在多模态统一性？

3．研究方法

3.1　材料概述

　　视频材料节选自2017年5月2日第七届伦敦华语视像艺术节电影《钻的人》（*Drill Man*, 2016）首映式后的问答环节，截取时长为173秒。讲者为导演睢安奇；译员为 Victor Fan（范可乐），男性，伦敦国王学院电影研究系副教授，曾多次为欧洲和亚洲的电影节提供口译服务，译员的 A 语是汉语，B 语是英语，口译方向是汉译英（A - B），需要加工的隐喻为"不要在一棵树上吊死"和"吊颈还要呼吸"（见图1，译员背景信息来源：https：//www. kcl. ac. uk/people/victor - fan）。语料属于公开视频资源（齐涛云，杨承淑，2020）。

3.2　数据分析

　　使用马普心理语言学研究所（Max Planck Institute for Psycholinguistics）免费开源软件 ELAN（6.0 版本）对视频语料进行可视化多模态分析，对语料分层、转写和标注（胡敏霞，伍鑫，2021；胡敏霞，伍鑫，甘露，2021）（见图2），其中副语言和手势语的标注流程如下。

　　（1）副语言标注：对四种主要的非流利现象进行标注。①有声停顿，"呃""啊"等，用"***"表示；②无声停顿，时长超过 0.25 秒的无声停顿，用"..."表示；③重新表述，用"&&"表示；④自我重复，用"^^"表示。无声停顿的计时窗口为 0.25 秒，因为 0.25~0.35 秒的窗口对流利度的主观评分影响最大（Han & An, 2021）。语料中口误的比例非常小，因此未做标注。

　　（2）手势标注：首先是手势顺序；然后是手势类型（MG 为隐喻性手势，ICG 为图示性手势，BTS 为节奏性手势，DG 为指向性手势，AG 为适应性手势）；最后是与手势重叠的言语或副言语。例如，"G35 + BTS + 活着"表示第35个手势是节奏性手势，与"活着"重叠。

　　三名编码员经过培训后独立标注，如有争议，全体讨论，确保结果一致。

图 1　讲者（左二）与译员（左一）的现场照片

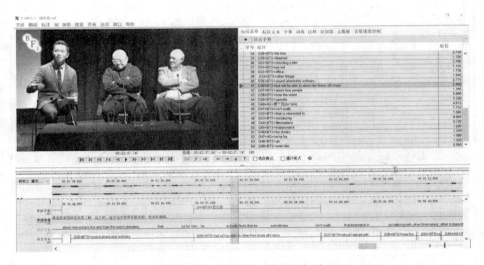

图 2　ELAN 分层、转写和标注

4. 结果与讨论

4.1 语言分析

按"错译、漏译和不妥翻译"（Gile，2011）的语言分析框架来看口译案例中信息传递的准确性和完整性（见表1）。

表1　讲者、译员、主持人的话语转写

1. 讲者：而且就…我…，嗯＊＊＊，我一直觉得就是…你的创作就是＆＆，就中国说＆＆，中国人说有时候你不要在这个一棵树上吊死。嗯＊＊＊，就是你…，你⌒⌒没必要就是＆＆，我如果今天有这个条件，我就去…，我就去⌒⌒做电影，但是我觉得比电影…或者比艺术…嗯＊＊＊，嗯＊＊＊，还有很多重要的东西，我都感兴趣。嗯＊＊＊，所以说在这个过程中，我其实也…，也⌒⌒做，也做⌒⌒一些别的事情。嗯＊＊＊，对，我觉得不一定就是…你每天要做…做⌒⌒电影。我也我也⌒⌒去到去到⌒⌒一些＆＆，就是我觉得就是⌒⌒你要了解…，这个世…这个…⌒⌒这个⌒⌒世界有很多的…嗯＊＊＊，很多的⌒⌒领域。我觉得他们其实＆＆，最后他们…这个这个⌒⌒这⌒⌒这个⌒⌒智慧，你才能更完整。所以，我也…去尝试着去…到一些公司去上班儿啊…，（观众笑）啊＊＊＊，啊＊＊＊，对吧，去…去⌒⌒应聘啊…这样，嗯＊＊＊。就是＆＆，其实就是…这个＆＆，就一直是处在…嗯＊＊＊，这样的状态，所以我在中国＆＆其实我也…跟独立电影啊这些…其实都很少在一起…在一起⌒⌒什么吃饭喝酒啊什么，其实很少（译员笑）。对，我其实就是一个人…，我就一个人。
2. 译员：And... ah ＊＊＊, so the idea is that ah ＊＊＊, for him＆＆, because in Chinese＆＆（对讲者1说），我们广东人叫"吊颈还要… 还要⌒⌒呼吸"ha ha ha
3. 讲者：（点头）
4. 译员：So the idea is that ah ＊＊＊, like in in⌒⌒ Chinese, there is an idiom which basically can be easily translated as ah ＊＊＊, even if you hang yourself, you need to find a couple of minutes to take a breath. And so so⌒⌒ the idea is that ah ＊＊＊, for him ah ＊＊＊, ＆＆yes…, I mean he... he⌒⌒ makes films... and he ＆＆. For creativity is not only limited in art and cinema..., he also finds that it's really important to go outside and get to know the world. There's so many aspects in the world... that he's interested in trying... to know. And so..., ah ＊＊＊, for him..., he＆＆, after his finished shooting a film, he would go out to do other things, ah ＊＊＊, including going to an office, ah ＊＊＊, to work for an office for a while... and do some other things. Ah ＊＊＊, that... ah ＊＊＊, may sound... absolutely ordinary, but would be able to allow him to know something more about how people live and how the world operates. And so... for him..., he... actually finds that he... sometimes isn't really that interested in... socializing with other filmmakers＆＆, other independent filmmakers. He doesn't really go out for drinks that often,
5. 主持人：Really?
6. 译员：Ha ha, ah ＊＊＊ah ＊＊＊, or even like have dinners with his＆＆ with friends.
7. 主持人：Really?
8. 译员：Ah ＊＊＊he considers himself kind of like a loner. Yeah.

首先，讲者的主要观点是"不要在一棵树上吊死"，"电影之外还有丰富的世界"，"体验不同领域才能让智慧完整"，所以他会去"上班""应聘"，还"很少跟独立电影人吃饭喝酒"（见表1的话轮1）。

译员在口译时，先是跳出了交际辅助者的角色，直接与讲者对话，说"我们广东人叫'吊颈还要呼吸'"（话轮2）。讲者点头，可能是表示赞同，也可能是出于礼貌（话轮3）。接着，译员按照自己这个思路翻译为"even if you hang yourself, you need to find a couple of minutes to take a breath"。在这里，译员所传译的隐喻源域出现了一定的偏移，但目标域信息基本一致，讲者基本做到了准确完整地传译。有些漏译的细节包括：（1）我如果今天有这个条件；（2）还有很多重要的东西；（3）不一定就是你每天要做电影；（4）最后智慧才会完整（见表1的话轮4）。

值得注意的是，在本段话语的传译中，译员作为交际辅助角色的话语"产出方式"（production format）、"接收方式"（reception format）和"立足点"（footing）都产生了位移（Goffman，1981；任文，2017）。译员除了是负责双语转换时遣词造句的"作者"和发布译语的"发声者"，还是直接参与交际的"责任者"。

同时，译员在口译时没有按照惯例使用第一人称，而是使用了第三人称"he/him"，进一步说明译员可能是受到多重角色转换的影响，译员可能非常看重自己也是"圈内人"（伦敦国王学院电影研究系副教授）的角色。

最后，主持人问了两次"Really?"（真的吗?）（话轮5和7），表示不相信导演不跟其他导演吃饭喝酒，而且还去应聘上班。但是，译员未将这个问题翻译给讲者听，而是自己按照讲者的思路给出了答案（话轮6和8），再次说明译员在多重角色中转换，并对话语实践的走向和结果产生了影响。

4.2　副语言分析

首先，发言字数和发言时间表征认知负荷的强度（Xiang, et al., 2020；Xie & Salvendy, 2000）。如表2所示，讲者在84秒内产出314字，平均224字/分钟，而译员在94秒内产出252字，平均161字/分钟，说明讲者的认知负荷大于译员。其次，非流利性（disfluency）也是口译认知负荷的重要标志（Plevoets & Defrancq, 2016；2018）。如表2所示，译员的流利度优于讲者：在总体非流利性方面，讲者（59次）>译员（40次）；在平均非流利性方面，讲者（0.70次/秒）>译员（0.43次/秒），再次确认讲者的认知负荷大于译员。

表2　讲者和译员的副语言特征对比

发言人	发言字数（字）	发言时长（秒）	平均语速（字/分钟）	非流利总数（次）	非流利频率（次/秒）
讲者	314	84	224	59	0.70
译员	252	94	161	40	0.43

4.3　手势分析

表3显示了讲者和译员手势的主要特征。第一，节奏性手势是译员和讲者的主要手势类型，占比分别为83.67%和60%。在具体手势类型方面，讲者有3个节奏性手势，1个自适应手势（扶眼镜，"我也去尝试"）和1个隐喻性手势（"智慧"）。在译员的49个手势中，有2个图示性手势，描述"吊颈"和"呼吸"；1个隐喻性手势，描述"智慧"；1个指向性手势，指向"我们广东人"；4个适应性手势，用于缓解心理紧张；以及41个节奏性手势，用于分割话语节奏。第二，译员的手势总数和手势频率远远高于讲者，分别是讲者的9倍多和6倍多。第三，讲者的高位手势（胸及以上位置的手势）占比大于译员，说明译员偏向于使用隐蔽性更强的低位手势。第四，译员对讲者的手势模仿率高达80%。

表3　讲者和译员的手势特征

发言人	手势总数（个）	手势频率（个/秒）	节奏型手势占比（%）	高位手势占比（%）	译员/讲者的手势模仿率（%）
讲者	5	0.08	60	100	80
译员	49	0.52	83.67	36.73	

4.4　综合讨论

总体来看，译员的文字语言、声音语言和身体（尤其手势）语言在功能上呈现高度一致性和相关性。在隐喻加工时，卢植（2021）发现"创造性隐喻"在理解和产出上都会给译者带来比"词汇化隐喻"更大的认知成本。同时，当译员偏离典型角色直接参与对话时，"责任者""作者"和"发声者"（Goffman，1981；任文，2017）的角色转换还会进一步增加译员的认知成本。例如，当译员转向"责任者"角色，在产出"我们广东人叫'吊颈还要呼吸'"这句话时，就一共密集打出了 4 个手势（分别是 G3 + DG + 我们广东人、G4 + ICG + 吊颈、G5 + BTS + 还要，以及 G5 + BTS + 呼吸）。因此，认知负荷过载既体现在译员的错译、漏译、译语不当和非流利特征上，也体现在译员的高频手势使用上。同时，高频手势使用也意味着译员在努力调用身体资源，以消解过高的认知负荷。

前期研究发现，当译员认知负荷较高，出现焦虑和感知交际困难时，手势数量会增加，频率会加快，手势位置也会升高，而且译员会模仿讲者的手势（Furuyama, et al., 2005；Gerwing & Li, 2019；Rennert, 2010；Stachowiak-Szymczak, 2019；Zagar-Galvão, 2013；2020）。这与本研究中对口译手势的多模态分析结论基本一致。同时，本研究进一步发现，在译员处理隐喻类信息时，节奏性手势的数量仍明显多于其他类型的手势，说明节奏性手势使用成本最低。

5. 结语

本研究使用 ELAN 软件对现场口译进行了综合性多模态话语分析，发现手势具有辅助认知加工、凸显语义、衔接语篇、调适心理等功能；当认知负荷增加时，译员会通过增加手势频率、抬高手势位置和模仿讲者手势来增加认知努力，并主要使用低成本的节奏性手势。未来研究中应更多关注作为符号模态、认知资源和减荷策略的口译手势。

参考文献：

胡敏霞，伍鑫，甘露，2021. 口译认知加工中的手势多模态研究 [C] //董洪川. 翻译教学与研究（第七辑）. 重庆：重庆出版社：205 - 221.

胡敏霞，伍鑫，2021. 口译多模态加工中的手势认知效应研究 [J]. 现代语言学（4）：912 - 923.

卢植，2021. 英汉隐喻翻译过程中认知努力的常规性效应：眼动实验的证据 [J]. 语言、翻译与认知（1）：41 - 53 + 167.

齐涛云，杨承淑，2020. 多模态同传语料库的开发与建置——以职业译员英汉双向同传语料库为例 [J]. 中国翻译, 41（3）：126 - 135 + 189.

任文，2017. 戈夫曼社会语言学视阈下口译员话语角色的解构与重构 [J]. 中国翻译（4）：18 - 25 + 128.

张丹, 孙鑫, 2017. 中国高水平英语学习者节奏手势使用研究［J］. 牡丹江教育学院学报 (5): 28 – 30 + 59.

ALIBALI M, BASSOK M, SOLOMON K, SYC S, GOLDIN-MEADOW S, 1999. Illuminating mental representations through speech and gesture［J］. Psychological science, 10 (4): 327 – 333.

BRESSEM J, LADEWIG S, 2011. Rethinking gesture phases: articulatory features of gestural movement?［J］. Semiotica (184): 53 – 91.

BRUNER J S, 1990. Acts of meaning［M］. Cambridge, MA: Harvard University Press.

CHEN S, 2017. The construct of cognitive load in interpreting and its measurement［J］. Perspectives, 25 (4): 640 – 657.

CHEN S, 2020. The process of note-taking in consecutive interpreting: a digital pen recording approach［J］. Interpreting, 22 (1): 117 – 139.

CHU M, KITA S, 2011. The nature of gestures' beneficial role in spatial problem solving［J］. Journal of experimental psychology: general, 140 (1): 102 – 116.

CIENKI A, MÜLLER C, 2008. Metaphor and gesture［M］. Amsterdam: John Benjamins.

DEFRANCQ B, 2015. Corpus-based research into the presumed effects of short EVS［J］. Interpreting, 17 (1): 26 – 45.

EIELTS C, POUW W, OUWEHAND K, VAN GOG T, ZWAAN R A, PAAS F, 2020. Co-thought gesturing supports more complex problem solving in subjects with lower visual working-memory capacity［J］. Psychological research, 84 (2): 502 – 513.

FEYEREISEN P, DE LANNOY J, 1991. Gestures and speech: psychological investigations［M］. Cambridge: Cambridge University Press.

FURUYAMA N, NOBE S, SOMEYA Y, SEKINE K, HAYASHI S, 2005. A study on gestures in simultaneous interpreters (in Japanese)［J］. Interpretation studies, 5 (3): 111 – 36.

GERWING J, LI S, 2019. Body-oriented gestures as a practitioner's window into interpreted communication［J］. Social science & medicine, 233: 171 – 180.

GILE D, 1999. Testing the effort models' tightrope hypothesis in simultaneous interpreting — a contribution［J］. Hermes, 23: 153 – 172.

GILE D, 2009. Basic concepts and models for interpreter and translator training (revised edition)［M］. Amsterdam: John Benjamins.

GILE D, 2011. Errors, omissions and infelicities in broadcast interpreting［J］. Methods and strategies of process research: 201 – 218.

GILLESPIE M, JAMES A N, FEDERMEIER K D, WATSON D G, 2014. Verbal working memory predicts co-speech gesture: evidence from individual differences［J］. Cognition

（132）：174－180.

GLUHAREVA D, PRIETO P, 2017. Training with rhythmic beat gestures benefits L2 pronunciation in discourse-demanding situations ［J］. Language teaching research, 21 （5）: 609－631.

GOLDIN-MEADOW S, 2011. Learning through gesture ［J］. Wiley interdisciplinary reviews: cognitive science （2）: 595－607.

GOLDIN-MEADOW S, NUSBAUM H, KELLY S D, WAGNER S, 2001. Explaining math: gesturing lightens the load ［J］. Psychological science （12）: 516－522.

GOLDIN-MEADOW S, WAGNER S M, 2005. How our hands help us learn ［J］. Trends in cognitive sciences （9）: 234－241.

HAN C, AN K, 2021. Using unfilled pauses to measure （dis）fluency in English－Chinese consecutive interpreting: in search of an optimal pause threshold（s）［J］. Perspectives （6）: 917－933.

IVERSON J M, GOLDIN-MEADOW S, 1998. Why people gesture when they speak ［J］. Nature, 396 （6708）: 228－228.

KENDON A, 1972. Some relationships between body motion and speech ［C］ // SEIGMAN A, POPE B. Studies in dyadic communication. Elmsford, New York: Pergamon Press: 177－216.

KENDON A, 1980. Gesticulation and speech: two aspects of the process of utterance ［C］ // KEY M R. The relationship of verbal and nonverbal communication. Hague, the Netherlands: Mouton: 208－227.

LUCERO C, ZAHARCHUK H, CASASANTO D, 2014. Beat gestures facilitate speech production ［C］ // Proceedings of the 36th Annual Conference of the Cognitive Science Society, 36 （36）: 898－903.

MCNEILL D, 1992. Hand and mind: what gestures reveal about thought ［M］. Chicago: University of Chicago Press.

MCNEILL D, 2005. Gestures and thought ［M］. Chicago: University of Chicago Press.

MORSELLA E, KRAUSS R M, 2004. The role of gestures in spatial working memory and speech ［J］. The American journal of psychology （117）: 411－424.

MULLER C, 2007. A dynamic view of metaphor, gesture and thought ［C］ // DUCAN S, CASSELL J, LEVY E. Gesture and the dynamic dimension of language. Amsterdam: John Benjamins: 109－116.

NOVACK M, GOLDIN-MEADOW S, 2015. Learning from gesture: how our hands change our minds ［J］. Educational psychology review （27）: 405－412.

OVEROYE A L, WILSON M, 2020. Does gesture lighten the load? The case of verbal analogies

［J/OL］. Frontiers in psychology (11). 571109. doi：10. 3389/fpsyg. 2020. 571109.

ÖZER D, GÖKSUN T, 2020. Visual-spatial and verbal abilities differentially affect processing of gestural vs. spoken expressions ［J］. Language, cognition and neuroscience (35)：896 – 914.

PLEVOETS K, DEFRANCQ B, 2018. The cognitive load of interpreters in the European parliament：a corpus-based study of predictors for the disfluency uh (m) ［J］. Interpreting, 20 (1)：1 – 28.

PLEVOETS K, DEFRANCQ B, 2016. The effect of informational load on disfluencies in interpreting ［J］. Translation and interpreting studies. The journal of the American translation and interpreting studies association, 11 (2)：202 – 224.

PÖCHHACKER F, 2016. Introducing interpreting studies ［M］. 2nd ed. Amsterdam/ Philadelphia：John Benjamins.

POUW W T, MAVILIDI M F, VAN GOG T, PAAS F, 2016. Gesturing during mental problem solving reduces eye movements, especially for individuals with lower visual working memory capacity ［J］. Cognitive processing, 17 (3)：269 – 277.

RENNERT S, 2010. The impact of fluency on the subjective assessment of interpreting quality ［J］. The interpreters' newsletter, 15：101 – 115.

SEEBER K, 2012. Multimodal input in simultaneous interpreting：an eye-tracking experiment ［C］// ZYBATOV L, PETROVA A, USTASZEWSKI M. Proceedings of the 1st International Conference TRANSLATA, Translation and Interpreting Research：Yesterday-Today-Tomorrow. Frankfurt：Peter Lang：341 – 347.

SEEBER K, 2013. Multimodal processing during simultaneous interpreting—evidence from an eye-tracking study ［J］. Poster Presented at the 17th European Conference on Eye Movements, Lund, 11：16.

SEEBER K, 2015. Cognitive approaches ［C］// PÖCHHACKER F. Routledge encyclopedia of interpreting studies. Routledge：56 – 60.

SEEBER K, 2017. Multimodal processing in simultaneous interpreting ［C］// SCHWEITER J W, FERREIRA A. The handbook of translation and cognition. New Jersey：John Wiley & Sons：461 – 475.

SELESKOVITCH D, 1978. Interpreting for International Conferences ［M］. Pen and Booth, Washington DC.

SHEN M, LIANG J, 2021. Self-repair in consecutive interpreting：similarities and differences between professional interpreters and student interpreters ［J］. Perspectives (5)：761 – 777.

SKIPPER J, GOLDIN-MEADDOW S, NUSBAUM H, SMALL S, 2007. Speech-associated gestures, Broca's area, and the human mirror system [J]. Brain and language, 101 (3): 260 – 277.

STACHOWIAK-SZYMCZAK K, 2019. Eye movements and gestures in simultaneous and consecutive interpreting [M]. New York: Springer International Publishing.

WU Y C, COULSON S, 2014. Co-speech iconic gestures and visuo-spatial working memory [J]. Acta psychologica (153): 39 – 50.

XIANG X, ZHENG B, FENG D, 2020. Interpreting impoliteness and over-politeness: an investigation into interpreters' cognitive effort, coping strategies and their effects [J]. Journal of pragmatics, 169: 231 – 244.

XIE B, SALVENDY G, 2000. Prediction of mental workload in single and multiple task environments [J]. International journal of cognitive ergonomics, 3 (4): 213 – 242.

ZAGAR-GALVÃO E, 2013. Hand gestures and speech production in the booth: do simultaneous interpreters imitate the speaker [C] //CARAPINHA C, SANTOS I. Estudos de Linguística. Coimbra: Coimbra University Press: 115 – 129.

ZAGAR-GALVÃO E, 2020. Gesture functions and gestural style in simultaneous interpreting [C] //SALAETS H, BRÔNE G. Linking up with video: perspectives on interpreting practice and research. Amsterdam/Philadelphia: John Benjamins Publishing Company: 151 – 179.

A Multimodal Case Study of the Interpreter's Gestures "Don't Put All Your Eggs in One Basket"

Hu Minxia

Abstract: As an important visible feature of interpreted encounters, gestures can assist language comprehension, conversion, and production, as well as general cognitive processes such as working memory. However, inadequate empirical evidence has led to a lack of understanding of the specific role and mechanism of gestures in interpretation. This research used the multimodal discourse software ELAN to conduct a case study on the use of gestures by speakers and interpreters in metaphorical processing. The study found that interpreters could reduce the cognitive load caused by metaphor processing and role switching by exerting the communicative, discursive and psychological functions of gestures and the cognitive imitation of the speaker's gestures. By highlighting the cognitive effects of gestures in multimodal processing of spoken language, this study provides preliminary evidence for gesture use in interpreting practice.

Key words: gesture use; metaphor processing; cognitive effects; multimodal analysis

翻译过程中"意"与"达"关系浅议

郎江涛

（四川大学外国语学院，成都 610207）

摘　要：目前，许多学者纷纷发表自己对译文质量问题的看法。有的学者认为，译者原语和译语两种语言转换的能力不高是导致译文质量不高的主要原因；有的学者认为，译者的责任心是导致译文质量不高的主要原因；有的学者认为，导致译文质量不高的原因是多方面的，不能只在译者方面找原因，还有其他因素，如时代、出版社、出版商、读书市场等；如此观点，不胜枚举。本文认为，导致译文质量不高的原因虽然有多方面，但根本的原因在于译者割裂了"意"与"达"的有机统一。在翻译过程中，译者不仅要了解原语作者、原语读者和译语读者，而且还要对原作解码和进行翻译，所以"意"和"达"就成了翻译中的重要问题。从理论上讲，"意"和"达"相互作用，"意"是"达"的基础，"达"是"意"的反映，这种反映应是忠实的反映。

关键词：翻译；"意"；"达"

翻译是一项复杂的人类活动，有的人把它说成是再现活动，有的人把它说成是审美再创造活动，有的人把它说成是信息再生成活动，有的人把它说成是文化交流活动，如此观点，不胜枚举。译界从不同视角对翻译活动的讨论，无疑有助于翻译理论研究的发展。这是问题的一方面，但另一方面，人们对翻译的不同看法又使译文的质量令人担忧。当然，译文质量不高是多种因素导致的，但多数学者把它归结于译者的素养问题，这就会给人一种错误的认识，好像只要译者的素养高了，其译文质量就一定会高，但事实却并非如此。也就是说，有的译者素养很高，其译文也达到了翻译的基本要求：忠实、通顺，但译文并未实现翻译的目的。笔者经过许多年的翻译教学实践与研究发现，造成这种情况的根本原因在于翻译中"意"与"达"的问题。

1. "意"

根据《现代汉语词典》，"意"的意思有"意思""心愿""愿望""意料""料想"(中国社会科学院语言研究所词典编辑室,1996:1495)。从这里可以看出,"意"在现代汉语里主要指的是思想、心理、情感等。有文字记载,最早阐述"意"的是孔子,他在阐述"言"与"意"的关系时说:"书不尽言,言不尽意"(李鼎祚,2016:441),也就是说,"语言不能表达意念的无穷性"(朱立元,2014:130)。孔子对"意"的这一看法直接被支谦在他的《法句经序》中引用来说明自己对佛经翻译的看法。后严复在《天演论·译例言》中指出:"译事三难:信、达、雅。"(陈福康,2000:106),这里的"信"指的是"意思",也就是"意"。自此以后,学界多数学者一提到"信",主要指的是原作的意思,从而对"意"做了简单的诠释。事实上,在翻译过程中,"意"不仅有主观之"意",亦即原语作者之"意"、原语读者之"意"、译者之"意"、译语读者之"意",而且还有客观之"意",亦即原作之"意"和译作之"意"。

1.1 主观之"意"

语言是"人类所特有的用来表达意思、交流思想的工具,是一种特殊的社会现象,由语音、词汇和语法构成一定的系统。'语言'一般包括它的书面形式,但在与'文字'并举时只指口语"(中国社会科学院语言研究所词典编辑室,1996:1539),所以语言具有"人际功能、信息功能、祈使功能、述行功能和表情功能"(奈达,1998:12)。当然,除了这几种功能外,语言还有其他的功能如审美功能等。可见,译者要想顺利地完成翻译任务,就必须先把握原语作者之意。从创作的角度讲,作者之"意"指的是作者的创作"意念""意图""意愿""意志"等,也就是作者创作的动机、目的、想要达到的最终目标等一切与创作相关的在作者心里反复出现,不断驱使作者产生创作行为的因素。因此,译者只有和原语作者融为一体才能洞察和把握原语作者之"意"。从理论上讲,译者要真正与原语作者融为一体,就必须做到像傅雷说的那样,"从文学的派别来说,我们得弄清楚自己最适宜于哪一派:浪漫派还是古典派?写实派还是现代派?每一派中又是哪几个作家?同一作家又是哪几部作品?我们的界限与适应力(幅度)只能在实践中见分晓"(陈福康,2000:387)。

我们知道,翻译之难在于对原语作者"意"的把握。只有把握了原语作者的"意",翻译才算走出了成功的第一步。说是第一步,那就意味着还有第二步。事实也确实如此,译者除了把握原语作者之"意"外,还要了解原语读者之"意",同时还要预测译语读者之"意"。读者之"意"主要指的是读者的"意图""意愿"等，原语读者与译语读者之"意"都含有"意图""意愿"，但两者之"意"还是有区别的。原语读者与原语作者、原语文化、原语世界等有直接的关系，相比之下，译语读者与原语作者、原语文化、原语世界等只有间接的关系，且需译者这个中间人的帮助才能建立间接关系。可见，从翻译的目的来看，原语读者之"意"与原语作者之"意"有机契合在一起共同对译者起作用，也就是共同作用于译者之"意"，但对译者起积极作用的是译语读者之"意"，这正如陈福康所说："毫无疑问，翻译是为了不解原文的人的，然而不只是为了不解原文的人的；反之，在学说方面有价值的翻译，同时是了解原文的人所不可少的。"（陈福康，2000：344）所以译语读者之"意"影响译文的定位。

从上可以看出，译者既要把握原语作者之"意"和原语读者之"意"，又要把握译语读者之"意"。从翻译阶段来看，译者对"意"的把握贯穿整个翻译活动。在整个翻译过程中，译者还不能忘了自己的"意"。"在作者、译者、读者的关系链中，译者是中介人"（方梦之，1999：78），所以译者必须使自己的"意"与原语作者之"意"、原语读者之"意"、译语读者之"意"紧密契合，以保证译文不会偏离原语作者之"意"，同时也能满足译语读者之"意"。

1.2　客观之"意"

在翻译过程中，译者不仅要与原语作者、原语读者以及译语读者建立动态关系，而且还要与原作和译作建立动态关系。因此，这里谈的客观之"意"应包括原作之"意"和译作之"意"。原作之"意"主要指原作的"意思""意义""意味""意蕴""意象""意境"等客观存在。哲学家贺麟曾说："因为意与言或道与文，是体与用、一与多的关系。言所以宣意，文所以载道。……意与言、道与文既是一与多的关系，则可推知同一真理、同一意思，可用许多不同的语言文字或其他方式以表达之。"（陈福康，2000：340）这里，贺麟实际上指出了翻译是可能的问题。事实上，"翻译既是可以用多种语言文字，去传达同一的思想，所以凡从事翻译者，应注重原书义理的了解和意思的把握"（陈福康，2000：340）。因此，原作应含有原语作者的思想、情感、价值取向、审美情趣等因素，而这些因素是客观存在的，只不过不同文本侧重点不一样。例如，科技文本主要侧重的是信息的客观传达，所以科技文本之"意"侧重的是意思的客观性；相比之下，文学文本侧重的是情感的带入，所以文学文本之"意"除了强调思想内容外，还突出"意味""意境""意象"等的客观存在。

译作是译者的创造之物,其功能与原作一样,也就是说,译作之"意"也是客观存在的,因文本不同,其侧重点也不一样。具体而言,科技译文文本以及其他应用译文文本主要侧重信息的客观传达,所以其"意"主要在于信息的客观性;相比之下,文学译文文本主要侧重信息的客观传达的艺术和审美,所以其"意"主要在于审美性,这正如茅盾所说:"这样的翻译,自然不是单纯技术性的语言外形的变易,而是要求译者通过原作的语言外形,深刻地体会了原作者的艺术创造的过程,把握住原作的精神,在自己的思想、感情、生活体验中找到最适合的印证,然后运用适合于原作风格的文学语言,把原作的内容与形式正确无遗地再现出来。这样的翻译过程,是把译者和原作者合二为一,好像原作者用另外一国文字写自己的作品。"(陈福康,2000:375 – 376)

从上可知,在翻译过程中,译者要恰当处理好原作之"意"和译作之"意"之间的关系,"就义理言,译本与原著皆系同一客观真理之不同语文的表现。故译本表达同一真理之能力,诚多有不如原著处;但译本表达同一真理之能力,有时同于原著,甚或胜过原著亦未尝不可能也"(陈福康,2000:341 – 342)。因此,译作之"意"和原作之"意"应是高度相契合的,理想的翻译是译作之"意"完全再现原作之"意",但如傅雷所说:"各种文字各有特色,各有无可模仿的优点,各有无法补救的缺陷,同时又各有不能侵犯的戒律。"(陈福康,2000:391)同时译作之"意"是译者的产物,也就是说,译作之"意"并不能完全再现原作之"意",只能做到最大化的再现。

2. "达"

根据《现代汉语词典》,"达"的意思有"通""达到""懂得透彻""通达""表达""显大"(中国社会科学院语言研究所词典编辑室,1996:223)。从这可以看出,"达"在现代汉语里主要作动词用,突出主体的行为。在中国翻译史上,最早论及"达"的应是支谦。他在《法句经序》中指出:"今传胡义,实宜径达。"(陈福康,2000:6)后严复在《天演论·译例言》中指出:"译事三难:信、达、雅。"(陈福康,2000:106)自此以后,"达"成为翻译的一条原则,但其基本意思因人而异,有的人认为"达"指的是"达到",有的人认为"达"指的是"畅达",有的人认为

"达"指的是"通顺"。毫无疑问，这些对"达"的阐释只是针对译作而言，忽略了原作也有"达"的问题。

2.1 原作之"达"

语言是时代的一面镜子，随时代的发展而发展，所以原作之"达"也会深深打上时代的烙印，正如严复所说："且执事既知文体变化与时代之文明程度为比例矣，而其论中国学术也，又谓战国隋唐为达于全盛而放大光明之世矣，则直用之文体舍二代其又谁属焉？且文界复何革命之与有？持欧洲挽近世之文章，以与其古者较，其所进者在理想耳，在学术耳；其情感之高妙且不能比肩乎古人，至于律令体制，直谓之无几微之异可也。"（陈福康，2000：109－110）这里，严复实际上是认同了语言的时代性，在他看来，无论是中国还是欧洲的文章，都有古与今之别，也就是说，任何语言的作品都有时代性。除时代性外，语言还有民族性，主要体现在风俗、习惯、宗教等的不同语言表达上，这种不同的表达会引起不同的感应。

从创作的角度看，原作是作者智慧的产物，是作者思想、情感、情趣等的外在体现，当然，作品的类型不同，作者思想、情感、情趣等的外在体现程度也不尽相同。具体而言，科技作品侧重信息的客观性、准确性、逻辑性，因而科技语言无论英语还是汉语都要求简洁、明晰、符合逻辑，所以科技作品之"达"以清楚、明晰、符合逻辑为主要目的，以读者接受为准绳，故科技作品的"达"主要体现在通顺、易懂层面。相比之下，文学作品就要复杂些，"作家从自己独特的视野来观察和感受生活，从中选取自己感兴趣的东西作为素材，按照自己的审美理想和趣味进行艺术提炼和加工，融入自己的情感态度和审美评价，使头脑中的生活印象升华为审美意象，按照自己的语言风格将其表达出来"（王平，2009：209）。可见，文学作品是作者的艺术创造之物，而作者就成了美的缔造者，虽说作者是第一个欣赏自己作品的人，但从文学活动的社会性来看，文学作品离不开读者，离开了读者，文学作品就会失去生命力。由此看来，文学作品之"达"不仅指通顺、畅达，而且还要具有审美性。从审美层面看，文学作品之美主要指的是意义之美、意象之美以及意境之美等。

从上可以看出，原作之"达"因作者之"意"、读者之"意"以及作品的类别不同而呈现出复杂性特点。当然，从理论上讲，这种复杂性还受读者类别的影响。我们知道，读者之"意"与作者之"意"是紧密契合的，离开了读者的参与，作品就失去了存在的价值，更谈不上生命力，这也是由语言本身的功能所决定的。以此为据，我们就可以说，原作的"达"是在多种因素的合力作用下形成的，具有客观性、时代性、民族性、新颖性等特点，其最终目的是为作者和读者服务。

2.2 译作之"达"

在翻译理论研究中，不少学者对译作与原作的关系提出过自己的看法，如哲学家贺麟曾说："译文与原文的关系，在某意义上，固然有似柏拉图所谓抄本与原型的关系。而在另一意义下，亦可说译文与原文皆是同一客观真理之抄本或表现也。就文字言，译文诚是原著之翻抄本；就义理言，译本与原著皆系同一客观真理之不同语文的表现。"（陈福康，2000：341）这里，贺麟把译作看成原作的翻抄本，译作和原作是同一客观真理的不同语言的体现。再如曾虚白说："我们比仿拿摄影术来做文学的比例，创作是直接取景，翻译却是翻版。"（陈福康，2000：315）这里，曾虚白把译作看成原作的翻版。在他看来，"翻译家镜头的目标却不能求之自我了；他的摄景是人家已做成的片子，要他照模照样的再翻一张出来。负着充分摹仿人家个性的使命，却时时刻刻提防着自己的个性钻出来胡闹。所以创作的需要是独立性，翻译的需要是摹仿性"（陈福康，2000：315）。当然，从理论上讲，对原作和译作的关系问题的探究不仅对我国译学的发展有促进作用，也有利于人们对翻译的本质、翻译的标准、译者的地位等相关问题有进一步深入的了解。

从创作的角度看，译者其实也是一位作者，只不过是一位特殊的作者，其特殊性在于他是用另一种语言对原作进行再现，这种再现赋予了原作新的生命。我们知道，在再现过程中，译者之"意"、原语作者之"意"和原语读者之"意"融合在一起，译作就像原语作者用另一种语言写的一样。由此看来，译者在再现过程中必定要考虑不同译语读者的不同需要。例如，原作是科技文本以及其他应用文本，译语读者主要在求知，但译语读者的年龄、教育程度、审美能力等的不同会影响译者的译文之"达"。若译语读者只是普通的技术工人，那么译文之"达"就会侧重通俗的层面，而若译语读者是有高学历的管理者，那么译文之"达"就会侧重雅的层面，也就是说，译语读者不同的文化鉴赏力会影响译作之"达"。再如，如果原作是文学作品，那么译作之"达"就会侧重审美的层面。

从上可以看出，既然译作是原作的再现，那么译作之"达"理应与原作之"达"一样呈现复杂性特点。这种复杂性一方面是由语言本身的不断发展变迁引起的，另一方面是由译语读者所处的时代造成的。同时，译者自身也处于一定的时代背景之中，自己的情感、审美情趣、审美理想等自然也会受时代的影响。不仅如此，这种复杂性还会体现出民族性特点，例如在涉及民族文化问题时，译者是采取归化策略还是采取异化策略的问题不仅仅是译者的翻译决策问题，还应是译者的翻译立场问题。当然，译作之"达"的复杂性还由译语读者的不同类别引起，换言之，不同类别读者的参与是译作生命的原动力。由此看来，译作之"达"和原作之"达"一样是在多种因素的合力作用下形成的，具有客观性、时代性、民族性、新颖性等特点，其最终目的是为译者和译语读者服务。

3. "意"与"达"

"语言之最本质的属性是人文性，表现为承载人的思维（意义）和情感"（刘宓庆，2001：265），所以翻译"直接涉及三个方面，一，译什么？这关系到原文。二，为谁译？是一个读者问题。三，怎样译"（萧安溥，李郊，2007：41）。这三个问题实际上涉及翻译的程序问题。闻一多曾指出："翻译底程序中有两个确划的步骤。第一是了解原文底意义，第二便是将这意义形之于第二种（即将要译到的）文字"（陈福康，2000：278），也就是说，闻一多认为翻译涉及理解与表达两个阶段。当然，也有学者认为，翻译应有三个阶段：理解、表达、校核。现阶段，多数学者对理解的看法停留在译者和原作上，而忽略了原语作者和原语读者。事实上，学界多数学者对"表达"的论述也停留在译作上，且多数学者是在谈译者怎样才能把原作之"意"表达出来的翻译技巧问题。这样看来，尽管这种研究视角有一定的积极意义，但似乎把原作和译作孤立起来看问题，而忽略了原作和译作是有紧密联系的。因此，要真正提高翻译质量，我们有必要对"意"与"达"的关系做进一步的研究。

3.1 "意"是"达"的基础

从创作的角度看，"意"首先应指作者的创作动机和目的，亦即"意念""意图"，在"意"的驱动下，作者才把创作行为付诸实施，最后完成作品。虽然作品最终是以语言为载体的物质存在形式，但作品却体现了作者的"意愿""意志"，同时还体现了作者的"情意"，这个"情意"主要指作者对整个事件、某个观点、事实材料等的情感态度，在文学作品中还指作者对文中人物的情感态度，文中人物对事件、观点等的情感态度以及文中人物之间的情感态度等。当然，从理论上讲，这个"情意"还指作者对读者的"情意"和读者读了作品后对原作者的"情意"，也就是说，主观之"意"指的是作者之"意"和读者之"意"。与主观之"意"相对应的则是客观之"意"，而客观之"意"首先应指的是作品的思想内容，亦即"意思"，其次才是"意"的延伸，如"意味""意蕴""意象""意境"等。但不管怎样，除受作者之"意"和读者之"意"影响外，作品之"意"还受作品类别的影响。例如科技作品和其他应用作品，作者之"意"旨在信息的传达，而读者之"意"旨在信息的取得，亦即求知，所以这类作品之"意"侧重信息的客观传达。相比之下，文学作品侧重美的创造，故作品之"意"除"意思"的传达外，还指"意味""意蕴""意象""意境"等。可见，在创作过程中，主观之"意"和客观之"意"的共同作用产生了原作之"达"，这就是说，"意"是"达"的基础，如果没有综合之"意"，"达"也就无从谈起。从理论上讲，原作之"达"指的是表达原作思想内容、情感、审美情趣等的流畅性，既体现了读者的"意"，又体现了作者的"意"。

从翻译的角度看，主观之"意"既指原语作者之"意"和原语读者之"意"，又指译者之"意"和译语读者之"意"。从一定程度上讲，译者既是原作的读者又是译作的创造者。所以翻译过程中的主观之"意"和客观之"意"所涵盖的内容与创作活动中主观之"意"和客观之"意"所涵盖的内容是一样的，也就是说，翻译过程中主观之"意"主要指的是"意念""意图""意愿""意志"等，客观之"意"指的是"意思""意味""意蕴""意象""意境"等。尽管如此，从翻译的性质看，翻译等同于创作，但与真正意义上的创作还是不同的，因为"创作要有生活体验，翻译却要体验别人所体验的生活"（陈福康，2000：263）。正因为译者体验的是别人的生活，所以译者在翻译过程中一方面需把握原语作者、原语读者、译语读者的主观之"意"，另一方面又要把握原作和译作之客观之"意"。为了有效地处理这复杂的主观之"意"和客观之"意"，译作之"达"就显得特别重要。当然，尽管译作之"达"因翻译的性质而与原作之"达"在功能上大体相当，但译作之"达"和原作之"达"还是有很大的不同。译作涉及两种不同语言，即译语与原语的转换，而译语读者所面对的是译作，所以译作之达既体现译者之"意"、原语作者之"意"、原语读者之"意"的高度契合，又体现译语读者之"意"。

从上可以看出，主观之"意"和客观之"意"相互作用，形成复杂的综合体，而翻译之中的复杂综合体因翻译的特殊性而独具特色，其复杂的程度更高，从而也就影响了译作之"达"。具体而言，译作之达除要求译语通顺畅达外，还要求译文符合译语的表达习惯，在表达主观之"意"时，译语还需把原语作者的情感度表达出来，也就是说，译语所揭示的情感度要达到原语作者和原作人物的情感度。此外，译语的文体要与原语一致。如果是文学作品，译语还要再现原作的"意味""意蕴""意象""意境"等，让读者读后受到的感染程度达到原语读者阅读原作后所受到的感染程度。译语还应最大化地传达原作的思想内容、情感、审美情趣等，也就是说，如果原作所含的信息可用译语的几种不同形式来传达，那么译者应选最佳的表达形式，所以翻译是一种艺术创造，在表达原作之"意"时，译者也在进行词语创造和词语选择。从理论上讲，最大化的"达"一方面是译者主观之"意"的体现，另一方面也是译语读者主观之"意"的体现。由此看来，"意"是"达"的基础，如果没有复杂的主观之"意"和客观之"意"，"达"也就无从谈起。

3.2 "达"是"意"的反映

从创作的角度看，"达"是作者之"意"的体现，如有的作者就喜欢用自己喜欢的词语来表达自己的情感、对某一事物的看法以及自己的期望等。再如，在词语的使用上，有的作者喜欢辞藻华丽，有的作者喜欢朴实简单，如此等等，这些都是作者之"意"的反映。同时，"达"也是读者之"意"的体现。我们知道，读者可以分为不同的类别，分类的标准不同，其类别也不同。若以年龄为标准，读者可分为老年读者、中年读者、青年读者、少年读者。在这四类读者中，少年读者喜欢的语言应是少儿语，其他三类读者除少数读者外都应喜欢成人语，同时这几类读者因自己的经历、生活环境、教育程度等的不同，有的喜欢典雅的，有的喜欢通俗的，有的喜欢朴实简单的，有的喜欢辞藻华丽的。若以教育程度为标准，读者可分为小学文化程度的读者、中学文化程度（初中、高中）的读者、大学文化程度（专科、本科）的读者、研究生文化程度（硕士、博士研究生）的读者。在这四类读者中，前两类读者对"达"只作一般要求，亦即通顺易懂，后两类读者对"达"不仅要求要通顺易懂，而且还要具有审美性。由此看来，原作之"达"是作者之"意"和读者之"意"的综合反映。

从翻译的角度看，译作是译者的作品，译者既是原作的读者，又是译作的作者，只不过译者的创作是有一定的限制的，和完全自由创作的作者不一样。具体而言，译者的创作限制来自原语作者、原作、原语读者、译作、译语读者等因素，正是这些因素的合力才导致翻译之难，一方面，译者要对原语作者、原作、原语读者负责，另一方面，译者又要对译作、译语读者负责，正是从这个角度，我们才说翻译是一项伟大的事业。从翻译的过程来看，译者可感的、直接面对的应是原作和译作，而原作有原作之"达"，译作有译作之"达"。从语言的角度看，这两种"达"是不同语言的体现，从功能上看，这两种"达"的功能都是作者之"意"和读者之"意"的需要，只不过，译作之"达"因译者既是读者又是作者而独具特色，换句话说，译作之"达"是译者之"意"、译作之"意"以及译语读者之"意"的反映。我们知道，语言是文化的载体，故译者在进行跨文化因素处理的时候，不得不考虑译语读者之"意"，有效地采用相应的对策——归化、异化、加注、释义等，从而使译语读者实现自己主观之"意"。

从上可以看出，在翻译过程中，原作和译作都是用语言作物质载体的，但原语和译语是两种不同的语言，原语是为原语作者和原语读者服务的，是原语作者之"意"和原语读者之"意"共同作用的产物，所以原语的"达"是原作获取生命力的手段，不仅突出原作之"意"，而且体现了原语作者之"意"和原语读者之"意"。同理，译语之"达"是为译者和译语读者服务的，是原语作者之"意"、原语读者之"意"、译者之"意"以及译语读者之"意"共同作用的产物，所以译语之"达"是原作在新的语言世界里获取生命的手段，不仅突出了译作之"意"，而且还是译者和译语读者的需要。由此看来，"达"是"意"的反映。当然，这里的反映应是积极的反映、忠实的反映，换句话说，在翻译中，"达"是"意"的手段，必须积极地、忠实地显现出"意"，否则，"达"就没有实现其价值。

4. 结语

在翻译过程中，译者的角色是多样的，他既是原作的读者，又是译作的作者，所以在翻译过程中，"意"可分为主观之"意"和客观之"意"。主观之"意"又可具体化为原语作者之"意"、原语读者之"意"、译者之"意"和译语读者之"意"，而客观之"意"指的是原作之"意"和译作之"意"。从理论上讲，译作之"意"是译者之"意"和译语读者之"意"共同作用的结果，但翻译的性质决定了译者之"意"受原语作者之"意"和原语读者之"意"的影响，也就是说，这个译者之"意"实际上是"意"的集合体，不是单纯的译者之"意"。由此看来，翻译中的"达"也不是简单意义上的"达"。具体而言，"达"有原作之"达"和译作之"达"，在翻译过程中，原作之"达"虽对作为读者的译者能产生巨大的影响，但真正能影响译作之"达"的应是译者之"意"和译语读者之"意"。因此，"意"与"达"并不是彼此孤立的，而是相互联系的，换句话说，"意"是"达"的基础，"达"是"意"的反映，当然，这种反映应是积极的、忠实的，也就是说，"意"与"达"是相契合的，是有机的统一。

参考文献：

陈福康，2000. 中国译学理论史稿：修订本［M］. 上海：上海外语教育出版社.

方梦之，1999. 翻译新论与实践［M］. 青岛：青岛出版社.

李鼎祚，2016. 周易集解［M］. 王丰先，点校. 北京：中华书局.

刘宓庆，2001. 翻译与语言哲学［M］. 北京：中国对外翻译出版公司.

奈达，1998. 语言文化与翻译［M］. 严久生，译. 呼和浩特：内蒙古大学出版社.

王平，2009. 文学翻译审美学［M］. 北京：国防工业出版社.

萧安溥，李郊，2007. 英汉翻译教程［M］. 重庆：重庆大学出版社.

张经浩，1996. 译论［M］. 长沙：湖南教育出版社.

张培基，喻云根，李宗杰，等，1980. 英汉翻译教程［M］. 上海：上海外语教育出版社.

中国社会科学院语言研究所词典编辑室，1996. 现代汉语词典：第 3 版［M］. 北京：商务印书馆.

朱立元，2014. 美学大辞典［M］. 上海：上海辞书出版社.

On the Relationship Between "Yi" and "Da" in the Translation Process

Lang Jiangtao

Abstract: At present, a number of scholars have given their ideas about the problem of translation quality. Some scholars believe that the translator's poor ability in converting the source language into the target language should be the main reason of poor translations, some hold that the translator's responsibility should answer for poor translations, some argue that there are many factors that can produce poor translations such as times, publishing houses, publishers and reading markets so that the translator cannot be regarded as the only power of poor translations, and so on. This paper holds that there are many factors that can be the reasons of poor translations, but the real reason is that the translator disintegrates the unity of "Yi" and "Da". In the translation process, the translator should not only know something about the source language author, the source language reader and the target language reader, but also decode the source text and create the target text so that "Yi" and "Da" should be the important problems in the translation process. Theoretically, "Yi" and "Da" interact on each other, which shows that "Yi" is the source of "Da" and "Da" is the reflection of "Yi", but the reflection should be faithful.

Key words: translation process; "Yi"; "Da"

后殖民理论视阈下《四世同堂》英译研究

刘丽华

（四川大学外国语学院，成都610207）

摘　要： 美国来华传教士子女的杰出代表浦爱德和老舍先生合作，将老舍名著《四世同堂》翻译成英文。该译本翻译策略的"杂糅"特性反映出了译者的双重文化身份认同及译者致力推动中美文化交流所做出的努力。《四世同堂》的英译既有助于中国现代文学作品以及中国文化在美国的传播和接受，又补充了该小说国内版本所欠缺的章节，使《四世同堂》中文完整版能够在国内出版。

关键词： 文化身份；杂糅；《四世同堂》；后殖民理论；翻译策略

　　我国现代作家老舍的小说《四世同堂》在我国现代文学史上占有非常重要的地位。该小说由来华美国传教士子女的杰出代表之一，美国女作家和社会活动家浦爱德（Ida Pruitt, 1888—1985）在老舍的帮助下翻译成英文，填补了这一作品的英译空白。这部小说经历了由中文创作，到翻译成英文，再由英文翻译成中文来成就中文完整版在中国发行的复杂经历。这部作品的成功翻译与译者浦爱德所拥有的特殊经历和双重文化身份有关。本文从研究译者的文化身份出发，在后殖民理论视阈下研究该译本的翻译策略和翻译特色。

1. 浦爱德的文化身份及其影响

　　身份认同（identity）是西方文化研究中的一个重要概念。广义上的身份认同主要指某一文化主体在强势与弱势文化之间所进行的集体身份选择，在这一过程中他们经历了强烈的思想波折和巨大的精神痛苦。这种身份认同是当代文化批评所关注的"混合身份认同"（hybrid identity）（赵一凡，张中载，李德恩，2006：465）。这种身份认同也是后殖民理论、后现代文化批评所关注的焦点。

　　文化身份（cultural identity）指的是一个群体或文化的身份认同，或是一个人所受的他所属的群体或文化的影响。斯图亚特·霍尔（Stuart Hall）

认为"我们的文化身份反映的是我们共同的历史经验和享有的文化符号，而这种经验与符号……在我们实际历史的移动分配和变迁中，提供了稳定、持续、无变化的意义框架"（Vasu，2008：30）。

但是随着个体和族群的跨文化迁徙，个体所受到的文化影响也处于变化之中，因此个体的文化身份也不再由血统和种族决定，而是受特定的社会、文化和政治环境的混合影响。其中后殖民身份认同政治中的族裔散居（diaspora）身份认同可以用来解释浦爱德文化身份的杂糅性（cultural hybridity）。

后殖民主义理论是一种多元化文化理论，主要研究殖民时期之后，宗主国与其殖民地之间的文化权利关系，涉及种族主义、文化帝国主义、文化权利身份、国家民族文化等问题。其中后殖民身份认同政治曾一度成为全球文化批判关注的焦点。一些西方文化研究理论家将身份认同政治与文学研究和文化研究相结合，开辟了文学研究的新视野。后殖民身份认同政治经历了种族认同、民族认同和族裔散居身份认同三个阶段。

种族身份认同承认社会进化论所强调的种族生物特征，结合强调种族文化内涵的欧洲文化主义，成为种族主义的权力话语实践，更成为殖民者将自身标榜为文明进步的代表而歪曲、抹杀其他种族的历史文化的借口。民族身份认同主要是一种文化心理认同，涉及民族国家概念，主要是依靠本民族的文化传承来确保国家的文化统一。而后殖民状态下的族裔散居混合身份认同特指生活在宗主国和第一世界的一群以种族为纽带的少数群体，例如美国的非裔和华裔群体。杜波依斯（William Du Bois）在其《黑人的灵魂》（*The Souls of Black Folk*）一书中探讨了美国黑人的身份认同矛盾。吉尔罗伊（Paul Gilroy）则否认在美国黑人中存在一种普遍的黑人身份认同，他认为族裔散居是一种混合身份认同，它的本质特征是一种异体合成、混合，以及在漫长岁月中逐渐形成的不纯文化形式（赵一凡，张中载，李德恩，2006：470）。

后殖民理论视角下的族裔散居不仅关注前殖民地国家到宗主国（第一世界）的人口移居，同时将反向人口移居即欧美人移民到第三世界纳入其研究视野，后者被称为"帝国族裔散居"（或帝国飞散者，"imperial diasporas"）。主体在这两种散居中的身份认同方面感受到了相同的痛苦和焦虑。

浦爱德的文化身份就属于帝国族裔散居。她出生于中国，成长于中国；

长大后到美国接受高等教育，毕业后又回到中国从事社会工作。直到不惑之年，她才回到美国定居。在她晚年时，又受到中国政府之邀访问中国。她在中国的出生和成长，使她不可避免地受到中国文化的影响，而美国传教士背景的父母又让她无法脱离美国宗教文化的影响。美国的高等教育则强化了她的西方文化背景。因此每一次在中美之间的往返对于浦爱德都是一次艰难的抉择。如果说每一次族裔散居的体验都会带来身份认同的杂糅，那么东西方文化的数次迁徙，早已经使其文化身份多次杂合，使其成为"文化混血儿"（cultural hybrid），具有中美双重文化身份。

这里需要指出的是，浦爱德的文化身份杂糅并不完全等同于后殖民理论所关注的文化身份杂糅，浦爱德的成长教育和社会经历颠倒了文化杂糅的主流范式，因为文化的改变和同化过程变成了由西方到东方，由白人社会到有色人种社会；浦爱德的文化身份也不是赛义德所说的"白种东方人"（White Orientals），因为她不是在东方从业却不认同东方的西方白人移民，迁居的改变不再是为了追逐权利。她认同中国文化，同情中国人民，甚至将中国视为自己的故乡，将回到中国视为自我实现。

浦爱德中美文化身份的"杂糅"性的影响在于，首先，它赋予了浦爱德超越中美两种文化的视角和洞察力，因此她比父辈们具有更广阔的世界观和文化观，她探索两种文化的互补性，成为投身于推进中美交流和文化多元主义事业的作家和社会活动家。其次，中美双重文化身份对浦爱德的创作和翻译产生了直接的影响。"中国形象"成为她创作的主题，体现在《汉家女儿——一个中国女工的自转》（*A Daughter of Han: The Autobiography of Chinese Working Woman*）、《殷老太太》（*Old Madam Yin: A Memoir of Peking Life, 1926—1938*）、《在中国的童年》（*A China Childhood*）、《北京的除夕》（"New Year's Eve in Peking"）等小说、自传和散文中。浦爱德特有的中美双重文化身份和中英双语能力，使她非常愿意从事推动跨文化交流最直接的工作——翻译。她翻译了我国现代著名作家老舍的名著《四世同堂》（*Yellow Storm*）和清朝末年吴永所著的《庚子西狩丛谈》（*Flight of Empire*）。

2.《四世同堂》的出版与翻译

2.1 《四世同堂》的出版

1946 年，老舍应美国国务院之邀到美国进行文化交流，讲学一年。后来老舍留在美国，直至 1949 年年底回国。老舍在美国三年半，全力完成了

《鼓书艺人》和《四世同堂》第三部《饥荒》的撰写及全书的翻译。《四世同堂》这部长篇小说在老舍先生生前从未出版过单行本，而只在新中国成立前出版过该小说的第一部《惶惑》和第二部《偷生》。第三部《饥荒》的手稿由老舍带回国内，并且于 1950 年在上海《小说月刊》连载发表，但是老舍删去了结尾处的后十三段。后来这部手稿毁于"文化大革命"，结尾的后十三段就在其中。直到 1980 年《四世同堂》在国内首次出版单行本，国内读者才有机会读到这部小说的全文。但是读者感觉到这部小说好像没有写完，结尾处的后十三段仍然缺失。

老舍旅美时帮助浦爱德将《四世同堂》翻译成英文，取名"Yellow Storm"，由美国 Harcourt, Brace and Company 于 1951 年在纽约出版。在这部译作的封面上保留了四个汉字"风吹草动"，而不是"黄色风暴"。本文中，笔者仍然采用了国内通常的译名"黄色风暴"。

这部译作是由老舍的中文手稿直接翻译过来的，它包括了中文版中没有的结尾，即丢失的后十三段。1982 年马小弥将这后十三段翻译成中文，此中文译文曾连载于 1982 年的《十月》杂志上。目前由北京十月文艺出版社出版的《四世同堂》的第三部就包含了马小弥所翻译的这后十三段，这也使得《四世同堂》得以在国内完整出版。由此可见，浦爱德的英文译本《黄色风暴》对补充老舍原著的完整性是多么重要。

2.2 《四世同堂》的翻译

由于浦爱德的中美双重文化身份，她跟许多有着相同背景或研究中国的美国人士成了好友。她与老舍的相识也有可能是通过费正清（John K. Fairbank）介绍的（King, 2006：164）。而老舍在重庆时就与在重庆美国新闻处服务的费正清相识。费正清和其夫人，时任美国驻华大使馆文化联络员的威尔玛·费正清（Wilma Fairbank）对老舍访美起了一定的作用。鉴于此，浦爱德开始与老舍合作翻译《四世同堂》。

浦爱德在中国长大并生活数十年，虽然能说中文也听得懂中文，但是不能流畅地阅读中文。因此她翻译《四世同堂》的过程也与一般的小说翻译有所不同，是在老舍的帮助下完成的。但是这部译作在美国出版时，封面上的译者仍然只列出了一人即浦爱德。因此，浦爱德是这部小说的译者。而对译本的研究离不开对浦爱德的文化身份和翻译策略的研究。

首先，这本小说不是由浦爱德依照原著逐句翻译的，而是先由老舍进行删节，然后再由老舍把小说一段一段地念给浦爱德听。然后浦爱德边听边在打字机上译成英文，并用打字机录于纸面，同时读出她的英文译文给老舍听。老舍经常跟浦爱德就有些译文进行商榷，或者修改她的译文。浦爱德在1977 年写给费正清夫人威尔玛·费正清的信中谈到了她在老舍的帮助下翻译《四世同堂》：

> 《黄色风暴》并不是由《四世同堂》逐字翻译过来的，甚至不是逐句的。老舍念给我听，我则用英文把它在打字机上打出来。他有时省略两三句，有时则省略相当大的段。最后一部（第三部，本文作者注）的中文版当时还没有印刷，他向我念的是手稿。（老舍，2012：595）

他们的翻译工作持续了半年，从 1948 年 3 月到 8 月，几乎每天晚上 7 点到 10 点在一起工作。至于这部小说的英文译名"Yellow Storm"，则是由老舍先生在费城的一个树林里与浦爱德散步时突然想到的。应该说这个译名更能体现出老舍先生在译文中努力向西方读者传达的信息：中国人民从来就是永不屈服的民族，在抗日战争中他们好似一股黄色风暴，这股黄色风暴将会扫荡一切侵略者，并最终将日本侵略者赶出家园。

事实上，在翻译史上，很多翻译作品的产生都离不开合译。林纾成功地与他人合译，使西方小说开始走入了中国读者的世界。有着相同混合文化身份的美国女作家，来华美国传教士子女——赛珍珠（Pearl S. Buck），之前成功地将我国古代四大名著之一《水浒传》翻译成英文。翻译方式也是与人合作，边听边译，这样的翻译方法使翻译速度大大加快。不同之处在于，赛珍珠先通读了原文，然后边听边翻译。浦爱德由于在中国长大，能说一口流利的中文，虽然中文阅读不够流畅，但是边听边译的翻译方法使她能够顺利完成《四世同堂》的翻译。而且，她的双重文化身份是保证她能够担当这种文化交流重任的根本条件，她内心深处对中国文化的热爱和对中国人民的同情则是她能够完成翻译工作的根本动力。因此浦爱德和老舍先生合作翻译《四世同堂》成为中国现代文学翻译史上一个极有意义的翻译活动。

3. 《四世同堂》的翻译策略及特色

本雅明（Walter Benjamin）在《翻译者的任务》一文中提出的翻译理论，对当今的跨文化翻译包括文学翻译很有启示。他认为所谓"忠实"的翻译方法很容易变成机械式翻译（literalness），因此他提出的翻译任务是再现原文的可译性，以创造性的译文、"更丰富的语言"来体现原文。翻译是原文的再创造，是原文生命的延续（after life）。

中英两种语言在声音、节奏、词法、句法、意象、隐喻等方面存在差异，以至于不可译或部分不可译的情形随处可见，因此单纯的等值翻译就无法完成翻译任务。作为具有混合文化身份的跨文化沟通者，浦爱德热爱中国文化，同情抗战时期的中国人民，因此在翻译时不向英语文化对汉语同化的压力屈服，消解英语文化的话语霸权，从混合文化出发，再现中国文化和语言的特点，实现跨文化翻译。

浦爱德采用直译，但她并未一味地追求"异化"，更不受其母语英语的主宰，将中国事物一味地向英语"归化"，而是两者并举，并行不悖。有的地方归化，有的地方异化，更多的则是将归化和异化相结合，即"杂糅"。时而以异化为主，归化为辅，时而以归化为主，异化为辅。其中，异化为主的策略尽可能保留了原著的特色。在此策略下的翻译方法则以直译为主，力图保持原作的内容和语言风格。这样的翻译策略和方法与浦爱德的生活经历和文化身份有关，她认同并十分熟悉中国文化，热爱中国人民，希望通过译文充分再现她所熟悉的北平风土人情及抗战时期北平人民的艰苦生活和英勇顽强的战斗意志，从而推动中美交流，促进中美文化的共融。

浦爱德所译《四世同堂》翻译策略的"杂糅"性在词语层面的表现最为明显，而外界对其翻译的"诟病"也主要在这一层面。下面将语言和文化两方面作为切入点，对浦爱德"杂糅"性的翻译策略的词语表征进行探讨。

3.1　语言层面

3.1.1　标题、人名的翻译

《四世同堂》的原作由三部分组成，分别是第一部《小羊圈》，第二部《偷生》和第三部《事在人为》。浦爱德将其翻译为"The Little Sheep Fold"，"In the Company of Tiger"和"There is No Retribution"。从这三个标题看，第一部分和第三部分的标题是直译，而第二部分的标题则是意译。第一部分的英文标题可能会让英语读者有陌生感，但是随着阅读他们会理解如此具有北平文化特色的标题是"胡同"的名称。第二部的英文标题则恰当地反映了抗日战争时期，北平的老百姓过着与虎为伴的生活，即生活中没有安宁，随时有被敌人残害的可能。这样的标题让英语读者更形象地了解了抗战时期北平百姓的艰险生活。这三个标题是直译和意译相结合，"杂糅"性可见一斑。

文学作品中人名的翻译是一个难点。在这部小说中，浦爱德也遇到了这个问题。她采取的基本策略是异化，即将原文中正面人物的名字音译，保留原名的音韵感；将原文中反面人物的名字意译，即解释名字的含义，力图再现老舍对反面人物的讽刺。如诗人钱默吟一家的姓名，浦爱德采取的是音译，分别译为 Chien Mo Yin, Chien Meng Shihd 等。反面人物冠晓荷一家的姓名则采取意译，例如冠晓荷和大赤包被译为 Kuan the Morning Lotus 和 Big Red Pepper，汉奸兰东阳则被译为 Lan the Easter Sun。这些反面人物的译名保留了其中文名字的含义，体现了对他们的嘲讽和丑化，同时也反映了译者的良苦用心，即力图在翻译的效果上与原文保持一致。

祁家的重孙子小顺儿的名字的翻译则是音义皆有的"Little Precious"，堪称极佳的译名。浦爱德没有将其直译成"Little Smooth"，而是选择了"Precious"这个词。这个译名读起来朗朗上口，这样的"杂糅"显示了译者对中英两种语言文化的了解和巧妙运用。

3.1.2　习语的翻译

在处理原文成语时，浦爱德通常采取直译，其目的则是保留原文的特色和传达中国的文化，始终把介绍中国文化和宣传中国人民的抗战决心置于翻译目的的首位。但有时浦爱德采取直译加意译的翻译方法来处理，显示出翻译的"杂糅"性。

　　例1：
　　"我就看不下去！"老人斩钉截铁的说。（《四世同堂》，第一部，第一章，第6页）
　　"I cannot consider that to be right." The old man to "cut a nail into or to split iron" said.（*Yellow Storm*, Part 1, Chapter 1, p. 7）

浦爱德采用直译方法处理汉语成语"斩钉截铁"，但是采用意译翻译"我就看不下去"。下面句子中的成语"串通一气"的翻译同样是直译和意译相结合。

此例中的成语的直译和意译的杂糅，保留了汉语的丰富表现形式，在某种程度上也丰富了英语的表达。

例 2：

冠晓荷"马不停蹄"，可是他并没奔走出什么眉目来。（《四世同堂》，第一部，第六章，第 42 页）

Like the hoofs of a horse, Kuan the Morning Lotus was never still. But he had not run down even the eyebrows of a hope. (*Yellow Storm*, Part 1, Chapter 6, p. 48)

浦爱德在译文中直译了"马不停蹄"，但是又对此进行了释义，同时增加了"hope"，而用"eyebrow"代替眉目，这样"run down（找到）the eyebrows of a hope"就可以被译文读者所理解了。可见浦爱德深知中英两种语言的差异，在翻译中力求保留中文的特点，但又考虑到译文读者的接受。

3.1.3 句式杂糅

《四世同堂》采用现代白话，句式特点为书面语与口语相结合，平铺直叙，将老北平人的生活习俗和悲欢离合娓娓道来。浦爱德翻译时也力求保留中文句式的特点，但有时为了表达得更清晰，其译文也杂合了英语的句式特点。

例 3：

那么一家十口的衣食茶水，与亲友邻居的庆吊交际，便差不多都由长孙媳妇一手操持了；（《四世同堂》，第一部，第一章，第 4 页）

So the care of the family of ten—their clothes, food, tea; the celebrations and social intercourse with relatives, friends, and neighbors—all fell on and were managed singlehanded by the wife of the eldest grandson. (*Yellow Storm*, Part 1, Chapter 1, p. 4.)

这句译文增加了"the care"，而省略了原文中的"吊"。英语的句式特点为先总说后分说，所以用"the care of the family"来统领后面的"their clothes, food, tea"。这样的句式更符合英文的习惯。"吊"字的省略则使译文更加简洁。可见在以直译为主的翻译方法中，浦爱德也采取了灵活的翻译技巧来处理含有中国文化的词语。

中英两种语言在句式结构上也存在很大的差异。汉语句式松散，句与句之间缺少连接成分；而英语句式紧密，有大量的连词、介词在句与句之间起衔接作用。此外汉语的句式不靠句法上的衔接，而英语的各类语句靠严密的句法来衔接。因此在翻译下面这句话时，浦爱德充分考虑到中英句式的差异，既基本保留了原文的叙事顺序，又增加了符合英文习惯的衔接方式。这样的"杂糅"将汉语的意思完整地用英文表达出来。

例 4：

就是在祁家，虽然没有天鹏与冰箱，没有冰碗儿与八宝荷叶粥，大家可也能感到夏天的可爱。(《四世同堂》，第二部，第四章，第 237页)

The Chi family, even though they did not have a mat-shed over the courtyard or decorative ice boxes in their rooms, and had no ice bowl or lotus leaf drink with the eight precious ingredients — even though they did not have these comforts they enjoyed the summer. (*Yellow Storm*, Part 2, Chapter 4, p. 212)

3.2 文化层面

文学作品中文化负载词的翻译也是一个难点。在《四世同堂》中也出现了很多具有中国文化内涵的词语。对此类词语的翻译，浦爱德采取直译与意译相结合的策略，凸显了翻译的杂糅性。

例 5：

庚子年，八国联军打进了北京城，连皇上都跑了，也没把我的脑袋瓣了去呀! (《四世同堂》，第一部，第一章，第 5 页)

In the year of the Boxer Rebellion, when the eight countries allied and fought their way into Peking, even the emperor ran away but they did not take my head. (*Yellow Storm*, Part 1, Chapter 1, p. 7)

在翻译这一句时，浦爱德基本上都是直译，但是没有直译"庚子年"这一具有中国文化特点的时间词，而是将这一年与义和团起义联系在一起，这样既避免了直接翻译成公元年代的译文的苍白，又保留了中国文化的特点。

例 6：

呕！你想教训我，是不是？你先等一等！我的心对得起老天爷！我的操心受累全是为了你们这一群没有用的吃货！教训我？真透着奇怪！没有我，你们连狗屎都吃不上！（《四世同堂》，第二部，第七章，第268页）

Oh！You are lecturing me，are you？Wait a moment．I can face the Old Heavenly Grandfather．All my heart and work has been for this worthless herd，this family．And you lecture me．That's strange．Without me you wouldnot have even been dog's dirt to eat．（*Yellow Storm*，Part 2，Chapter 7，p. 238）

这句话中的老天爷没有用"God"来代替，而是被直译成"Old Heavenly Grandfather"，这说明浦爱德深谙中西文化尤其是宗教文化的差异，因而她的译文力求保留中国文化的特色。而"吃货"被意译成"this worthless herd，this family"，因为"herd"在英文中就表示没有主见，易受人支配的普通人。直译和意译的结合将汉语的文化内涵准确地表达出来。

4. 《黄色风暴》的影响

尽管浦爱德的译作《黄色风暴》是补齐《四世同堂》中文版的结尾的唯一依据，但是这部译作却并未得到人们尤其是国内译界的较高评价。笔者认为原因如下：

首先，与《水浒传》的译者赛珍珠相比，《黄色风暴》的译者浦爱德无论是在文学领域还是在社会领域里都不如赛珍珠著名。因此中美两国的读者对于此译本的翻译关注度不够高。其次，《水浒传》的翻译完成于1933年，当时中美两国在文化上还保持着交流。这在很大程度上和当时的传教士相关。他们撰写了大量的书籍和文章向西方读者介绍中国的文化。由于赛珍珠的代表作《大地》出版后在美国获得了极大的成功，因此由她翻译的中国古代经典小说势必会引起西方读者和中国读者的极大兴趣，也会引起中美两国评论界的关注。相反，浦爱德翻译的《黄色风暴》在美国出版后，老舍已经回到中国。由于当时国内的政治形势，老舍不太愿意与美国的合作者保持过多联系。而国内文艺界对以美国为首的西方保持着相当的距离，而热衷于与苏联开展文化交流。在这种情形下，国内的评论界是不可能对这部译作有任何评论的。

　　尽管《黄色风暴》在中国国内未能引起更多的关注，但是根据老舍先生私人信件里的叙述，《黄色风暴》在纽约出版后得到了很多好评，"浦爱德（即艾达·普鲁特）小姐已给我几份有关《黄色风暴》的评论文章。看来他们都很喜欢这部小说。"（老舍，1995：221）美国《天主教世界》（*Catholic World*）杂志 1951 年 1 月的这一期对老舍先生的这部小说有着这样的评论："作者带着自豪和适当的爱描写了中国家庭生活的主要标志——几代人的家庭结构。战争无法吓倒他们，和平也不能使他们过度快乐。舒先生的这本书，正像他早期创作的小说一样，散发出一种异教徒的犹豫和宿命的气氛，以及以男人为中心的希望。这本书的基调总的来说是坚强的，甚至在幽默方面也是如此。"这说明《四世同堂》的英文译本《黄色风暴》完全传达了原著的主题，体现了中国人民在抗日战争中的坚强意志。

　　该译著也得到了其他学者的好评。印度裔中国研究专家任伯·佛仁（Ranbir Vohra）在其专著《老舍与中国革命》（*Lao She and the Chinese Revolution*）一书中对浦爱德的译作有着很高的评价："与现有原著的前两部相比，虽然译文省略了一些小事件和小人物，但是译文抓住了原文的神韵。"（Vohra，1974：141）这说明这部小说的翻译反映了老舍先生撰写这部小说的宗旨，反映了在日本侵略下的以北平小羊圈的北京人为代表的中国人民的悲惨生活和抗战到底的坚强决心。

5．结语

　　拥有中美混合文化身份的浦爱德一生致力中美文化交流与共融。她翻译的《四世同堂》英译本《黄色风暴》，不仅补充了原作在译出语国家的出版内容，而且促进了文化的交流和文学作品的回归。因此这部译作在中国现代文学翻译史上有其应有的地位，而且这部译作的译者、翻译策略和影响值得深入研究。对这部小说的英译本的研究还对我们当前开展的中国现代文学作品的外译工作具有一定的指导意义。

参考文献：

老舍，1995. 老舍自传［M］. 南京：江苏文艺出版社.

老舍，2012. 四世同堂［M］. 北京：北京十月文艺出版社.

章开沅，马敏，2003. 基督教与中国文化丛刊：第 5 辑［M］. 武汉：湖北教育出版社.

赵一凡，张中载，李德恩，2006. 西方文论关键词 [M]. 北京：外语教学与研究出版社.

KING M, 2006. China's American daughter: Ida Pruitt (1888—1985) [M]. Hong Kong: The Chinese University Press.

SHU S Y, 1951. The yellow storm [M]. Ida Pruitt, trans. New York: Harcourt, Brace and Company.

VASU N, 2008. How diasporic people maintain their identity in multicultural societies: Chinese, Africans and Jews [M]. New York: The Edwin Mellen Press.

VOHRA R, 1974. Lao She and the Chinese revolution [M]. Cambridge, MA: Harvard University Press.

A Study of the English Translation of *Four Generations Under One Roof* from the Perspective of Post-colonialism

Liu Lihua

Abstract: Ida Pruitt, an outstanding representative of American missionary child to China, had China-US bicultural identities. She translated Lao She's novel *Four Generations Under One Roof* into English. The English translation of this novel not only contributed to the spread and acceptance of contemporary Chinese literary works in US, but also supplemented the missing chapters of its Chinese version, and had the whole novel published in China. This translation is characterized with "hybridity", reflecting the translator's cultural hybrid identity and her efforts to make Chinese and American cultures integrated.

Key words: cultural identity; hybridity; *Four Generations Under One Roof*; post-colonialism; translation strategy

文学与文化

从后疫情时代美国的政治乱象
看美式民主的固有弊端

许 诺 陈 志

（四川大学外国语学院，成都 610207）

摘　要：美式民主源于欧洲并糅合了美国的"特色"，然而在后疫情时代，美式民主的制度体系却日趋衰朽。新冠疫情作为美式民主的"试金石"，暴露了美国民主政治的缺陷，凸显了美国民主制度当下的实践困境：美国联邦政府与州政府的纷争、总统权力的滥用、宪政危机、"否决政治"的出现以及选举制度的腐朽等。而这些现实问题与美国民主制度自身的理论缺陷密切相关：行政分权模糊导致美国政府内部的权力争端、宪法漏洞引发宪政危机、分权制衡原则下形成"否决政治"以及"精英统治"倾向致使选举不公等。由此，当下美国民主制度的现实困境实际上暴露了美式民主的内在弊端。本文旨在通过对美式民主的历史考察和现实反思，为当下研究美国的霸权衰落提供一定的借鉴。

关键词：后疫情时代；美式民主；固有弊端

1. 引言

美国自诩为"山巅之城"，一直以其民主制度为傲，然而美式民主在后疫情时代却遭到了前所未有的冲击。特朗普团队对此固然有着不可推卸之责，但美式民主的衰落也有其内在原因，这为拜登上任后收拾残局带来了不小的挑战。若美式民主的固有弊端得不到及时矫正，社会撕裂、司法乱象、制度危机都将持续存在，其凋敝也是必然趋势。本文首先对美式民主的内涵及其来源进行了阐释，其次总结了后疫情时代美式民主的衰败乱象，最后在此基础上反思美式民主的固有弊端。

2. 美式民主的内涵及其来源

美国的文明"没有摇篮时期，在建立的时候就已经步入成熟期了"（托克维尔，2014）。美式民主是建立在已有民主传统的基础之上的，它是适应北美环境后的欧洲民主制度。阐释美式民主，有必要首先对民主这一概念追本溯源。

一般认为，民主反对权威，主张社会成员之间责任共担（萨托利，2009）。"民主"这一概念最早源于历史学家希罗多德对古希腊政治生活的描述，并与君主制和寡头政治对立（希罗多德，1965）。古希腊的基本法、公民大会以及独立法庭等政治文化依然影响着现在的民主国家，古希腊民主因而往往被当作西方民主的范式（张兰星，2004）。然而，古希腊民主的公民意识、法律至上、权力制约的民主文化虽值得推崇，但在实践中这种民主并非完美无瑕，不应将之理想化。在古希腊社会中，贵族阶层总是试图扩张权力；富裕市民通过权钱交易维持自己的地位；能言善辩的演说家颠倒是非、蛊惑民众（Sinclair，1988）。由此可以看出，古希腊民主政治自诞生伊始便面临着理想与实践之间的冲突，具有精英统治的倾向。而美式民主一方面继承了古希腊光辉的民主精神，另一方面也遗留下古希腊民主精英统治的弊端。

另有其他学者认为，城邦时代的直接民主在欧洲早已被切断，现代意义上的民主"并非古希腊城邦民主制的流变，而是缘起于中世纪英国的议会制度"（房宁，冯钺，2006）。钱满素曾就英国文明对美国的影响做出了高度评价，认为"美国文明的基因在形成之初主要是受英国文明的影响"（2016）。因此，美式民主对古希腊民主的传承更多是存在于精神而非实践层面，其直接来源指向英国的民主传统。英国代议制民主的少数服从多数、分权制衡原则及地方自治的惯例被美国的建国元勋们吸收到了自己的建国理论当中，效仿英国的议会制度和司法系统，保留地方较大的自治权力，形成了现在美国的民主共和制政体（刘以沛，2015）。

可见，美式民主在根源上受到了古希腊民主精神与英国民主制度的双重影响，因此在随后的实践过程中也表现出了相应的固有弊端。

3. 后疫情时代美国民主政治的危机

美式民主继承了古希腊与英国的民主政治传统，其中包括精英统治的倾向、分权制衡原则及地方自治的惯例。此外，美式民主又体现出有别于欧洲民主传统的特色。重效用轻理论是美国的传统，实用主义哲学是美国唯一的本土哲学（钱满素，2016）。因此，移植到北美的民主传统根据实际需要发生了较大的变化，展现出美国的"特色"。具有美国"特色"的欧式民主却在种种实践中表现出各种弊端，暴露了美式民主自相矛盾的一面，而后疫情时代美国民主政治的乱象正与此密切相关。

3.1 联邦政府与州政府的冲突

中央政府和州政府之间的冲突在后疫情时代尤为凸显。受地方自治惯例的影响，美国政府一向会把各种问题，如医疗融资和物资供应，完全交由各州和地方负责（Agnew，2020）。因此州政府习惯于完全掌控地方事务，对联邦政府插手地方事务十分反感。新冠疫情期间，各州、地方的政府和公民几乎是自行应对这场前所未有的公共卫生危机，中央政府制定的政策难以在地方得到贯彻，州政府总是试图绕开中央政府的政策，阻碍了行政效率。一方面，州政府盲目反对联邦政府的疫情管理，而另一方面，联邦政府在疫情危机下扩张权力面临困难。除了疫情问题，联邦政府在地方治理无能的例子数不胜数，例如加利福尼亚州州长杰里·布朗签署法律，限制了州和地方执法部门与联邦移民当局的合作；州官员们还通过各种其他方式立法，以限制联邦法律对其州居民施加的额外税收负担；拜登上任伊始，佛罗里达州就因一项利于非法移民的行政指令起诉了拜登政府（Shanna & Goelzhauser，2018）。

疫情期间联邦政府和州政府的矛盾反映出美国民主制度在应对国家性危机时的失效。这从侧面反映出了美国联邦制行政分权模糊、分权制衡低效的弊端。首先，美国的联邦制"像个钟摆"，不同于传统欧洲集权的方式，"根据历史需求和利益的妥协在集权和分权之间左右摇摆"（Beer，1993）。可见，美国联邦制存在着集权和分权的固有矛盾。在权力纷争变得激烈时，这种矛盾变得尤为尖锐。权力分散是民主制度的特色，但立法者没有明确不同权力的边界，这使得中央政府和州政府的权力混乱交织，两者时常陷入冲突（Boorstin，1974）。在托克维尔的阐释中，这种模糊的分权会导致"行政分权"的现象，即全国性法律和外交政策由中央制定而各地的建设事业等交给地方管理（托克维尔，2014）。其次，在联邦制的分权制衡原则之下，美国的纵向治理极为低效。州政府惯以制约中央政府权力、防止集权形成为由，不服从联邦政府的管理。这种情况在州长与总统分属不同党派时尤为凸显，分权制衡原则成为州政府攫取政治利益的工具，阻碍了行政效率，降低了民主政治的质量。由此，美国联邦制行政分权以及分权制衡的特点使得联邦政府与州政府时常陷入争端，造成不必要的内耗，加深了当今美国的民主政治危机。

3.2　"宪政危机"的到来

疫情的到来使得美国总统的权力扩张显得合理且必要。而总统擅于利用宪法的模糊口述，超越法律的限制来扩大他们的权力（Fisher，2020），挑战美国的宪政秩序，引发"宪政危机"。

一位名叫巴顿·盖尔曼（Barton Gellman）的学者曾表示出对美国宪政危机的担忧，"宪法中的含糊之处和选举计数法中的逻辑谬误"会"使整个美国陷入绝境"（2020）。例如，第十二项修正案并没有明确由谁来计票，以及如何解决关于选举投票有效性的争端、谁应解决这些争端等问题（Colvin & Foley，2010）。这直接导致了 2020 年美国大选陷入乱局：特朗普不断抹黑邮寄投票，跟最高法院唱反调，对宪法规则造成潜在威胁（Gellman，2020）；在选举委员会没有确认的情况下，美国主流新闻机构便纷纷第一时间确认拜登赢得了选举，拜登随后也发声明称自己已经当选（Collinson & Reston，2020）。由于美国宪法并没有规定最高法院大法官的人数，拜登便创设了一个专门研究最高法院的总统委员会，以审查最高法院的更替，填塞最高法院，增加大法官人数，企图达到对共和党的彻底压制（Pager，2021）。最高法院如今面临沦为政治工具的危机，司法独立性受到了严重威胁。

因此，当今美国的"宪政危机"本质上是由美国宪法的漏洞所致。一方面，不同于大多数欧洲国家"受罗马法传统管束"的"全面而固定"的法律系统（Fabbrini，1999），美国宪法具有很大的灵活性，"宪法在其制定的两年后就被修改"（Fabbrini，1999），诸多修正案的存在在一定程度上不利于社会的稳定，正如托克维尔所言，"美国法律的缺点就是改变过于频繁"（托克维尔，2014）；另一方面，美国总统的权力可以根据历史需求随时调整。总体而言，美国总统的权力有扩大的趋势（Fisher，2020）。实际上，宪法规定，美国总统总揽军政外交大权，还能对立法机构行使否决权（托克维尔，2014）。然而由于美国在建国之初与其他国家联系较少且海权较弱，总统没有机会行使其广泛的权力，"法律使他强大，但现实使他无能"（托克维尔，2014）。随着 19 世纪后期美国国力的增强和国际地位的提升，美国总统得以行使更广泛的权力。虽然此时分权制衡的原则依然在美国奏效，但美国政府的权力中心总体上逐渐由国会转移至总统（Sergio Fabbrini，1999）。总统滥用权力的现象出现得越来越频繁（Fisher，2020），严重阻碍了民主制度的良性运转。

3.3 "否决政治"的盛行

福山提出，美国政府如今卷入了"否决政治"（Vetocracy）的怪圈，其直接表现是两党制定政策时只关注自身党派利益，彼此树敌，陷入"内耗"，分权制衡制度安排的收益因而下降（李诚予，2016）。这种"否决政治"现象的出现实则是美国两党"政治极化"的影响，即民主党和共和党两个阵营之间在意识形态和政策立场上的差异性越来越大，同时各自内部在意识形态和政策立场上的同一性越来越高（节大磊，2016）。例如，在特朗普任期内，美国政府陷入了为期 35 天的史上最长时间的"停摆"：白宫和民主党曾围绕特朗普总统所要求的 50 亿美元美墨边境"修墙"拨款问题僵持不下，导致美国国会没能及时通过拨款法案；自"停摆"开始后，双方进行了多轮谈判，但仍旧寸步不让，迟迟未能弥合分歧（Collinson，2021）。此外，两党还在司法界争权夺势。2020 年大选前共和党主导的参议院火速通过投票，确认了特朗普对极端保守派大法官艾米·科尼·巴雷特的提名，以期让保守派在最高法院中占上风（郭馨怡，2021）。

由此可见，美国两党的分权制衡机制像是一场无休止的乒乓球游戏。而美国的民主制衡体制遇到"政治极化"时更会产生负效应。自 20 世纪 70 年代以来，民主党和共和党分道扬镳，李普曼"政治止于水边"的构想再也不能实现。有学者对这种政治极化现象给出了较为合理的解释：冷战结束后，两党失去了合作的政治基础，在外交政策上缺乏共识；贫富差距加深阶级冲突；意识形态的极端主义取代政治上的实用主义而占据上风（Kupchan & Trubowitz，2007）。这种党派纷争进一步使得两党制和分权制衡原则丧失其原本的民主内涵，成为两党相互掣肘、阻断决策的工具。麦迪逊曾对两党制表现出了疑虑，在《联邦党人文集》中，他告诫后人不要让联邦陷入无效的派系争斗中（Madison，1787）。然而在后疫情时代，民主党和共和党却忽视了前人的告诫，通过否决权扩大自身的决策影响力，陷入无效的竞争中，极大地抑制了国家整体的治理效能。实际上，美国的建国者们从一开始就十分警惕高度集权对自由的危害，他们的目的就是建立一种权力各方相互制约的低效体制（董琦，2003）。如今拜登的上任也无法扭转两党相互掣肘的局面，由共和党控制的州政府表现出对拜登政府防疫政策的强烈反抗。因此，两党利用分权制衡体系阻断决策已成为美式民主的痼疾。

3.4 选举制度的腐朽

托克维尔认为"搞阴谋和腐化"是实行选举制度的政府的固有弊端，

这种弊端将会"使国家的生存受到威胁"（托克维尔，2014）。后疫情时代美国民主政治及其价值观遭到了广泛质疑，这与美国不公平的选举制度密切相关。

美国选举制度下重划议院选区的过程给政党留下了可操纵的空间，选民的政党倾向而非具体的地理或行政区划成为其首要的考虑因素，这就会导致部分选民的选举权被淡化（张毅，2020）。再者，选举人团制度遵循"赢者通吃"的原则，这不仅会造成获选民票数多的候选人落选，还会导致候选人更关注大州选民的利益而忽视小州选民的利益（雷海燕，2010）。由此，美国的选举人团制度使"多数服从少数"成为可能，与美国的民主价值观相左。2016 年大选特朗普就是在选民票少于对手、选举人票过半的情况下当选的（Federal Election Commission，2020）。此外，利益集团日益左右美国的总统选举。有学者认为，美国选举中存在"金钱预选"（Money Primary）现象，即金钱是参选的前提（Hasen，2016）。候选人是否有望胜出看的不是公众的支持而是金钱，而这些金钱来自极少数人的私人献金。2020 年的大选更是延续了一种趋势，即美国的选举越来越成为金钱和权势的较量，政治献金合法化，有实力的年轻一代越来越难以攀登到政治的顶峰。

与古希腊的精英统治式的民主一脉相承，美式民主的外衣下随处可见贵族制的色彩（托克维尔，2014）。美国的建国者大部分是富有的知识分子，视法国大革命为过度民主的梦魇。他们十分警惕把权力交给人民，因而设计出一套独特的选举人团制度（Mills，2016）。有学者认为，这种选举制度是美国精英之治倾向的根源。从理论上讲，民主选举一人一票，政治平等。但民主平等的价值观在实践中得不到贯彻。在殖民地时期，选民有严格的资格限制，且权钱交易的现象屡见不鲜。少数团体以大量政治献金来资助政客，包括国会议员、参议院议员和总统等，说服决策者颁布有利于他们利益的法律和法规（张毅，2020）。由此可见，精英统治的倾向流淌在美国政治的血脉中，是美式民主难以抹去的弊端。

4. 结语

后疫情时代美国的种种政治乱象反映出"美式民主"的一系列内在问题，包括矛盾的行政分权、含糊的宪法规定、内耗的两党之争以及落后的选举制度。美式民主本质上的缺陷埋下了其在后疫情时代趋于衰朽的种子，展现了民主理想与实践之间的冲突。倘若这些弊端得不到及时的矫正，美式民主必定式微，源于欧洲的民主精神及民主传统必将在北美土壤上凋敝。

参考文献：

董琦，2003. 解读困境：美国决策体制中的民主与效率 [J]. 社会科学（3）.

房宁，冯钺，2006. 西方民主的起源及相关问题 [J]. 政治学研究（4）.

福山，2014. 历史的终结与最后的人 [M]. 陈高华，译. 桂林：广西师范大学出版社.

郭馨怡，2021. 美国两党政治困境的制度根源与历史嬗变——兼评 2020 年美国大选 [J]. 统一战线学研究，5（1）.

节大磊，2016. 美国的政治极化与美式民主 [J]. 美国研究（2）.

雷海燕，2010. 美国政治选举中的非民主因素 [J]. 上海行政学院学报，11（6）.

李诚予，2016. 福山：美国政治的衰败与复兴 [J]. 文化纵横（4）.

刘以沛，2015. 美国民主理论演变探析——从殖民地时期到改革时代 [J]. 河南社会科学（12）.

钱满素，2016. 自由的基因——美国自由主义的历史变迁 [M]. 北京：东方出版社.

萨托利，2009. 民主新论 [M]. 冯克利，阎克文，译. 上海：上海人民出版社.

托克维尔，2014. 论美国的民主 [M]. 吉家乐，编译. 北京：中国华侨出版社.

希罗多德，1965. 历史 [M]. 王敦书，译. 北京：商务印书馆.

张兰星，2004. 略论古希腊文化中所体现的民主精神 [J]. 四川大学学报（哲学社会科学版）（S1）.

张毅，2020. 美国选举制度的缺陷 [J]. 国际政治研究（5）.

AGNEW J, 2020. American "populism" and the spatial contradictions of US government in the time of COVID-19 [J]. Geopolítica（11）.

BEER S H, 1993. To make a nation：the rediscovery of American federalism [M]. Cambridge，MA：Harvard University Press.

BOORSTIN D, 1974. The Americans：the democratic experience [M]. New York：Vintage Books.

COLLINSON S, 2021. Cornered：Trump escalates shutdown crisis [EB/OL]. [2021 – 03 – 02]. https：//edition. cnn. com/2019/01/07/politics/donald – trump – shutdown – crisis/index. html.

COLLINSON S, RESTON M, 2020. Biden defeats Trump in an election he made about character of the nation and the president [EB/OL]. [2021 – 06 – 09]. https：//edition. cnn. com/2020/11/07/politics/joe – biden – wins – us – presidential – election/index. html.

COLVIN N, FOLEY E B, 2010. The twelfth amendment：a constitutional ticking time bomb

[J]. University of Miami law review (64).

FABBRINI S, 1999. American democracy from a European perspective [J]. Annual review of political science (2).

Federal Election Commission, 2020. Official 2016 presidential general election results [EB/OL]. [2020 - 11 - 05]. https://www. fec. gov/introduction - campaign - finance/election - and - voting - information/federal - elections - 2016.

FISHER L, 2020. Teaching the presidency: idealizing a constitutional office [J]. Political science & politics, 45 (1).

GELLMAN B, 2020. The election that could break America [J]. The Atlantic monthly, 326 (4).

HASEN R L, 2016. Plutocrats united: campaign money, the supreme court, and the distortion of American elections [M]. New Haven: Yale University Press.

KUPCHAN C A, TRUBOWITZ P L, 2007. Dead center: the demise of liberal internationalism in the United States [J]. International security, 32 (2).

MADISON J, 1787. Federalist No. 10 [EB/OL]. [2020 - 12 - 21]. https://founders. archives. gov/documents/Madison/01 - 10 - 02 - 0178.

MILLS C W, 2016. The power elite [M]. Beijing: Communication University of China Press.

PAGER T, 2021. Biden starts staffing a commission on Supreme Court reform [EB/OL]. [2021 - 05 - 02]. https://www. politico. com/news/2021/01/27/biden - supreme - court - reform - 463126.

SHANNA R, GOELZHAUSER G, 2018. The state of American federalism 2017 - 2018: unilateral executive action, regulatory rollback, and state resistance [J]. Publius: the journal of federalism, 48 (3).

SINCLAIR R, 1988. Democracy and participation in Athens [M]. Cambridge: Cambridge University Press.

The Inherent Defects of the American Democracy:
An Analysis of the Political Chaos in the Post-COVID-19 Era

Xu Nuo   Chen Jie

Abstract: Originated from Europe, American democracy with its own characteristics has been worshiped by some as the paradigm. However, the American democratic system has been declining during the post-COVID-19 era. The COVID-19 epidemic, as a litmus test, has exposed the defects and the practical dilemma of the American democracy: the conflicts between the federal and state governments, the presidential power abuse, the constitutional crisis, the troublesome "vetocracy", as well as the backward Electoral College system. These practical issues are closely related to the inherent defects of the American democracy. The administrative decentralization leads to the contradiction between central and local governments; the loopholes of the Constitution disturb the constitutional order; the imperiled political system of checks and balances results in the "vetocracy"; the elitism tendencies bring about unfair political elections. Therefore, the current political chaos in America is in fact a reflection of the essential impediments of American democracy. This paper thus intends to explore the profound reasons for the decline of the American democracy from the perspective of both theory and practice.

Key words: the post-COVID-19 era; American democracy; inherent defects

《太阳照常升起》中的疾病叙事

戴　姗　梁章杰

（四川大学外国语学院，成都 610207）

摘　要： 疾病叙事与"后 9·11"叙事、身体叙事是第二次世界大战后文学的重要组成部分，其中疾病叙事在 20 世纪 80 年代经历了快速发展。伤痕、疾病和残疾是海明威创作过程中的关注点，他的作品在一定程度上可以视为疾病叙事文学。旅行和战斗在他的第一部著名的疾病叙事小说《太阳照常升起》中具有重要的隐喻意义。这部小说中的主人公也可视为阿瑟·弗兰克笔下追索型叙述中直面痛苦遭遇的英雄。从疾病文学的角度解读海明威的作品，能帮助读者更好地理解疾病文学的特征以及海明威帮助现代人面对战后虚无所做出的努力。

关键词： 疾病叙事；旅行；战斗；追索型叙事；英雄

疾病是英美小说中常见的主题之一，《十日谈》《坎特伯雷故事集》《呼啸山庄》《北方和南方》等小说都包含疾病主题。但值得注意的是疾病在小说中大多仅作为背景出现，作家们较少将疾病纳入他们的主要关注范围。此外，以疾病为主题的自传也较少出现在大众的视野中，直到近几十年，这一现象才有所改变。20 世纪 80 年代，随着疾病叙事的自传、小说的大量出现，学者们对疾病进行了前所未有的大讨论，疾病叙事迎来了发展的高潮。

1. 疾病叙事及海明威作品简介

苏珊·桑塔格（Susan Sontag）是第一位著书详细讨论疾病与隐喻之间关系的作家，为疾病叙事的发展做出了巨大贡献。她在其著作中提道："看待疾病最真诚的方式——同时也是患者对待疾病的最健康的方式——是尽可能消除或抵制隐喻性思考。"（桑塔格，2003：5）《疾病的隐喻》（2003）为后来的文学批判家、作家们提供了看待和思考疾病的新角度和新方法。阿瑟·弗兰克（Arthur Frank）提出了"叙事触礁"（narrative wreckage），他用这一术语来解释病人由于受到疾病的折磨而丧失了部分的正常叙事能力，并认为病人要想讲述被疾病所扰乱的生活则需要采取新的叙述办法。随后，他根据疾病叙事主人公的特点将疾病叙事划分为三大类型：恢复型叙事（the Restitution Narrative）、错乱型叙事（the Chaos Narrative）和追索型叙事（the Quest Narrative）。与阿瑟·弗兰克的分类不同，安·霍金斯（Anne Hawkins）根据疾病叙事的功能将疾病叙事划分为四大类型，即教育类疾病叙事（Didactic Pathography）、愤怒类疾病叙事（Angry Pathography）、另类疗法疾病叙事（Alternative Pathography）和生态疾病叙事（Ecopathography Pathography）。霍金斯还指出，旅行、斗争以及重生在疾病类叙事文学作品中通常都带有隐喻意义。

欧内斯特·海明威（Ernest Hemingway）是一位多产的美国作家，诺贝尔文学奖得主，他一生经历了多场重要的战争。第一次世界大战期间，他在意大利救伤队担任救护车司机，曾身负重伤。西班牙内战期间，他以战地记者的身份奔波于战争前线。第二次世界大战期间，他作为随军记者也参与了战争。因此，战争在海明威的生命中占据了重要的地位，也成为他小说中不可忽视的主题之一。《太阳照常升起》是 1926 年出版的长篇小说，小说主题丰富，包括对战争的反思、"迷惘的一代"对生命意义的思考等。小说简洁明了的叙事风格、蕴含的悲剧精神、所体现的现代消费文化等都是学者们所聚焦的内容。但若细读文本就会发现，小说的叙事还呈现出一种疾病叙事的特点。本文将从以下两个角度分析《太阳照常升起》这部小说所体现的疾病叙事。首先，旅行和斗争是这篇小说中最主要的两个关键词，通过对旅行和斗争的分析，可以发现这两个关键词正如霍金斯指出的那样，在疾病类叙事文学作品中带有隐喻意义。其次，小说主人公是一位海明威式的英雄，同时也是弗兰克笔下的一位追索型英雄，他能够直面自身的伤残并给予身边的人信心。

2. 旅行和斗争的隐喻意义

隐喻在人们的生活中发挥着重要作用，能帮助人们将不熟悉的事物和熟悉的事物相联系，从而更好地理解抽象性概念。《太阳照常升起》中最主要的一次旅行是杰克和比尔到西班牙的钓鱼之旅。此外还包括其他的旅行，如比尔离开美国到达巴黎，杰克、比尔、科恩、勃莱特、迈克尔五人去潘普洛纳过节，这些目的地不同的旅行都带有隐喻意义，或是逃离或是勇敢地面对生活中的痛苦。桑塔格在《疾病的隐喻》中提道："有一些特别的地方，被认为有益于结核病人的康复……所有的这些风景名胜之地，依次被浪漫化了。"（桑塔格，2003：32）在她看来，病人们是借去风景名胜之地疗养之名来逃避现实和推卸社会责任。

在《太阳照常升起》中，比尔从美国来到法国，并且和杰克约定一起去往宁静而风景优美的位于西班牙山区的布尔戈特钓鱼。他们从巴黎启程去往钓鱼点，路途遥远，先后乘坐火车、大巴，然后徒步到达钓鱼点。即便"我们必须顺着山脊上的这条路，跨山越岭，穿过远山上的树林，下到伊拉蒂河谷"（海明威，2009：149），他们也没有放弃。或许与浪漫主义时期的文人们一样，海明威试图通过远离城市来给予人物暂时的慰藉。但不同点在于，浪漫主义时期的作家大都对结核病持完全否认的态度，他们试图通过逃离原来的生活环境来躲避社会责任和心理压力。而海明威作为第一次世界大战的参与者和受害者以及一位对战后时代气息有着敏锐感知力的作家，赋予笔下人物的逃离一种积极的内涵。在钓鱼处，杰克和比尔遇到了来自英国的哈里斯，在即将分别之际杰克说道："我们过得再快活也没有了。"（海明威，2009：164）哈里斯也表示赞同："咳，你们确实不明白有多么大的意义。大战结束以来，我没有过多少快乐。"（海明威，2009：164）可见，第一次世界大战给人们带来了巨大的痛苦，他们少有的快乐仅存在于旅行中。海明威反思战争给人们带来的伤痕、疾病、残疾，试图让饱受战争折磨且失语的现代人通过暂时离开原有的生活环境来获得重新面对残缺生活的勇气。但他决不让人物沉迷于其中，而是让他们继续迎难而上，小说中杰克谢绝了哈里斯的挽留充分地说明了这一点。

　　　　"今天是星期几？"我问哈里斯。

　　　　"大概是星期三吧。是的，对。星期三。在这儿深山竟把日子都过糊涂了，真妙不可言。"

　　　　"是的。我们在这里已经待了快一个星期啦。"

　　　　"希望你还不打算走。"

　　　　"要走，恐怕就坐下午的汽车走。"（海明威，2009：161）

可见，海明威笔下人物的旅行并不是一种消极的逃避，相反，是带有积极意义的休整，他努力帮助现代人走出虚无感，勇于承担社会责任。

斗争是《太阳照常升起》中的另一个关键词。钓鱼旅行结束后，杰克五人去往西班牙观看斗牛表演。如同杰克和比尔去西班牙山区的布尔戈特钓鱼的旅途一样，斗牛环节也被赋予了隐喻意义。海明威简明的写作风格为人所周知，小说的大部分内容都由人物的简短对话构成。但是在对斗牛这一环节的描写上海明威却并未吝啬词语，他花了两大段来细致地描写罗梅罗斗牛时的场景。战争摧毁了人们原本的信仰和价值观，战后的世界变得杂乱无章，人们的生活也变得索然无味。斗牛士拥有常人难有的勇气，他们在斗牛场上与公牛搏斗，展现自己的智慧，因此，在杰克看来，"除了斗牛士，没有一个的生活算得上是丰富多彩了"（海明威，2009：12）。斗牛士与公牛之间精彩的搏斗也类似于现代人与战后失序世界的斗争，这种搏斗唤醒了麻木的人们。"七月六日，星期日中午，节日庆祝活动'爆发'了。那种场面难以用别的字眼来形容，整整一天，人们从四乡络绎不绝地来到。"（海明威，2009：192）"当笛声停息，他们全都在街上蹲下来，等到簧管和横笛再次尖锐地吹起来，呆板、单调、闷雷似的鼓声又敲起来，他们全都一跃而起，跳起舞来。"（海明威，2009：194）海明威高度赞扬斗牛士直面苦难的精神，认为热情、活力是应对充斥着虚无感的战后世界的"良药"。

3. 追索型叙事中的英雄

阿瑟·弗兰克在其著作《受伤的讲故事者》（*The Wounded Storyteller*，1995）中将疾病叙事划分为三个类型：恢复型叙事、错乱型叙事和追索型叙事。在对三种不同叙事进行了详细分析后，他认为只有追索型叙事才是一种真正的讲故事的声音。在弗兰克看来，在恢复型叙事中，患者认为疾病带给他们的是短暂的痛苦，他们坚信自己一定能痊愈，从而不能思考疾病到底能带给他们什么。在错乱型叙事中，病人们过度悲伤，以至于不能独立完整地讲述自己的故事。只有在追索型叙事中，讲故事者（病人）才能真正讲述属于自己的故事。弗兰克认为，追索型叙事中病人的英雄主义不是通过武力来体现，因为真正的英雄病人不屑于使用武力，他们身上具有一种不屈不挠的精神，勇于展现自己的痛苦，以此来鼓励大家直面生活。

米里亚姆·马蒂·克拉克（Miriam Marty Clark）认为海明威的早期作品，如文集《在我们的时代里》和小说集《没有女人的男人》中充斥着许多的病态人物，如患肺病死去的斗牛士曼纽尔·加西亚·马尔拉、经历盆骨撕裂的幼年尼克等。在她看来，"在海明威的故事里，呈现得更多的是病态的躯体"（克拉克，2010：3）。这种呈现病态躯体的倾向同样也出现在海明威的长篇小说《太阳照常升起》中。小说围绕杰克展开，他是《太阳照常升起》中的叙述者，也是海明威的代言人和化身。海明威在战争中受到重创，其亲身经历摧毁了他原本对战争抱有的浪漫想象，让他深刻地意识到了战争的残忍，他将战争对人们造成的伤害清晰地呈现在这部小说中。杰克是战争的牺牲品，他的性器官在战争中遭到了不可逆的伤害，失去了主动追求爱情的权利。性功能受损也出现在 T. S. 艾略特（T. S. Eliot）的《普鲁弗洛克的情歌》中，但两位主人公的态度却截然不同。杰克没有隐瞒自己的病史，还勇敢地表达自己对情人勃莱特的感情，默默地帮助她。一行人到西班牙观看斗牛表演，勃莱特对年轻的斗牛士罗梅罗产生了好感，她央求杰克帮她认识罗梅罗，杰克如同往常一样答应下来。勃莱特将罗梅罗抛弃后来到杰克身边诉苦，杰克也给予了她最大的安慰。虽然不能期望勃莱特对其感情做出回应，但杰克却一如既往地陪伴在勃莱特的身边，以他自己独特的方式表达对勃莱特的感情。而艾略特笔下的普鲁弗洛克与杰克相差甚远，他不愿意直面自己身体的缺陷，而选择退缩和逃避，一味地沉浸在自己虚幻的想象中，是一个被疾病征服的人。

战争导致的伤残是杰克的个人悲剧，同时也是一个时代不幸的表现。桑塔格在其著作中反对阐释疾病，反对在患者身上强加道德批判，主张以科学的态度看待疾病。但许多作家如加缪、凯瑟琳·安·波特、玛格丽特·阿特伍德、西尔维娅·普拉斯等，都在其作品中或以非虚构的事件，或根据自身的经历赋予了疾病一种社会内涵，以此揭露社会中存在的问题，如权力的运作、女性的痛苦境遇和抗争等。和他们一样，海明威的作品中同样也出现了疾病和伤残，他以这些来隐喻社会现象、呼吁人们思考战后欧洲人和美国人的遭遇，正如杰克在小说中所言："人人都有病，我也有病。"（海明威，2009：18）海明威抨击了战争的残酷和无情，但更为重要的是他通过把杰克的伤痕、创伤可视化，向其他许许多多的"杰克"传递信心和希望。正如齐格蒙·鲍曼（Zygmunt Bauman）所言，受伤的疾病英雄不仅能讲述自己的故事，更为重要的是他们还能够帮助其他病人找到人生的方向和生命的尊严。无论是故事中的杰克还是作家海明威，他们都以自己的方式讲述了生命的不幸和应有的态度，给予更多人勇气。

4. 结语

疾病叙事是海明威作品的一个总体特征，在《太阳照常升起》中，旅行、斗争都被赋予了隐喻意义。到宁静和偏远的地方去旅行，是海明威为解决战后受伤者精神世界空虚问题的一种浪漫化尝试。斗牛士与公牛之间的搏斗就如同人们与混乱世界的搏斗，海明威认为，斗牛士身上所具备的热情和活力，对于战后人们克服空虚、疾病、残疾等战争后遗症具有重要作用。杰克是小说中的主人公，也是弗兰克心中的追索型英雄病人。海明威一方面通过呈现杰克身上由战争带来的疾病和残疾，质疑战争的性质以及批判战争的非人性，另一方面也通过把杰克塑造为直面病痛折磨的追索型英雄病人，把杰克个人层面的不幸上升到整个社会层面，从而帮助人们鼓起勇气面对战争的创伤。从疾病叙事方面分析海明威的《太阳照常升起》，可以帮助读者更好地理解海明威的创造艺术，同时更深入地感受到海明威身上肩负的社会责任。

参考文献：

海明威，2009. 太阳照常升起［M］. 赵静男，译. 上海：上海译文出版社.

克拉克，2010. 海明威早期的疾病叙事和《此刻我躺下》的抒情维度［J］. 周凌敏，译. 叙事（中国版）（2）.

骆谋贝，2021. 医学人文学视角下《灰色马，灰色的骑手》中的疾病叙事［J］. 外国文学研究（2）.

桑塔格，2003. 疾病的隐喻［M］. 程巍，译. 上海：上海译文出版社.

于冬云，2007. 海明威的《太阳照常升起》在美国的批评历史与研究现状［J］. 山东师范大学学报（人文社会科学版）（5）.

张艺，2017. 后经典叙事学的疾病叙事学转向——以苏珊·桑塔格疾病叙事研究为例［J］. 天津外国语大学学报（4）.

BAUMAN Z, 1992. Morality, immorality, and other life strategies［M］. Stanford：Stanford University Press.

ELLIOTT I, 1995. Performance art：Jake Barnes and "masculine" signification in *The Sun Also Rises*［J］. American literature（1）.

ERVING G, 1963. Stigma：notes on the management of spoiled identity［M］. New Jersey：Prentice-Hall, Inc., Englewood Cliffs, N. J.

FRANK A, 1995. The wounded storyteller：body, illness, and ethics［M］. Chicago：University of Chicago Press.

HAWKINS A, 1993. Reconstructing illness：studies in pathography［M］. West Lafayette：Purdue University Press.

HEMINGWAY E, 1926. The sun also rises［M］. New York：Random House.

Illness Narrative in *The Sun Also Rises*

Dai Shan   Liang Zhangjie

Abstract: Illness narrative together with post-9/11 narrative and body narrative plays a significant part in after-World War II literature and the 1980s witnesses the blooming of illness narrative. Themes like woundedness, disease, disability are what Hemingway pays attention to during his career. Therefore, his works to some extend can be regarded as falling into illness narrative. Journeys and battles contain profoundly metaphorical meaning in Hemingway's first famous novel *The Sun Also Rises*, an illness narrative. Besides, based on Arthur Frank's definition, hero in this novel also belongs to heroes in the guest narrative who meet suffering head on. Appreciating Hemingway's works from the perspective of illness literature can help readers develop an impression of features of illness literature and bear a comprehensive understanding of Hemingway's effort to encourage the wounded face nada in the after-war world.

Key words: illness narrative; journey; battle; the quest narrative; hero

"竹升仔"的身份危机：
评加拿大华裔作家胡功勤的《香蕉仔》

李 晖

（四川大学外国语学院，成都610207）

摘 要：生活在一个东西文化交汇的多元空间，面对西方强势文化和种族主义，加拿大华裔不可避免地产生身份危机感。尤其是在异质文化语境中成长起来的新生代华裔男性，他们的外貌无异于其他华人，但是由于缺乏对中国文化的理解，又不能全然被西方主流社会接纳，因而遭遇男性气质的贬损及种族歧视，从而面临更动态、复杂的身份危机。加拿大第二代土生华裔作家胡功勤的英文小说《香蕉仔》以作者自身经历为素材，深刻地揭示了这一主题。本文通过细读该书，分析了加拿大华裔男性作为边缘人的痛苦及自我认同的困扰。

关键词：《香蕉仔》；加拿大土生华裔男性；竹升仔；男性气质；身份危机

　　我是加拿大人吗？我是中国人吗？两者都是？两者都不是？……你不能停止追问，正因为此，身份才变得弥足珍贵。 （Woo，2005：293）①

　　"跨国界、跨文化的生活经历加深了作家的身份错位意识和文化认同危机，让他在东西社会之间、不同宗教之间、历史与今天之间无所适从，不知所归。"（费小平，2010：12 - 13）加拿大第二代土生华裔作家②胡功勤（Terry Woo）对此深有感悟，他是第二代加拿大华裔移民，出生在加拿大，毕业于滑铁卢大学，后来成了一名电脑工程师。他根据自己的切身体会创作了《香蕉仔》（*Banana Boys*，2000）。该小说出版后颇受关注，并被改编为

---

① 本文译文均为笔者自译。
② 加拿大华裔作家根据其成长背景可大致分为土生作家和移民作家。土生作家是指出生或成长于加拿大的华裔作家，其中20世纪30年代至50年代出生的作家为第一代土生作家，60年代及其后出生的作家为第二代土生作家。胡功勤出生于1971年，故为第二代土生作家。参见李晖：《穿越族裔的屏障：加拿大华裔文学发展趋势研究》，《当代文坛》2015年第2期，第48页。

同名话剧在多伦多上演。谈及创作这部小说的初衷，胡功勤坦言自己出生在加拿大，接受西方教育，原本以为自己就是一个加拿大人，然而在学习和生活中，白人通常不会把他看作一个真正的加拿大人，并且不断排斥甚至欺负他；当他与来自香港或台湾的华裔移民交往时，也同样感觉格格不入。夹在白人和华裔新移民两个族群之间，作者发现自己是两边都不接纳的"香蕉人"①。小说中作者又把这一类人称做"竹升仔"：

> 他们都是在加拿大出生的中国人（CBC），"香蕉人"—— 皮肤是黄的，内心却已被漂白。他们是广东话中的"竹升仔"（Jook-sing），意思是"空心的竹竿"。这是一个贬义的称呼，它根据一个比喻而来：在加拿大出生的中国人就像一节竹子，两头是空的，中间也是空的（hollow on one end, hollow on the other, empty through and through）。在"真正的"（real）加拿大人和"纯粹的"（pure）中国人眼中，"竹升仔"没有固守的文化，没有思想，没有属于自己的文化特质（no consistent culture, no substance, no essence）。他们处于两种群体之间，不完全是加拿大人，当然也不是中国人，处于边缘并且有点杂糅在一起，不属于任何一方，也不被任何一方接纳。（Woo, 2005：11）

显然，加拿大华裔生活在中西两种文化交汇、冲撞的"第三空间"（The Third Space），他们不属于任何一个空间，又兼具两种文化的特质，是被边缘化的一群人。纵观加拿大华裔历史可以发现，早期华裔移民遭受严重的种族主义歧视和压迫，被剥夺了社会身份，后来随着加拿大多元文化政策的实施，华裔的社会地位逐渐得到改善与提高。20世纪80年代开始实施的加拿大多元文化政策虽然鼓励各个民族弘扬自身的文化特色，但是处于不同族裔和文化之间的人群仍然生存于夹缝当中，他们在身份上面临尴尬的境地，不知如何抉择。当代加拿大华裔遭遇的困境正是来自文化冲突所造成的矛盾以及文化身份认同带来的迷茫。

1. 站在"交叉路口"的竹升仔

为了让读者更好地理解香蕉仔作为一个特殊社会群体的内心世界，作者

---

① 在加拿大出生或成长的华裔，因为只懂西方文化，不知晓中国文化，往往被讥讽为外黄（皮肤）内白（白人为代表的西方文化）的"香蕉人"（Bananas）。

采用了轮流叙述的方式，让几位主人公理查德（Richard）、迈克（Mike）、卢克（Luke）、大卫（David）、谢尔敦（Sheldon）分别讲述自己的故事，从而生动地刻画了主人公充满矛盾和迷茫的内心世界。此外，理查德的妹妹雪莉（Shirley）也是一位重要的讲述者。作为旁观者，她的叙述给故事提供了更客观的视角，尤其对于小说中最重要的人物角色理查德起到很好的阐释作用。小说从理查德的葬礼开始，用倒叙的方式呈现了"香蕉仔"们的昔日时光：他们如何相聚、共同的烦恼、各自生活中的困惑……正如著名美国华裔英文作家谭恩美（Amy Chan，1952—）的《喜福会》（*The Joy Luck Club*，1989）中的几位华裔母亲因相似的经历而聚在一起，这几个华裔青年都出生在中国移民家庭，有着相同的族裔背景，成为一个相互依靠的小团体。

虽为华裔，但是香蕉仔们从出生到成长接受的都是白人文化，因此头脑里没有植入中国文化的精髓，其社会文化身份处于悬空状态，用"竹竿"做比喻表明他们尴尬的文化身份：中空而不贯通（这就有两面都不通的意思），含义是他们既不通中国文化，也不能完全归化为白人族群。并且，他们和来自中国台湾和香港的新移民（FOB）[①]也不相同：

> FOBS 有他们自己的世界，白人也有他们自己的世界，竹升仔们很少跟他们混在一起（rarely intersect）。竹升仔站在交叉路口（intersection）—— 高度敏感、交汇的边缘地带（messed up, hypersensitized, marginalized），在中间的某个地方……然而，我们都知道交叉路口是最容易引发车祸的地方。（Woo，2005：185）

正如作者指出"交叉路口是最容易引发车祸的地方"，这个"交叉路口"（intersection）正是著名的后殖民理论家霍米·巴巴（Homi K. Bhabha，1949—）定义的"第三空间"，不同文化和思想在此交汇，充满冲突和危机，让人迷失和受挫。"我到底属于哪一种人？""我的身份是什么？"这样的问题始终困扰着竹升仔们。既然不知道自己身份是什么，更谈不上如何去找寻。书中的一位主人公迈克曾经苦苦思索：

---

① 指从台湾或香港到北美的新移民的子女，FOB 是 "Fresh Off the Boat" 的简写，起初有贬义，但是现在为中性词；本文前面引文中提及的 CBC 则是 "Canadian Born Chinese" 的简写。

　　当你不确定自己拥有什么身份时又如何去寻找？在一个美国文化霸
权（American cultural hegemony）统治的地方，哪里可以寻求到身份的
意义？即使来自一个相对有利的背景（a relatively benign background）
也无济于事。（Woo，2005：288）

　　在加拿大这样一个欧美文化占主导地位的国家，少数族裔要确认自己的
身份似乎是徒劳的。根据常理，香蕉仔们在学校里接受的是西方教育，在多
元文化的社会背景中长大，是"真正意义上的加拿大人"（real Canadians），
但是他们却不能完全被主流社会接受。在西方/东方二元对立的认知框架中，
加拿大华裔似乎无法摆脱自己的他者地位而成为主体。西方长期以来在东方
的"他者"（Other）身份的基础上建立自己的主体身份，并通过权力话语，
将东方作为一个"他者"来进行政治、经济、意识形态和文化上的划分和
控制。一些加拿大华裔认为否定或忘却自己的族裔，完全认同西方文化，就
可以成为主流社会中的一员。其本质是屈服于霸权文化，放弃自己的族裔特
性。这样的做法不但不能得到主流社会的承认和肯定，反而被看作"仆人
对主人的模仿"。例如小说中的理查德，他企图模仿 FOB 的行为方式，渴望
归属强势的一方，结果弄巧成拙，不但没能找到归属，反而丧失了自我。因
此，只有跳出既定的西方/东方、主体/他者、文明/愚昧的二元对立框架，
坦然地面对自己的族裔文化传统，才能建构自信、明确的加拿大华裔身份。

2. 被贬损的男性气质

　　社会性别是在一种占统治地位的社会环境中长期形成的结果，通常人们
关注女性在社会中遭遇的性别歧视，然而，华裔男性因为相貌与白人男性截
然不同，又因族裔身份隶属于不同的社会群体，同样面临来自主流社会的歧
视与偏见。正如文中所指出的，"亚裔男子在当今社会中被完全贬损了，他
们要么像猴子一样龇牙咧嘴地笑（grinning monkey boys），要么只会洗衣、
送外卖或是当程序员"（Woo，2005：302）。无论是在就业还是在择偶方面，
华裔男性没有任何优势。显然，因为根深蒂固的种族观念和被贬损的男性形
象，他们不仅做不了"真正的加拿大人"，也不可能被看作"真正的男子
汉"。在就业方面，虽然他们受过高等教育，却很难找到体面的工作，只能
干程序员或快递员这样的比较低层次的工作，尽其所能，做一个努力工作的
"隐形人"（invisible workers）。小说中的几位主人公除了理查德，都没有机

会进入高层次的职业领域。在择偶方面，白人女孩往往看不上他们：

> 亚洲男人的固定形象是软弱、没有男子气、缺乏魅力、道德败坏、被普遍忽视的（weak, unmasculine, unappealing, morally corrupt and generally ignored），老天，尽管地球上有 5 亿亚裔男人，在电影和电视屏幕中就是这样刻画的，中国男人通常被塑造成滑稽而死板的武林中人、数学家或日本瘪三（ridiculously brain-dead stereotypical Chinaman roles like martial artists, mathematicians or Yakuza gangsters）。（Woo，2005：21）

在《香蕉仔》中，作者用极为男性化的语言，包括很多粗言怒语，为自己被贬损的男性形象而抗争。这一扭曲的形象来源于加拿大华裔深受屈辱的历史：19 世纪早期到达加拿大的华裔基本是男性，当时还都留着辫子。他们中的大多数人来自中国南方农村，没有接受过现代教育，只能从事体力劳动；看起来身材矮小，多数没有白人魁梧。因此，在西方人的眼中，华裔男性除了会武之人以外，都懦弱、无知、缺乏男子气概。白人女孩瞧不起他们，就连"竹升妹"也倾向于选择新移民过来的香港男孩，因为他们有靓车，似乎个个都是大款（Bloody BMW-driving-Marlboro-smoking-obnoxious-rich kids）（Woo，2005：135）。

其实，小说中的香蕉仔都十分优秀：迈克会弹吉他，并且擅长写作；卢克酷爱摇滚，是流行音乐节目的主持人；大卫精通计算机，是电脑高手；谢尔敦勤奋好学，充满爱心；理查德衣着考究，风度翩翩。他们当中的理查德、迈克、谢尔敦都曾交过亚裔女友，然而都是无疾而终。其实，香蕉仔们也不喜欢"竹升妹"，一方面可能是出于嫉妒，因为她们在择偶方面选择的余地比他们更多（白人似乎不介意她们的族裔身份，相反东方女孩可能让他们觉得有神秘感。当然，除了白人，她们往往也会选择在经济条件方面比 CBC 更好的 FOB）；另一方面，受西方观念的影响，香蕉仔们认为东方女性胆小，虚荣，没有个性，缺乏理智：

> 我接触的东方女人中，要么像妈妈一样唠叨，要么像姊妹一般缺乏激情；要么太懦弱，要么像泼妇一般；要么太没特色，要么太虚荣；要么太拘谨，要么很疯狂。（Woo，2005：25－26）

亚裔女性太顺从，太没思想，她们很容易受社会影响，成为不懂得自重、没有文化内涵的"奶油夹心蛋糕"（cultureless twinkies），她们只喜欢白种男人，瞧不起亚裔男子。（Woo，2005：212）

我遇到的女人要么冷酷，要么高傲，要么被娇宠惯了，要么性格乖张。我的妈妈、妹妹、我在中学交的第一个女友，还有我的前女友珍妮都是那样。我已经厌倦了女人。老天知道香蕉仔最讨厌模式化，但是我开始相信所有的亚裔女人都是这样——不切实际、缺乏理性、情绪化，真的很不可思议。（Woo，2005：48）

前面两段是大卫对亚裔女性的看法，而最后一段则是理查德的看法。显然，因为他们自己在主流社会中受到排斥和歧视，香蕉仔们对亚裔女性的看法也不可避免地带有强烈的偏见。

3. 身份认同的悲剧

虽然竹升仔们从小在加拿大出生成长，接受的是西方教育，他们努力工作，诚恳正直，受朋友和同事的尊重，作为加拿大公民，遵纪守法，按时交税，按常理说，他们理应归化于主流社会，并且他们的父母也希望他们能够融入加拿大主流社会，但是一旦涉及族裔身份，他们就变成了"不可理喻的中国人"（impenetrable Chinese）（Woo，2005：97），仍然受到歧视和排挤。大卫的父亲为了让儿子成为"真正的加拿大人"，专门以加拿大历史上一位声名显赫的船长的名字给他命名，并且经常带他观看作为加拿大国球的冰球，甚至不惜支付昂贵的学费让他去学打冰球；迈克则喜欢麦当劳的汉堡而不是中国的米粥，感觉自己在很多方面比普通的加拿大人还要"加拿大"。

除了面对种族认同的问题，香蕉仔们还必须面对来自中国家庭的压力。他们不仅和西方文化格格不入，也厌恶一些传统的中国教育观念和社会礼仪。他们不喜欢中国家长"爱面子"的做法（that Chinese face-saving thing）（Woo，2005：104），以及母亲的专制。例如，迈克年幼时喜欢弹吉他，母亲却强迫他弹钢琴，每当家里有客人来，母亲总让他给客人弹琴，并且谈论他获得的奖项，以此炫耀自己"教子有方"；卢克的母亲来自台湾的富裕家庭，虽然在加拿大过得不是太好，但是为了撑面子，她不愿意就此返乡，她渴望儿子成为工程师，但是卢克却放弃大学的学业，当了一名DJ，从此与家庭决裂；谢尔敦非常厌恶中国家庭在餐馆聚会时的烦琐礼节：不停给别人夹菜、倒茶，抢着买单。

虽然香蕉仔们不接受中国文化，感觉自己不属于中国人，但是他们也无法容忍别人欺辱中国人。例如，有一次大卫在街上碰到一个白人小混混欺负中国老太太时，挺身而出，愤怒地呵斥小混混：

> 听着，你这笨蛋，如果下次我再逮住你像那样作弄中国人，我会把你的手折断塞到喉咙里去……让我告诉你，虽然你不会明白：我的英语比你说得好、读得好、写得好，而你呢？白种男孩，我无论在智力和体力方面都比你强。和我相比，你连狗都不如，完全就是狗屎。你明白吗？好的，现在就回去做你的失败工作，过你的失败日子，记住我的话。（Woo，2005：137）

大卫的声讨也是在为自己鸣不平，"我的英语比你说得好、读得好、写得好……在智力和体力方面都比你强"，潜台词是"你凭什么欺负我"。他让这个白人"回去做你的失败工作，过你的失败日子"，其实是在发泄心中的不满，说给自己听，因为大卫以及其余几个竹升仔尽管都接受过高等教育，能力强于很多白人，但是他们在生活中却屡屡遭遇失败、挫折，成为"失败者"。书中频频出现"loser"一词，表现了他们的无奈，失意和迷惘。他们经常在酒吧相聚，借酒浇愁，常常喝得酩酊大醉。尤其是理查德，他的酒量出奇地大。

理查德是小说中的核心人物，身份危机在他身上体现得最明显，他最后甚至选择了自杀。从表面看来，他似乎并不是一个失败者：相貌英俊，精明能干，在一家跨国管理咨询公司工作，受众多女孩子的青睐，十分风光。他无疑是这群香蕉仔中最成功的人物，然而他却英年早逝。小说伊始，在理查德的葬礼上，牧师的悼词是这样描述他的："理查德是一个优秀、健壮的男孩，充满目标和野心……他知道自己的目标。他的死让人着实惋惜，因为他的未来如此光芒万丈（so bright and promising）。"（Woo，2005：9）

无疑，理查德是一个才华横溢、野心勃勃的人。他追求高品质的物质生活，把物质成功视作一切。然而他却经常去看心理医生，不是因为他认为自己精神不正常，只是为了让医生给他开一种可以消除抑郁，让自己的机体高效运作的"神药"（Wonder Drug），以便成为经济社会中一个充满自信、独立、有地位、精力旺盛的"超人"（Superman）。虽然理查德也曾讨厌甚至鄙视来自香港的新移民，因为他们炫耀自己的豪宅靓车，在公众场合大声说话……但是，他们对金钱的崇拜却深深地吸引了他。理查德向往和他们一样过上高品质的生活：豪车、靓女、昂贵的服饰、奢华的盛宴、上等的美酒。为了达到目的，他开始效仿他们，从穿着到言谈举止：学说广东话，唱卡拉OK，交香港女朋友。融入新移民当中让理查德拥有了诸多便利与优势，成为一个在社会上能够如鱼得水的"变色龙"（the perfect social chameleon）。表面上看来，他已经完全融入了主流社会，终于摆脱了"香蕉人"的身份：

> 到毕业的时候，没有人能把我和来自香港或台湾的新移民区分开来，除非是身边的人，没有人知道我是香蕉人。甚至我自己都认为自己是 FOB 了。我这样做有什么收获呢？新的机会、更多的钱、通向世界领地（World Domination）的捷径。成为 FOB 让我着实收获不小：妈妈不再烦我，我交到了不少时髦有钱的朋友，也给工作带来了便利，赢得更多的渠道和认同，并且有了不少漂亮的、皮肤像象牙一样的中国女朋友。（Woo，2005：88）

理查德虽然经常和香蕉仔们一起喝酒排遣心中的失意，但是他并不愿意归属于他们，因为这样的群体背景不可能给他带来什么好处。他也不喜欢香蕉仔们的消沉以及种种不合时宜，他甚至瞧不起自己的父亲，认为他懦弱，缺乏野心。然而，即使他善于审时度势，尽力改变自己的命运，同样摆脱不了香蕉仔们面临的诸多问题：

> 我发现自己也经常遭遇香蕉仔们面临的愚蠢的文化问题（silly cultural issues）：挫折、隔离、愤怒、负疚、文化冲突、自杀冲动……有人可能会说我是在玩一种危险的游戏，但是他们不明白它和自制力有关。欣喜、痛苦、爱恋、憎恨、诱惑、悲伤、想要成功和操纵的欲望——当你能够掌控它们内在的化学反应之后，所有这些可变的情绪最终都会被你驾驭。（Woo，2005：79）

在困惑中，理查德只有靠物质的成功来安慰自己，靠药物来忘却烦恼，靠酒精来麻醉自己，他这样做无疑是在玩一种危险游戏，自取灭亡。当他得知自己的女友背叛他，跟一位香港男孩约会时，便对生活感到彻底失望。在绝望中，他因饮酒过度而精神崩溃，最终导致了自我毁灭（final self-destruction）。理查德的悲剧其实就是香蕉仔们的悲剧，是身份认同的悲剧，他们生活在社会的夹缝中，没有归属感，沮丧、痛苦、无法自拔。为了深度呈现理查德的精神世界，作者巧妙地让迈克成为他的倾听者。他们常常在一起谈心，倾吐心中的烦闷。同时，迈克也是作者本人的代言人，他一直打算写一本关于"竹升仔"的书，却不知如何着手：

> 我非常想写一本书（The Book）。但是我该写什么呢？除了字面的翻译，我甚至不知道"竹升仔"的真正意思是什么？什么是好的加拿大华裔小说？一个移民故事？不好。华裔在白人社会中成长遇到的考验？其实，这也难写。种族歧视条例、华裔历史、蛇头贩运亚裔妇女去按摩店……都不新鲜。我甚至想过用龙和凤的图案来装帧我的书，但是我对诸如此类的东西都不了解，它们听起来很造作、很无聊（contrived and stupid）。（Woo，2005：288－289）

与别的香蕉仔一样，迈克对本族裔的历史和文化并不了解，同时受东方主义（Orientalism）的影响，对中国的传统有一种本能的排斥，造成了一种归属感的缺失：

> 我是加拿大人吗？我是中国人吗？两者都是？两者都不是？最后一种似乎更准确。即使这个国家（加拿大）已经变得很满足，不再追问自己的身份，但是身份的寻求还在继续。作为一个民族，加拿大人似乎失去了询问他们自己的能力。但是你不能停止追问，正因为此身份变得弥足珍贵。（Woo，2005：293）

由于历史上深受英国、法国及美国的影响，加拿大似乎并不拥有自己特定的身份。加拿大学者们曾经写过很多文章探讨国家的身份问题，有几篇经典文章曾被选入《身份的渴望》（A Passion for Identity，1997）一书中。作者此处把国家身份的追寻与香蕉仔的身份找寻做类比，具有强烈的讽刺意味。个人身份也许没有国家身份重要，但是它具有同样重要的意义。著名文化理论批评家霍尔（Stuart Hall，1932—2014）认为，身份认同是一种颠覆西方二元逻辑的话语策略，是处于次要、边缘和弱势地位的人们增强民族凝聚力和反抗霸权的斗争武器（王晓路，等，2007：283）。正如作者指出的，在加拿大社会中，华裔就像一盘散沙（a pile of sand）（Woo，2005：85）；华裔社会中存在各自为政的小团体，例如 CBC 和 FOB，他们相互排斥：CBC 嘲笑 FOB 是"土老肥"，而 FOB 则嘲笑 CBC 蹩脚的广东话。他们相互误解、对立，很难相互认同。因此，华裔们应该团结起来，增进集体的自我理解能力，共同强化自己的族裔身份，才不至于酿成"理查德式的悲剧"。

4．结 语

少数族裔作家对自己的文化身份具有敏锐的感受力，更能感受到自己及整个族裔在主流社会和文化中"边缘化"（marginalized）和"他者化"的（otherized）地位。加拿大第二代土生华裔作家胡功勤根据自己独特的生活体验及双重文化视角，在其小说《香蕉仔》中揭示了本族裔群体在两种文化中的生存状态及对身份的迷惘和思考。小说的成功之处在于向读者展现了"竹升仔"这一特殊人群的内心世界，因为他们往往被社会忽略，甚至遗忘（That could be it — obliviousness. The Essence of Banana.）（Woo，2005：104）。他们渴望被认同，成为一名真正的、有身份的加拿大人。可问题是，面对主流社会的排他和异化，他们该如何建构自己的身份，该以怎样的形象融入主流社会？对于出生在加拿大的华裔而言，无论他们西化到何种程度，主流社会仍将他们视为"他者"。华裔的身份也许永远处于形成的过程中，如何做到既能融入主流社会，又保持自己独特的文化身份，这是华裔作家们一直在探讨的问题。

参考文献：

费小平，2010．家园政治：后殖民小说与文化研究［M］．北京：北京大学出版社．
李晖，2015．穿越族裔的屏障：加拿大华裔文学发展趋势研究［J］．当代文坛（2）．
生安锋，2011．霍米·巴巴的后殖民理论研究［M］．北京：北京大学出版社．
王晓路，等，2007．文化批评关键词研究［M］．北京：北京大学出版社．
WOO T, 2005. Banana Boys［M］. 2nd ed. Toronto：Riverbank Press.

The Identity Crisis of Jook-sing Boys: A Study on Chinese Canadian Writer Terry Woo's *Banana Boys*

Li Hui

Abstract: The Chinese Canadians live in a diverse space where Eastern culture and Western culture converge and collide. They are inevitably confronted with identity crisis due to the overwhelming Western culture and the persistent racism. In many cases, the Canadian-born Chinese are regarded as Chinese instead of Canadians because they physically resemble other Chinese. However, they are quite different since they were born and educated in Canada and unfamiliar with Chinese culture. Excluded from both the main stream society and the Chinses society, the Canadian-born Chinese males suffer from discrimination in terms of sex and race. Their identity thus becomes dynamic and complex. Based on his own experience, the second-generation Canadian-born Chinese writer Terry Woo reveals such crisis through his English novel *Banana Boys*. This paper analyzes the plight of the Canadian-born Chinese males as a marginalized group through a close reading of this book.

Key words: *Banana Boys*; the Canadian-born Chinese males; Jook-sing; masculinity; identity crisis

浅析弗吉尼亚·伍尔夫《论现代小说》中的现代人文主义精神

吕 琪

（四川大学外国语学院，成都 610207）

摘 要：本文通过细读伍尔夫《论现代小说》一文，讨论了伍尔夫对现代小说创造所发出的现代人文主义的追问以及她对文学创作创新方式的理论性思考。本文认为，伍尔夫的观点体现了其对以下几对关系的深刻思考：现代与现代小说的关系，即时代变迁和生活变化对艺术创作的要求；物质主义与精神主义的区别，即主观真实的重要性；传统与实验的关系，即小说体裁和创作手法上应该具有的开放性和实验性。伍尔夫对小说理论的深入思考都围绕着小说如何反映真实的人的内心，小说形式如何为表现复杂而多样化的人性服务这些问题进行。这些思考不仅推动了其自身的小说创作，对小说理论本身的发展做出了独特的贡献，也对人文主义精神通过新形式的延续进行了拓展。

关键词：现代主义；人文主义；现代小说；伍尔夫

1. 序言

弗吉尼亚·伍尔夫（Virginia Woolf，1882—1941）是 20 世纪英国著名小说家、散文家、文学批评家和出版人。她与法国的普鲁斯特（Marcel Proust，1871—1922）、爱尔兰的乔伊斯（James Joyce，1882—1941）、美国的福克纳（William Faulkner，1897—1962）一起被视为构成了"意识流"小说这一很有影响的文学流派的代表人物，同时她也是 20 世纪一位十分重要的西方文学理论批评家（伍尔夫，2000：2）。她使用的"意识流"的写作手法、她在小说中所探索的主题，以及她作为处于男权控制下的文学精英团体中的女性小说家和批评家这一身份都让当代学术界和评论界对其保持强烈的兴趣。而这种兴趣的另一部分来源于其独特的人生经历和选择自杀的悲剧结局。作为一名多产的小说家，伍尔夫也同样是一位颇有建树的文艺评论家。其评论对象以小说为主，而无论其小说创作还是批评理论都始终实践和反映了对 20 世纪文艺界产生了重大影响的两大思潮：现代主义与女性主义。西方评论家普遍认为，伍尔夫阐述其现代主义观点的三大论文为《论现代小说》《贝内特先生和布朗夫人》《狭窄的艺术之桥》（伍尔夫，2000：5）。

《论现代小说》发表于 1919 年，后被收入其论文集《普通读者》。此论文中，伍尔夫在对现代小说的现状观察分析的基础上，提出了她理想中的现代小说应该具备的艺术追求上的基本态度。伍尔夫在此论文中的主张通常被解读为伍尔夫的现代主义美学宣言，或是其对"意识流"小说形式的肯定和支持。但也有学者指出，伍尔夫在这篇论文中并没有进行任何系统的理论构建，而仅仅是如她的众多随笔一样谈了她的看法和设想，指出小说发展的可能倾向而已，并且在其后来的其他论文中又常常有与这篇论文观点相悖的论述（伍尔夫，2000：375）。

本文认为，伍尔夫在《论现代小说》中的观点大概可以总结为对以下三方面的思考：现代与现代小说的关系，即时代变迁和生活变化对艺术创作的要求；物质主义与精神主义的区别，即主观真实的重要性；传统与实验的关系，即小说体裁和创作手法上应该具有的开放性和实验性。本文将对之进行一一剖析，并尝试指出她对这些问题的讨论所蕴含的现代人本主义精神，这种精神与后现代主义的主张具有较为明显的区别。

2. 现代与现代小说的关系

伍尔夫显然认为她当时所处的时代已经不同于亨利·菲尔丁（Henry Fielding，1707—1754）或简·奥斯丁（Jane Austen，1775—1817）的时代，进入了物质条件和机会更丰富的现代。然而，人类在现代所取得的成就从物质上来说的确是进步了，但现代作家尽管拥有了更好的机会，在文学创作上却没有明显长足的进步。

"如果站在足够的高度来观察一下整个进展过程的轨迹，它就带有一种循环往复的趋势。"（伍尔夫，2000：3）这里，伍尔夫的讨论出现了看似矛盾的地方，一方面她用无可辩驳的语气指出，现代小说家较之经典小说家并没有取得优越地位，然而另一方面，她又指出，要由文学史家来裁决，"由他来说我们究竟是处于一个伟大的散文小说时代的开端，中间，还是末尾；因为，我们置身于山下平原，视野必然不广"（伍尔夫，2000：3）。伍尔夫的矛盾其实可以理解为她已经明显观察到当时的社会形态所呈现的某些特征已经大大不同于以前，但是当时小说的创作手法上，总的来说，却没有体现出与前人相比引人注目的变化。

在伍尔夫看来，经典的维多利亚时代的小说家是成功的，他们的成功正是在于他们小说的内容和形式表现了他们的时代。但是与她同时代的现代的小说家们所使用的创作方式还停留在过去，这当然无法创造出新的具有划时代意义的成功小说家。换句话说，伍尔夫虽然将现代小说在文学史中地位的决定权留给了文学史家，但她却也鲜明地表示了她作为现代人对现代小说的态度：现代小说应该不是一个伟大文学时代的末尾，而要成为另一个伟大文学时代的开端。

从论文接下来的论述看来，伍尔夫在讨论时代和小说的关系时，并不认为小说要通过塑造伟大的时代来成为伟大的小说，而是要通过表现生活在这个时代，哪怕是一个并不让人愉快的时代当中的人的感受和处境，才能成就其伟大。

3. 小说物质主义与精神主义的区别

伍尔夫在此文中重点强调，她不是要讨论现代小说与古典小说的优劣是非，而是要与当时以赫伯特·乔治·威尔斯（Herbert George Wells，1866—1946）、阿诺德·贝内特（Arnold Bennett，1867—1931）、约翰·高尔斯华绥（John Galsworthy，1867—1933）为代表的这些在世的"最时髦"的小说形式的代言人争鸣。伍尔夫认为这些作家之所以未能实现读者的期待是由于他们是"物质主义者"，"因为他们关心的是躯体而不是心灵"，这就让读者感到英国小说的发展不应该遵循他们的创作道路，而应该另辟蹊径，"拯救英国小说的灵魂"（伍尔夫，2000：4）。

在三人当中，伍尔夫对《老妇谭》的作者贝内特的批评最为猛烈也最为深刻，从中也可以更清楚地看到伍尔夫所指的"物质主义"是什么。伍尔夫指出，贝内特的小说最大的问题是他把小说反映真实生活理解为停留在物质层面上的真实。因此他可能非常仔细详尽地刻画了人物所处的外部环境，却不去着重探究这些人物内心复杂的变化。用伍尔夫后来在《贝内特先生和布朗夫人》（1924）中的比喻来说，"他们给了我们一栋房屋，指望我们也许能够推论演绎屋内人物的情况"（伍尔夫，2000：311）。而威尔斯的小说所关心的不是小说中人物的人性和个性，其小说着重于反映其自身的理念和刻画一些事实，这些事情却本该由政府来管理。伍尔夫将物质主义小说总结为"去使琐屑的、暂时的东西变成貌似真实的、持久的东西"（伍尔夫，2000：6），这些小说家没有"自由意志"，而是某种传统创作观念的奴隶，如法炮制合乎"现实"的作品。她将与她同时代的小说家分为两个阵营——爱德华时代小说家和乔治时代小说家。以上三位小说家被其归为前一个阵营，乔伊斯（James Joyce，1882—1941）和艾略特（Thomas Stearns Eliot，1888—1965）被归为后一个阵营。

值得注意的是，在整篇论文中，伍尔夫频频使用"我们"指代"普通读者"的立场，而伍尔夫也试图从普通读者的阅读感受来批评这些小说，认为它们并不能满足普通读者期望通过小说认识生活的愿望。但是随着论文的展开，"我们"又更倾向于为那些对小说创作持有"现代主义"观点的小说家们代言。

在伍尔夫看来，小说家应该关注的真实的、持久的东西是"生活或心灵"，而生活必然是以人的感受为中心的生活，"生活并不是一副副匀称地装配好的眼镜；生活是一圈明亮的光环，生活是与我们的意识相始终的、包围着我们的一个半透明的封套"（伍尔夫，2000：8）。小说家的任务就是要去表现这种变化的难以界说的内在精神。这里伍尔夫引出了她对主观真实性的倡导，她明确地赞扬了以乔伊斯为代表的青年作家所进行大胆的尝试，认为他们代表了一种与"物质主义"截然相反的"精神主义"。同时，她也对"意识流"这种创作手法进行了形象的描述，"它们（指心灵所接纳的万千印象，笔者注）来自四面八方，就像不计其数的原子在不停地簇射；当这些原子坠落下来，就构成了星期一或星期二的生活……让我们按照那些原子纷纷坠落到人们心灵上的顺序把它们记录下来；让我们来追踪这种模式，不论从表面看来它是多么不连贯，多么不一致；按照这种模式，每一个情景或细节都会在思想意识中留下痕迹"（伍尔夫，2000：8）。

不过，伍尔夫所指的这种模式是作者的意识和感受模式还是小说中人物的意识和感受模式呢？作者能真实描绘的意识大概只有他们自身的意识，其他人的意识只能是通过他们的揣测和想象进行描绘，因此主观真实性只能指作者在创作时遵循自己的意识模式，忠实于自身的意识流动。这种方式无疑是新颖的，也的确触及了经典小说家们尚未有意识地触及的层面，但是这样的主观真实性却也给文学创作提出了更深刻的问题：它何以让作者塑造出不同个性的人物？小说中的人物是否都将遵循共同的意识模式，即作者的意识模式，从而小说中的人物都只不过是作者意志的傀儡，又何来素质鲜明的人物个性呢？

4. 小说形式中传统与实验的关系

伍尔夫在文中没有忽略人们对这种写作形式的质疑，同时也承认目前的"意识流"小说可能还没有诞生可以与经典小说中最优秀的作品相媲美的杰作。但是她提醒人们，"无论如何，置身于事外来考察各种'方式'，乃是一种错误"，因为"如果我们是作家的话，能够表达我们想要表达的内容的任何方式，都是对的；如果我们是读者的话，能够使我们更接近于小说家的意图的任何方式，也都不错"，"这种方式的长处，是使我们更接近于我们打算称之为'生活的本来面目'的那种东西"（伍尔夫，2000：10）。所以，也许可以说，在伍尔夫看来，任何方式只要使作家能真诚地表达自我意识，而使读者能真实感受到作家的意识，就已经达到了小说揭示生活的目的了。因此，作家的创作就不是去描绘宏大的社会历史画卷，而可以专注于日常生活的细枝末节。到这里，伍尔夫便指出了她当时的小说家最需要面对的问题，即是否有勇气在小说的体裁和形式上进行这样大胆的革新。

伍尔夫认为，现代人的"兴趣的集中点"很可能在于对心理学中潜意识的披露和展现，而这种披露和展现就不得不要求小说在形式上进行革新。这种革新对于现代作家来说的确难以掌握，而对于前辈则难以理解。她以契诃夫的短篇小说《古雪夫》为例，认为他通过按照自己心目中的场景忠实地选择了细节，建构了与传统意义上的短篇小说概念迥异的形式。随后，伍尔夫将俄国小说家与英国小说家进行了简要的比较，认为前者对人类心灵，即人性的探索更为深刻。她引用俄国作家列夫·托尔斯泰（Leo Nikolayevich Tolstoy，1828—1910）之言，认为俄国作家的胸怀和同情心都更宽广，但倾向于悲观，他们对人生频频提问却没有明确的结论，这也许就是生活真实的状态，这种小说形式让读者感到深刻的甚至愤怒的失望。相比之下，英国小说家也许不及俄国小说家有远见。

但伍尔夫认为英国小说家也有自身的特点，能看到俄国小说家所忽视的部分，这种特点是受其古老文明的影响，即"在我们身上培养起一种去享受、去战斗而不是去受苦、去理解的本能"，"我们的民族天性喜爱幽默和喜剧，喜爱人间的美，喜爱智力的活动，喜爱肉体的健美"（伍尔夫，2000：13）。伍尔夫对英国小说家所体现的英国人性格的褒奖也同样表现了她对人和人性的关注与观察，并且她非常敏锐地指出了生活在不同文化之中的人们的差异性。

值得注意的是，在分析这种英国的传统时，她特别举出斯特恩（Laurence Sterne，1713—1768）和梅瑞狄斯（George Meredith，1828—1909）为例。前者以在小说叙述模式上融合各种不同文学形式进行实验性创作而闻名，而后者则以善于刻画心理，将心理分析引入小说创作而著称。两人虽然是不同时代的男性作家，但是其作品都与女性有紧密的联系，并且在 19 世纪两人都相对来说并不为主流的文学评论界所关注。伍尔夫意在表明俄国和英国小说的不同正是小说艺术方式多样化的明证，而英国传统的小说创作其实一直也在进行形式上的创新。她最后以呼吁现代小说在创作观念和形式上的解放结束全文。

5. 结语：伍尔夫小说理论中的人文主义精神

伍尔夫在这一论文中批评了一些现代的小说家对物质描写的过分关注，称他们为"物质主义者"，她进而呼吁一种强调心理活动的"精神主义"现代小说。现代小说的重心应该从对外部世界的反映转向对意识结构的表现，而且表现的手法应该不同于传统的对意识的控制性描写，而应该遵循意识实际的活动轨迹，将其真诚地加以表现和保存下来。因此伍尔夫认为小说家应该关注人性。

人性如果是永恒的，那么小说的形式也许也可以坦然地遵循前人的创作方式不用革新，但是伍尔夫并不认为人性是永恒不变的。在对现代主义影响至深的思想家，如马克思（Karl Marx，1818—1883）、柏格森（Henri Bergson，1859—1941）、尼采（Friedrich Wilhelm Nietzsche，1844—1900）、弗洛伊德（Sigmund Freud，1856—1939）等中，伍尔夫只与弗洛伊德有过会面，但她通过间接的方式，如与布罗姆斯伯里团体（the Bloomsbury group）成员广泛联系，或是被当时的知识分子的氛围所影响而获得了对其他思想家的了解（Roe & Sellers，2001：147-148）。伍尔夫在这篇论文中的观点明显受到了弗洛伊德心理分析的影响。按照弗洛伊德的理论，人性是复杂的，"自我"必须经受从"本我"到"超我"乃至现实的三重塑造，而"超我"和现实是会变化的。因为时代在变化，不仅印象落在人们的心灵中的顺序和造成的涟漪会极为不同，而且心灵所接纳的印象本身也发生了巨大的变化。

伍尔夫后来在《贝内特先生和布朗夫人》中也直接地谈到了她对人性的看法："……在 1990 年十二月，或者大约在这个时候，人性改变了。……

人与人之间的一切关系——主仆、夫妇、父子之间的关系——都已经发生了变化。而人与人之间的关系一旦发生了变化，信仰、行为、政治和文学也随之而发生变化。"（伍尔夫，2000：295）为什么是1910年？这是一个值得推敲的论断。戴维·特罗特尔认为1910年至1915年间，意大利未来主义诗人和理论家F. T. 马里内蒂访问伦敦是一次改变信仰的访问，他的访问刺激了英美现代主义的发展（莱文森，2002：93），而1910年12月在伦敦举办的后印象主义画展，则被认为是英美现代主义的起源之一（莱文森，2002：108）。同时，1910年也是现实主义大师列夫·托尔斯泰去世的一年。虽然伍尔夫并没有明确指出她画下这样一条界线的原因，但她所表明的现代小说应该到了革新换代的历史时刻的立场是清楚的。

在伍尔夫看来，现实主义或自然主义小说对外部现实的过分关注无助于反映现代生活中人性的变化，因此小说的形式需要革新。小说应该具有一种现代性，但是这种小说的现代性绝对不等同于社会的现代性，却恰恰是与之进行战斗的形式。这些主张正是英美文学现代主义的基本立场，卡林内斯库（Matei Calinescu）认为："美学现代性应被理解成一个包含三重辩证对立的危机概念——对立于传统；对立于资产阶级文明（及其理性、功利、进步理想）的现代性；对立于它自身，因为它把自己设想为一种新的传统或权威。"（卡林内斯库，2002：16-17）从伍尔夫的论述来看，这种战斗和挑战权威的最终目的还是要了解人性，反映人性，关怀人性，并且仍然坚信主体具有真实反映世界的能力。这些主张与未来主义反人类的立场以及后现代主义反理性的尝试具有明显的区别。

笔者认为，在这篇篇幅不长的论文中伍尔夫虽然没有明确使用现代性或是现代主义这样的词语，也没有使用学术的语言进行理论的阐释，但是她着重反映了她对小说与生活的关系的思考。她反复追问：生活难道是这样的吗？小说非得如此不可吗？这种追问正反映了当时西方的现代主义思想对其的影响，集中体现出现代主义对现代生活的本真意义的探询这一主题。在21世纪初，她的这种追问无论对于西方现代小说创作者，还是对于西方小说的解读者而言，也仍然具有相当深刻的现实意义。

参考文献：

卡林内斯库，2002. 现代性的五副面孔［M］. 顾爱彬，李瑞华，译. 北京：商务印书馆.
莱文森，2002. 现代主义［M］. 田智，译. 沈阳：辽宁教育出版社.

汪民安，2007. 文化研究关键词［M］. 南京：江苏人民出版社.

王晓路，石坚，肖薇，2004. 当代西方文化批评读本［M］. 成都：四川大学出版社.

伍尔夫，2000. 论小说与小说家［M］. 瞿世镜，译. 上海：上海译文出版社.

张岩冰，2005. 女权主义文论［M］. 济南：山东教育出版社.

赵一凡，张中载，李德恩，2006. 西方文论关键词［M］. 北京：外语教学与研究出版社.

ROE S, SELLERS S, 2001. The Cambridge companion to Virginia Woolf［M］. Shanghai：Shanghai Foreign Language Education Press.

An Analysis of Modern Humanist Spirit in Virginia Wolf's "On Modern Novels"

Lü Qi

Abstract：By studying Virginia Wolf's "On Modern Novels", this essay discusses the humanistic questions raised by Wolf on how to create better modern novels and her reflections on the theory of innovating novel modes. Wolf's views shown in this article of hers exhibit her thinking about the relationships between the following pairs of concepts：the co-relation between modern time and modern novels, i. e., the requirements for the change of novel creation with the change of times；the difference between materialism and spiritualism, i. e., the importance of subjective reality；the balance between tradition and experimentation, i. e., novel writers should be open to innovations in genre and experiments in techniques. All her arguments in these theoretical questions about modern novels address a key point that novels should reflect real people's mind and the modes of novels also serve the purpose of showing the complication and multiplicity of humanity. Wolf's reflections on such questions not only have helped her own novel writing, contributed to the development of modern novels theories, but also have pushed the humanistic tradition of literature to carry on in new forms.

Key words：modernism；humanism；modern novels；Virginia Wolf

浅谈西班牙语世界巴尔加斯·略萨
研究中的精神分析

吴 慈 周诚诚

摘 要：长期以来国内学界对于西班牙语及拉丁美洲文学的译介多于评论，对丰产的作家研究更是由于语言障碍、译本缺失等问题，不仅局限于小说文类的分析研究，还受到英文文献文化过滤的影响，无法直接、全面地接触西班牙语本土文学圈的第一手资料，由此形成了对西班牙语美洲作家的研究相对滞后和片面的局面。本文以"爆炸"文学代表秘鲁作家巴尔加斯·略萨为例，整理了西班牙语世界学者以心理学理论方法分析其人及文学的相关研究成果，并以略萨文学作品中所表现的俄狄浦斯情结为中心，通过精神分析方法论证其与略萨个人经历及其文学创作发展之间的影响关系。

关键词：精神分析；巴尔加斯·略萨；俄狄浦斯情结

1. 精神分析的研究基础

本文主要参考了西班牙语世界的三位学者对略萨的精神分析研究。其中研究最深入、细节最翔实的是秘鲁精神科专家马克斯·席尔瓦·图埃斯塔（Max Silva Tuesta）。他是略萨在雷奥西奥·普拉多军校的旧时同窗，也是一位爱好写作、擅长以精神分析理论解读文学的心理医生。图埃斯塔以略萨及其作品为主题出版了两部著作：《对巴尔加斯·略萨的精神分析》（2005）和《马里奥·巴尔加斯·略萨一生的解读》（2012），发表了一篇论文：《马里奥·巴尔加斯·略萨和"原初场景"》（2007）。另一位是秘鲁作家赞恩·索里亚（Zein Zorrilla），他专注于研究、撰写围绕秘鲁安第斯山区的故事。2015 年出版的《巴尔加斯·略萨和他的最大恶魔：父亲的阴影》从社会学角度对略萨早期三部小说中的父亲角色进行解读，以建立文学与现实中的父亲形象间的映射关系。第三位是瑞典隆德大学彼得·琼森（Petter Jonsson），他的博士论文《马里奥·巴尔加斯·略萨小说的三种阅读：对一名作家小说作品的精神分析解读》（2009），以当时略萨所有的 16 部小说为素材，探索应用弗洛伊德和拉康理论解读文学作品的方法。

琼森归纳的方法论是，在人类整体发展进程中，前语言内容先于语言存在，即前语言内容的想象先于象征并构建了象征。那么，前语言或想象中的问题和冲突都会映射到象征内容中，研究者可以通过语言来发现它们。而另一个重要的概念就是移情——精神分析理论中一个复杂而核心的概念，简单来讲就是人们将内心戏剧在所有关系和活动中实现的倾向。通过移情可以发现作品中的隐喻和转喻，隐喻即"凝缩"，而转喻是"移置"。这是隐性（潜意识）不断进入显性（意识）的方式。在文学世界里，反复阅读作品和适度借助移情就能找到潜意识的内容。

有学者曾质疑精神分析作为文学批评方法的合法性，图埃斯塔则列举了弗洛伊德的诸多作品，如《莱昂纳多·达·芬奇的童年回忆》《米开朗琪罗的摩西》《诗人与幻想》《陀思妥耶夫斯基与弑父》，以反驳此观点。2001年10月，在法国秘鲁及安第斯研究中心主办的"拉美身份认同问题"研讨会期间，略萨曾给予图埃斯塔一些运用精神分析方法研究文学的建议。此外，《庞达雷昂上尉与劳军女郎》中，上尉筹建的图书馆就收藏了秘鲁弗洛伊德派心理学家卡洛斯·阿尔贝托·赛金（Carlos Alberto Seguín）的著作。图埃斯塔认为，这些都间接证明了略萨本人对精神分析理论应用于文学研究的认可，也表明精神分析可以作为文学批评的实际方法。

2. 俄狄浦斯情结之母亲的背叛

2.1 母子的二元关系——恋母情结

母亲不仅哺育婴儿，而且照料婴儿，因而在婴儿心中引起了其他一些愉快或不愉快的生理感觉。由于母亲对婴儿身体的照顾，她变成了婴儿的第一个诱惑者。在这两种关系中，母亲独特的无可比拟的重要性为孩子整个一生建立了不可更改的第一个也是最强烈的爱的对象，并成为孩子以后一切两性爱情关系的愿望。（弗洛伊德，2014：231）

略萨从出生到11岁都未曾见过父亲，一直与母亲、外祖父母生活在一起。其母朵拉女士在此期间也从未有过恋人，可以想象她与略萨亲密的母子感情。而略萨曾在16岁时为表妹（后来的第二任妻子）写过一首诗，名叫《致帕特里西亚》（*A Patricia*）。原文如下：

致帕特里西娅①

小女孩进入梦乡
沉睡在我旁
白皙的小手，
轻靠我左右

睡着的她
做着开心的梦
梦见了什么？
是化身公主
是化身蜂鸟吗？

她偶尔叹气
双唇似动非动
仿佛在咀嚼一朵花
黑色的睫毛下
睡眼闭合成缝
舒缓的呼吸中
仿佛心脏都没有跳动

小女孩进入梦乡
沉睡在我旁
也许是在遐想
有一位王子将来她的孤独守护
为何看着小女孩
有时会感觉
我想变回小男孩
也在梦境中翱翔？

---

① 诗歌由本文作者翻译。

> 想必是因为
> 睡着的小女孩
> 她天使般的脸庞
> 微微跳动的心脏
> 都和母亲很像?

1952 年 9 月

　　相比兄妹间的亲昵，这首诗更像表现了一种男女情爱。图埃斯塔认为，这种爱意可能源于略萨在表妹身上感受到近似于母性的东西。与表妹结婚后的略萨也多次将妻子描绘为极具母性的形象：管教他并为他安排好一切琐事。《绿房子》原著的献词是"致帕特里西亚"，这也自然将略萨的恋母情结与爱情关联起来。然而，母子间这种深刻的情感联系将在"原初场景"中遭到致命打击。

2.2　原初场景的"文学影像"

　　根据精神分析理论，"原初场景"是指"孩子观察到的或根据某些特定迹象猜想出父母发生性关系的场景，通常情况下他会理解为父亲对母亲实施的一种暴力行为"（Laplanche，1971：123）。这个概念源于弗洛伊德早期以中产阶级异性恋家庭为模型的性学临床研究。略萨的自传《水中鱼》中就有非常清晰的"原初场景"的影像，描述了他 10 岁时在旅馆房间里听见和想象隔壁房间里父母亲密行为的创伤经历。原文如下：

> 　　他和她让我独自睡一个房间，然后就进了隔壁的房间。整整一夜我都没有合眼，心理处于惊恐状态，我极力要听一听隔壁房间有什么声音和动静，一面充满了嫉恨，感到自己是被出卖的牺牲品。我的胃里感到一阵阵痉挛、一阵阵恶心，一面想象着我的妈妈跟那位先生在里面可能做出的男女之间为生儿子的淫秽勾当。（略萨，1996：42）

　　"原初场景"创伤也会反映在创作中，因为"心魔"需要通过某种渠道得到释放。而图埃斯塔认为短篇小说《挑战》就是最能反映略萨"原初场景"经历的作品。父母性爱的影像经故事文本过滤，转换为两个主角决斗高潮时缠绕一团的漆黑身影："（胡斯托）直接挥舞着披巾扑过去，退下来，忽而采用防御的姿势，忽而把身体暴露开来，故意逗'瘸子'进攻。他躲

103

闪得很巧妙，忽前忽后、忽左忽右地跟他的对手作着游戏，宛如一个发情的妇女。"（略萨，2018：45）还有更具启发性的："两个对手像两位情人似的紧紧地拥抱在一起，形成了一个肉体。""从侧面看他，在室外黑暗的映衬下，他（胡斯托）像一个孩子，一个女人。"（略萨，2018：46）这短短的描写包含了"原初场景"三个角色中的两个："一个孩子"，也就是 10 岁的略萨；"一个女人"，即略萨的母亲朵拉。略萨似乎直接从潜意识中挤压出了这些内容，因为原初场景一直隐藏在潜意识中，一旦压抑机制稍有松动，就会发现其痕迹无处不在。

从精神分析的角度看，儿童在原初场景中被迫与他人（父亲）共享情欲客体（母亲），这导致其与母亲的二元亲密关系崩塌，形成新的家庭关系。许多评论家认为，《城市与狗》的唯一缺陷在于女性角色特蕾莎作为三名军校学生共享的"情欲客体"的安排。但实际上，小说中的情欲客体共享源于略萨与母亲、父亲的三角关系，可以说是原初场景的一种文学影像。除《城市与狗》外，在《绿房子》《酒吧长谈》《世界末日之战》等作品里都有将女性共享为情欲客体的设置，图埃斯塔表示，这是失意儿子的一种伪装的发泄与报复，也是对母亲欲望不完全满足的体现。

原初场景是俄狄浦斯冲突的导火索，家庭三角关系的建立则是俄狄浦斯情结的核心所在。父亲的突然出现，母亲与他的单独相处，进一步引发了略萨"被背叛"和"被抛弃"的感受，让他内心燃起强烈的嫉妒之火。在小略萨看来，这场父亲"掠夺"母亲的双簧戏中母亲扮演的是参与者甚至是同谋，这直接让她在略萨心中的美好形象毁灭，从圣母转变为妓女。随着母亲形象的陨落，作为权力象征和冲突对象的父亲，将登上男童的内心舞台。

3　俄狄浦斯冲突之父子的战争

3.1　弑父幻想

男孩早期觉醒的男性化使他追求取代父亲的地位而占有母亲。他一直把父亲视为情敌，嫉妒父亲的健壮体魄和他的衣着所标志的权威。父亲现在成为妨碍男孩的敌手，甚至男孩想去之而后快。……在我们的文明条件下，俄狄浦斯情结注定是一个可怕的结局。（弗洛伊德，2014：231－232）

1947 年，父亲将略萨和母亲从外祖父家带到利马生活，这对于年幼的孩子来说就是一场绑架。赞恩·索里亚认为，面对无法改变的现实，略萨似乎一边幻想父亲再次死亡，一边在文学（阅读和写作）中寻找精神慰藉。其文学发展路径自第一部小说以来就很清晰：早在 16 岁时，他就已发表了一部暗示父亲形象缺失的作品《印加的逃亡》，而三部早期小说《城市与狗》《绿房子》《酒吧长谈》中贯穿了父性主题。根据精神分析理论，如果我们对一个客体投注了爱，那么对它的恨一定藏在另一面，反之亦然。略萨爱母亲，也恨母亲，而他有多么爱母亲，就有多么恨父亲。这也就不奇怪为什么父性主题在略萨的作品中永远占有重要的一席。

众所周知，《城市与狗》的灵感和素材来源于略萨在雷奥西奥·普拉多军校的亲身经历。父亲近乎监禁的管教与充满束缚的军校生活对略萨造成的是同质性的心理创伤，作为阉割者的父亲形象与制度森严的军校都引发了巴尔加斯的"阉割焦虑"。我们可以在《城市与狗》中读到："对男人来说保护睾丸比保护灵魂更重要。"（略萨，2016：31）事实上，军校更大程度上是略萨投射的对父亲的仇恨客体。寄宿学校就像学生的第二个家，在集体想象中很容易将父亲与校长的形象同化。从潜意识机制角度看，略萨将仇恨转嫁到军校及校长身上就不难理解了。书中曾写到主人公"美洲豹"想把校长肥硕的肚子"踩扁，还要拿肠子来做领带"（略萨，2016：240），这何尝不是略萨对父亲的一种毁灭想象。他希望父亲死掉，这样便能与母亲回归之前的幸福生活。

其实，"弑父幻想"在很多文学作品中都出现过。秘鲁著名诗人塞萨尔·巴列霍（Cesar Vallejo）就写过："我离我的父亲大概有两百年那么遥远，但却不时地收到信，好像他永远活着。但一种生命的深层感受使我真切又奇思地希望他已经死了。"（Vallejo，1937：42）图埃斯塔在解读《城市与狗》时也引用了萨特的话："男性之间深沉的情感联系都包裹在暴力之中。"（Tuesta，2012：23）这让读者自然联想到男童在俄狄浦斯时期的"弑父幻想"与"阉割焦虑"。

3.2 阉割焦虑

如果说弑父幻想标志着俄狄浦斯冲突的开始，那么阉割焦虑或许将为其画上句号。对母亲的抢夺战点燃了父子间的种种矛盾，而其中最激烈、影响最深远的莫过于阉割焦虑。在《水中鱼》里，略萨讲述了父亲对他和母亲的专制、粗暴的管束，但最让他无法承受的并不是父亲的家暴，而是自己对父亲的恐惧和卑微屈服，是其尊严尽失。这等同于略萨承认对年幼的自己来说这几乎是心理上的阉割。但一切远没有结束，"男孩在阉割情结的影响下，体验到了童年生活最大的创伤。他的男性气概退缩了，似乎转为对父亲的鄙视态度，这一态度将在人类社会中以一种强制的形式支配着他的行为"（弗洛伊德，2014：232）。父亲成为略萨人生中第一个专制者和暴君，日后他渐渐成长，却始终坚持自己独到的批评，反对独裁和武力。

图埃斯塔甚至认为，与"阉割"相关的文学主题是略萨的成功秘诀之一。他列举了多部略萨的作品及人物，如《挑战》中腿被猪咬伤过的"瘸子"；《城市与狗》中士官青年学生必须拥有"钢铁般睾丸"的氛围所造成的焦虑情绪；《绿房子》中的伏屋由于麻风病落下的不举后遗症，以及另一个人物"瞎子"。此外，在《酒吧长谈》《庞达雷昂上尉与劳军女郎》《胡丽亚姨妈和作家》《世界末日之战》《谁是杀人犯?》《崽儿们》《塔克纳城的小姐》里都能找到阉割的具体事实或阉割焦虑的影射。

略萨对父亲的第一次报复行为是与舅妈的妹妹即"胡丽亚姨妈"结婚。此前，父亲曾威胁两人，如果不断绝来往，就一枪打死略萨并以猥亵儿童罪控告胡丽亚。略萨没有屈服，但在潜意识层面付出了代价。《谁是杀人犯?》中一无所有的飞行员莫雷洛经历了与空军司令及其女儿之间奇怪的三角感情后被杀害①。略萨通过文学的象征手段，对抗父亲引起的阉割焦虑和负罪感，而这种焦虑和负罪感以终极阉割，即死亡的形式得到了释放。此外，在文学世界中，他让父亲实现了对自己的阉割，某种程度上可以说是在潜意识层面向父亲屈服了。在秘鲁的印加文化中，人们自称"太阳之子"，所以众多秘鲁学者都曾以"太阳"作象征来描述父子关系。《首领们》中，"太阳在某些偏远地区使人疯狂并杀害了他们"；《庞达雷昂上尉与劳军女郎》里存在一个"杀人的太阳"；《天堂子在另一个街角》里的太阳虽不杀人也不致疯，却是环锯术的一种工具。

3.3 防御策略与创作意义

秘鲁精神病学专家卡洛斯·阿尔贝托·塞金对艺术家尤其是作家做了分类。第一类是用潜意识中的内容创作的作家；第二类是用前意识内容创作的

---

① 青年飞行员帕罗米罗·莫雷洛（Palomino Molero）与空军司令的女儿阿莉西亚（Alicia）相恋、秘密结婚，惹怒了与女儿有乱伦关系的空军司令敏德劳（Mindreau），从而被空军司令残忍报复并杀害。

作家；第三类是用尽包括潜意识在内的所有素材来创作的作家，他们才是真正的创作者，能在历史的洪流中留下自己不朽的名字。赛金曾分析，《挑战》① 作为略萨在文坛崭露头角的处女作，在创作过程中作者肯定尽其所能，让埋藏于潜意识的内容重现，用他称之为内心的"魔鬼"（demonio）和"添加元素"（elemento añadido）② 的东西在作品中打上自己的烙印，而其中就包括阉割恐惧。在赛金看来，略萨是"创作者"无疑——文学生涯赋予略萨生命的意义，而他也将生命附属于文学。

在精神分析理论中，潜意识过程可以理解为防御策略，即用一种可以忍受的冲突替代另一种真正痛苦的冲突，可以保护作者免受潜意识欲望以及与现实有关的痛苦的困扰，这是神经症的机制。在略萨的文学作品中重复出现的主题有失败的性行为、阉割、乱伦、性无能、怨恨、受虐倾向和暴力死亡，这些主题都具有强烈的俄狄浦斯情结特征。同时总是出现一些角色与等级制度和军事、政治或宗教权利作斗争。除了几部明确显现恋母情结的作品，伪装的俄狄浦斯冲突几乎在略萨的所有作品中出现。

1972 年接受秘鲁《听众》（Oiga）杂志采访时他说："我坚信，所有文学激情都建立在神经症的基础上，并且这种激情源于某种创伤。……如果由于某种原因我不得不停止写作，或者彻底与文学告别，我的生活将陷入极端混乱，而我自己很可能变成一个暴怒、极具危险性的疯子。"（Tuesta，2012：103）长年以来，略萨将内心的冲突与创伤通过文学象征尽情宣泄出来，以俄狄浦斯情结为主题铺陈了一整个文学世界，就像一个以神经症机制为结构搭建的精神防御堡垒。略萨在这个堡垒中居住，将自己深深包裹在文学世界里，抵御潜意识欲望的侵扰。

对略萨作品的精神分析表明，一方面，他的艺术创作是对存在现实的一种防御。父亲的回归将幼小的巴尔加斯逐出幻想的天堂，在难以忍受的现实面前，他开始用自己的想象力创造另一个世界，在这里他投身于一个对坏父亲的长期杀戮之中。另一方面，成年的他了解了自己的俄狄浦斯情结和神经症的防御机制，开始通过小说将内心世界和父亲的形象外化。当评论家发现其小说和自传与俄狄浦斯情结的相似之处时，外化过程就完成了。于是，略萨对自身经历的理解经过评论家的传播变成了现实，他的防御策略也成功起

---

① 曾获《法国杂志》（La Revue Française）故事比赛大奖，略萨因此前往巴黎旅行。
② "魔鬼"和"添加元素"都来自略萨的随笔集《给青年小说家的信》。

到作用。

　　可能略萨自己和评论家都未察觉，恰恰是他给评论家们设计好了道路。阅读巴尔加斯·略萨，"尽管角色永远沉浸在无法交流的孤独中，读者却无法感知到这种孤独。这也许是因为其作品紧紧围绕着几乎所有读者都会经历的俄狄浦斯情结，激发的情感和传达的世界观就是读者面前的愤怒、仇恨、报复、嫉妒和不满，淹没了所有孤独"（Tuesta，2012：79）。略萨的小说很可能被与他拥有类似防御策略的读者所喜欢，因为他的小说以同样的方式为这些读者提供服务，保护他们免受现实的影响。

参考文献：

弗洛伊德，2014. 精神分析新论［M］. 北京：九州出版社.

略萨，1996. 水中鱼（马里奥·巴尔加斯·略萨全集9）［M］. 赵德明，译. 长春：时代文艺出版社.

略萨，2016. 城市与狗［M］. 赵德明，译. 上海：上海文艺出版社.

略萨，2016. 给青年小说家的信［M］. 赵德明，译. 上海：上海文艺出版社.

略萨，2018. 首领们［M］. 尹承东，译. 北京：人民文学出版社.

JONSSON P, 2009. Tres lecturas de las novelas de Mario Vargas Llosa：interpretación psicoanalítica de la producción novelesca de un autor［D］. Lund：Lund Univerisity.

LAPLANCHE, J P, 1971. Diccionario de Psicoanálisis［M］. Barcelona：Editorial Labor.

TUESTA M S, 2005. Psicoanálisis de Vargas Llosa［M］. Lima：Editorial Leo.

TUESTA M S, 2007. Mario Vargas Llosa y la escena originaria［J］. Liberabit（13）：79－88.

TUESTA M S, 2012. Mario Vargas Llosa. Interpretación de una vida［M］. Lima：Editorial San Marcos.

VALLEJO C, 1937. Contra el secreto profesional［M］. Lima：Mosca Azul Editores.

ZORRILLA Z, 2015. Vargas Llosa y su demonio mayor：La Sombra Ddel Padre［M］. Lima：Centro Cultural Libros Peruanos.

Psychoanalysis of the Studies on Vargas Llosa in the Spanish-speaking World

Wu Yang   Zhou Chengcheng

Abstract: For a long time there have been a larger number of translations and introductions than criticisms for Spanish and Latin American literature in our domestic academic circle. Due to language barriers and a lack of translations, studies on writers with rich works have been limited to the analysis of novels, and largely influenced by English resources' cultural filtering. No direct or comprehensive contact with the native Spanish literature circle has resulted in a relatively backward and one-sided study of Spanish American writers. This article is going to do a case study on the "boom" writer, Peruvian Vargas Llosa, introducing the research works which analyze his literature based on psychology methods in the Spanish-speaking world. We will focus on the Oedipus complex in his works, and demonstrate, through the psychoanalysis, the influence and relations between Varga's life experience and his literary creations.

Key words: psychoanalysis; Vargas Llosa; Oedipus complex

"后脱欧时代"的欧洲文化认同研究：
"欧洲英语"的视角

靳倩倩

（四川大学外国语学院，成都 610207）

摘　要：英国脱欧之后，欧盟仅有马耳他、爱尔兰两个成员国使用英语作为常用官方语言，欧盟的语言格局和英语在欧盟的走向受到学界的关注。本文结合英国脱欧的时代背景、欧盟的多语言政策以及欧盟实际的语言格局，通过分析在欧盟这样一个超国家联合体内部兴起的"欧洲英语"这种语言行为和文化现象的起源、现状及特点，研究"欧洲英语"对于加强欧洲文化认同的作用。

关键词：欧洲英语；英国脱欧；欧洲文化认同

1. 英国脱欧前后的欧盟语言格局

欧盟自成立以来一直奉行"多语政策"（EU Multilingualism），即将 28 个成员国的 24 种官方语言认定成欧盟的官方语言。此外，为了推动欧盟的"多语言主义"和"多文化主义"的价值观，欧盟鼓励其成员国公民在习得母语之外再学习另外两门欧洲语言。历史上，英语曾因大英帝国的影响辐射全球。随着第二次世界大战后美国的迅速崛起，英语成为多个国际组织和机构的通用语。在欧盟，英语似乎获得了通用语的地位。纵观欧盟 24 种官方语言，英语似乎已经"独占鳌头"：首先，第二次世界大战以后随着美国的崛起在世界范围内英语成为通用语，欧洲也不例外；其次，自 1973 年英国加入欧盟以来，英语在欧盟主要机构如欧盟委员会、欧盟理事会和欧洲议会中被广泛使用，成为欧盟的官方语言和工作语言；而自 2004 年以来，英语因东北欧国家加入欧盟再次流行，这大概与斯堪的纳维亚人比起法语更青睐英语有关；最后，英语在欧盟教育界的流行，如欧盟鼓励的伊拉斯谟等人才交流项目中英语也是首选的作为教育目的的语言。根据《欧盟特别晴雨表调查：欧洲人与欧洲语言》（2012）、《首次欧盟语言能力调查》（2012）、

《面向 2020 年的欧洲语言报告》（2009—2010）[①] 三项调查，欧洲年轻人普遍对英语成为国际交流语言没有意见，69% 的被采访者认为每一位欧洲公民都应该会说一门通用语，认为在流动性日益增强的现代社会具有多语言能力很重要。此外，美国大众文化在欧洲的兴起带来的影响也不容小觑，美式电影、快餐、运动、社交媒体等让欧洲年轻人在热衷美国文化的同时也开始学习美式英语，这些都促成了英语在欧盟的主导地位。

欧盟自成立之初就积极推动文化整合，其最终目标为构建强烈的欧洲文化认同，促使成员国公民个体对欧盟有较强的热爱程度，感受到归属感，让成员国和欧盟紧密地联系在一起。经过整合的欧洲文化既包含"统一性"，也蕴含着"多样性"（莫兰，2005）。在语言领域，欧盟在推行多语言政策，赋予 28 个成员国的 24 种语言官方地位的同时，也制定了"M＋2"的学习外语政策，鼓励欧洲公民在母语之外另外学习两门外语。此外，欧盟推出各类交流学习项目，鼓励儿童早期外语学习和终身学习，制定《欧洲语言共同参考框架》，组织语言能力与语言教学测试，设立欧洲语言日等，致力于维护语言的多样性。这些可以看成自上而下由欧盟推动的显性的文化整合，即制定实在的政策法规。

2016 年英国的脱欧公投和 2020 年英国正式脱欧使得欧洲一体化进程受挫。然而，这只是欧洲怀疑主义（即"疑欧主义"）的一种表现。欧洲怀疑主义存在于欧洲多个政治派别的团体中，包括左翼和右翼，并且经常出现在右翼民粹主义政党中，欧洲主权债务危机、难民危机、移民问题等一系列事件加剧了这种趋势。英国脱欧前，欧盟拥有 24 种官方语言，其境内还有 60 多种区域语言或小族语言。随着移民群体的不断扩大以及近年来难民的涌入，欧盟的语言愈发多元化。在欧洲一体化的进程中，欧盟一直在努力建构一种超国家的集体认同（a supranational collective identity）。

在欧盟语言格局及英国脱欧后英语在欧盟的走向研究方面，国内学者田鹏、李兴华等分析了民族身份、集体身份和欧洲多语言主义的关系（田鹏，2015）。傅荣、王克非、戴曼纯、伍慧萍等的研究分析了欧盟多语言制度的实施、现状和困境（戴曼纯，2017）。在现实中，英语由于大英帝国的建立和第二次世界大战后美国的迅速崛起在全世界广泛传播，母语非英语的国家

---

① 这三项调查的英文名分别为："Europeans and Their Languages 2012"，"First European Survey on Language Competence" 和 "Language in Europe—Theory, Policy & Practice"，2012.

或地区的公民在学习英语的同时，其价值观、生活方式等也受到英国文化和美国文化潜移默化的影响，欧盟也不例外。国际上，学者罗伯特·菲利普森（Robert P. Phillipson）提出了语言帝国主义的概念，批判英语在世界各地进行意识形态渗透，从而造成英语和其他语言之间的不平等地位，形成语言霸权主义（Phillipson，2010）。米歇尔·盖左拉（M. Gazzola）考察了欧盟主要机构的多语言使用情况（Gazzola，2006）；苏·莱特（S. Wright）探讨了民族主义和全球化时代的语言权利问题；范·帕里斯（P. Van Parijs）、金里卡（W. Kymlicka）、梅和帕顿（S. May，A. Patten）、博内蒂（M. Bonotti），以及范·埃利斯（T. Van Els）等用语言公平和权利理论分析了英语作为欧洲通用语的合理性；马克·克里斯奥特（D. Mac Giolla Chríost）认为英国退欧加强了英语作为欧盟通用语的地位（Chríost & Bonotti，2018）；马尔科·莫迪亚诺（M. Modiano）认为后脱欧时代的欧盟应该发展有别于标准英语的"欧洲英语"作为通用语（De Schutter，2019）；德·舒特（De Schutter，2019）提出欧盟应在英国脱欧后成立一个专门的语言学院来规范"欧洲英语"，让其成为所有欧洲人的语言财产，不再专属于英国人（或美国人）；冈次曼（C. Gnutzmann）等则通过调查问卷等实证研究方法考察了德国某高校的学生对英语或"欧洲英语"作为欧盟通用语的看法（Gnutzmann，et al.，2015）。以上研究既包含了文献分析，也有实证研究。但总的来说，目前的研究多集中在讨论"后脱欧时代"英语在欧盟会继续起到通用语的作用还是仅成为工作语言，但针对"欧洲英语"本身的研究不多，讨论它与欧盟倡导的语言文化多样性之间的关系及其如何促进欧洲文化认同的分析更不多见。

2. 欧洲英语的兴起与特征

近年来，一种有别于英式英语的语言变体"欧洲英语"（Euro English）在欧盟机构、欧盟人才交流项目和欧洲年轻人中流行起来。这种变体在发音、词汇和语法等方面更多带有欧洲人的语言习惯和思维。2017 年，瑞典耶夫勒学院的英语系教授马尔科·莫迪亚诺发表了一篇学术论文，提出英国脱欧或将催生"欧洲英语"，即一种符合欧洲大陆文化和社会需求的新型语言。在英国脱欧以后，欧盟内以英语为母语的居民人口仅剩下 500 万，约占总人口的 1%。英国脱欧以后，官方语言为英语的成员国只剩马耳他和爱尔兰，而且爱尔兰还有爱尔兰语作为官方语言。他认为这意味着在美式英语

"横行"的欧洲，捍卫英式英语地位的工作将无人承担。英语越发受到欧洲大陆英语为第二语言的人群的冲击，这些人正在赋予英语越来越多的本地化特色。举例而言，标准英语中的"information"为不可数名词，但欧洲人会使用其复数形式，因为在法语中这个词就是复数"les informations"。"Berlaymont"，即欧盟委员会总部所在地贝尔莱蒙大厦被用来对应英文的"官僚主义"（bureaucracy），"handy"指手机，来源于德语。在语法方面，英式语法也在发生变化，扩大"-ing"形式的使用就是个例子。比如，"我来自法国"用标准英语表述应该是"I come from France."。但在欧洲英语中，这句话被表述成"I am coming from France."。"欧洲英语"的流行渠道可以分成自上而下和自下而上两种：自上而下的渠道来自欧盟委员会发布的《英语风格指南》（"English Style Guide"），该指南为欧盟机构推荐了在书面官方文件中使用何种英语的选择。一般而言，它遵循标准的英式英语用法，但在英式英语有其他选择的情况下，它会做出选择，比如单词"judgement"会被选中而不是"judgment"。自下而上的渠道则来自欧盟公民的个人偏好，比如之前提到的"informations"的出现更多的是为了和法语中类似的单词"informations"匹配。根据莫迪亚诺在文章中的描述，欧洲英语的特征包括：

> "Euro-English"这个词最适合来描述一种不是完全基于任何一种英语内圈（Inner Circle）语言的变体，但仍受标准化英语及其母语影响的欧洲（大陆）人所说的语言，并且倾向于使用特定文化的特征英语。这种语言在欧洲大陆被用作第二语言是很常见的，欧洲英语除了它的地区口音外，最显著的特征就是词汇用法。（Modiano，2017）

由此可见，在莫迪亚诺看来，影响欧洲英语的两个因素很清楚：标准化的英语（无论是英式英语还是美式英语，包括他指出的不断增加的混合）和第一语言的影响。此外，对于欧洲英语承载的文化内涵，莫迪亚诺认为，"当欧洲人使用带有特定欧洲文化的欧洲英语时，这表示他们不愿意严格模仿著名的内圈变体，欧洲人这样做是在强调他们自己社会群体的语言特征"（Modiano，2017）。这种欧洲人之间说英语的一致性也被莫迪亚诺乐观地呈现在眼前。总之，"欧洲英语"是欧盟行话、英式英语、非母语人士所说的英语以及从欧盟其他23种官方语言借用的术语的混合体。这种语言在语法、词汇和发音上不同于标准的英式英语。比起标准英语，"欧洲英语"更加中性，更不容易让母语为非英语的成员国公民将其视为传播英美文化的工具。

3. "欧洲英语"与欧洲文化认同

在民族国家思想的影响下，"一国""一族""一种语言"似乎更加有利于形成共同的民族身份，加强国民的身份认同。为了更好地形成这种身份认同，一个事实上多语言的国家力求采用一种标准语，并将其普及全国。一个典型的例子便是法国。为了实现中央化，法国在历史上便出现了语言规划和管理活动，将巴黎地区的法语作为唯一标准语推广到全法乃至当时的法国殖民地。18 世纪，红衣主教黎塞留（Cardinal Richelieu）为了确保国王的权力发起了一场运动，建立了法兰西学术院（Académie Française），其主要工作就是法语标准化。法国大革命不久后，雅各宾派发现法国大约只有 20% 的人口会说法语，这非常不利于社会平等的实现。于是，他们立即出台了积极的语言政策，打压甚至消灭了当时还在使用中的其他法语变体。在整个19 世纪和 20 世纪，法国都一直在努力通过发展单语制来保证国家的中央化。欧盟虽然不是民族国家，但自其成立以来便一直在探索一个共同的欧洲身份。为了塑造这个共同的身份，欧盟统一了货币，形成了欧元区，打造了带有自身特色的盟歌、盟旗，采取了一系列措施如颁发欧洲驾驶执照和欧洲公民身份证来维护欧盟的超国家特性。在这样的逻辑下，对于欧盟这样一个超国家组织而言，使用一种共同语言似乎更加有利于欧洲集体身份的塑造。对于欧盟成员国的公民来说，使用一种共同语言有助于加强他们对"欧洲人"的集体身份的认同。对于欧洲后现代精英而言，他们觉得自己已经超越了宗教和民族确定的身份认同。如果欧洲社会不能维持积极和自由的价值观念，就肯定会遭到身份意识强烈的移民的挑战。身份政治在欧洲的兴起让欧洲人愈发清楚地认识到了维护传统价值观和本土身份的重要性，从而防止"欧洲文明的遗产"被外来移民破坏，以致欧洲不再欧洲化。美国政治学家弗朗西斯·福山（Francis Fukuyama）认为，移民让当地人觉得他们用来定义国家身份的传统不再可靠，本地人的身份认同现在不仅受到移民的破坏，而且受到那些支持移民的精英群体的破坏[①]。为了维护本土身份，同时最大

[①] Francis Fukuyama's talk on "Identity politics": The demand for dignity and the nation state's future, held in Vienna on 7 March 2019. See https://www.eurozine.com/new-identity-politics/, retrieved on 24th Aug. 2021.

限度地方便沟通，人们便选择说有别于标准英语而带有本土特色的英语。比起标准英语，"欧洲英语"更加中性，更容易让母语为非英语的成员国公民产生亲切感，将其视为有别于英式英语或美式英语的语言"我者"，从而加强对欧洲的文化认同。此外，对"欧洲英语"的准确理解和使用要求其使用者具有较高的多语能力，反过来促进其使用者在掌握母语和英语之后去学习多门其他欧洲语言。"欧洲英语"的出现和流行在一定程度上可以看成一种并非由欧盟推动，而是由欧洲公民选择、自下而上形成的隐形文化整合。虽然"欧洲英语"是否会被规范成欧盟通用语尚无定论，但因其本身具有的多语言和欧盟特色，对"欧洲英语"的掌握必将促进欧洲公民学习除母语和英语外的其他外语，向"M+2"的目标靠近，从而加强对欧洲的文化认同。

对于关注语言公平和权利的学者来说，欧盟最需要的是将一种尽可能剥离了语言文化内涵的中性语言作为其通用语，这样才能最大限度地实现语言公平，从而在实现语言公平的理想和提高工作效率之间找到平衡。这意味着研究者和欧洲公民必须从语言的交际功能来看待通用语，而非注重其承载的文化内涵。英语作为目前欧盟的事实通用语（de facto Lingua Franca），似乎是这个角色的最佳选择。为了"照顾"母语非英语的成员国的情绪，英语不得不尽量剥离其承载的英美文化内涵。英国脱欧以后，英语最好也随着英国脱欧而脱欧的声音时有发出。法语、德语，甚至拉丁语都在为成为（或恢复成）欧洲通用语跃跃欲试①，欧盟的语言格局面临新的发展。

4. 结论

本文将"欧洲英语"这一语言现象和行为选定为研究"后脱欧时代"的欧洲文化认同的一个新的视角，通过分析"欧洲英语"的现状和发展，讨论了它在促进欧洲文化认同中发挥的作用。当然，英语能否完全剥离以及如何剥离英美文化内涵有待研究，"欧洲英语"能否作为这一剥离的产物从而成为欧洲通用语尚无定论。总之，在英国脱欧后的一体化进程中，欧盟的

---

① 除了英语，法语和德语也是欧盟的工作语言和常用语言。比如，法语、德语、英语是欧盟委员会的工作语言和中枢语言（pivot language）。法国一直是欧盟推动法语成为欧洲通用语的积极成员国。比如，法国打算趁2022年轮值欧盟理事会之际，推动法语取代英语，让其不再成为欧盟的工作语言。见《欧盟事务部长：欧盟应弃用英语为工作语言，恢复语言多样性》，https://baijiahao.baidu.com/s?id=1688741057020497307&wfr=spider&for=pc. 2021年7月31日访问。

官方语言话语权一直是热议的话题。后脱欧时代，欧盟需要抵抗来自英美等国的影响，一个联合的欧洲意味着欧洲必须将命运掌握在自己手中。尽量减少对美国的依赖，研究欧盟语言格局的发展也是认识欧洲自主的一个重要维度。此外，进一步深化对欧洲文化认同的研究和对欧盟的机制结构的深入了解可以推动中欧人民的相互了解和信任，对加强中欧人文交流、促进中欧民心相通和中欧关系的良好发展起到正面的作用。

参考文献：

戴曼纯，2017. 欧盟多语制与机构语言政策［J］. 语言政策与规划研究（4）.

莫兰，2005. 反思欧洲［M］. 康征，齐小曼，译. 北京：生活・读书・新知三联书店.

欧盟事务部长：欧盟应弃用英语为工作语言，恢复语言多样性［EB/OL］.［2021 - 07 - 31］. https：//baijiahao. baidu. com/s?id = 1688741057020497307&wfr = spider&for = p.

田鹏，2015. 集体认同视角下的欧盟语言政策研究［M］. 北京：北京大学出版社.

易丹，石坚，2013. 欧洲一体化进程中的文化矛盾及启示研究［M］. 成都：四川大学出版社.

BOLTON K, DAVIS D R, 2017. Brexit and the future of English in Europe［J］. World Englishes, 36（3）：302 - 312.

CHRÍOST D M G, BONOTTI M, 2018. Brexit, language policy and linguistic diversity［M］. Switzerland：Palgrave Pivot, Cham.

DE SCHUTTER H, 2019. Linguistic justice for non-native speakers of English［EB/OL］.［2021 - 08 - 03］. https：//www. efnil. org/documents/conference - publications/amsterdam - 2018/EFNIL2018 - 14 - DeSchutter. pdf.

Francis Fukuyama's talk on "Identity politics"：the demand for dignity and the nation state's future, held in Vienna on 7 March 2019［EB/OL］.［2021 - 08 - 24］. https：//www. eurozine. com/new - identity - politics/.

GAZZOLA M, 2006. Managing multilingualism in the European Union：language policy evaluation for the European parliament［J］. Language policy, 5.

GNUTZMANN C, JAKISCH J, RABE F, 2015. Communicating across Europe：what German students think about multilingualism, language norms and English as a lingua franca［M］// Attitudes towards English in Europe 1. Berlin：De Gruyter Mouton.

JACOBSEN U C, 2017. English in the European Union after Brexit：inclusion effects of a language without an owner［J］. Culture, practice and European policy, 2（1）.

JENKINS J, 2017. An ELF perspective on English in the post-Brexit EU［J］. World Englishes, 36（3）.

JOHNSTONE L, 2020. World English language day: do you speak "Euro English"? [EB/OL]. [2021 - 08 - 02]. https://www. euronews. com/2020/04/23/world - language - day - do - you - speak - euro - english.

KHOKHLOVA I, 2017. Euro-English: a new variety? [J]. International journal of research in engineering and social sciences, 7.

MODIANO M, 2017. English in a post-Brexit European Union [J]. World Englishes, 36 (4).

PHILLIPSON R, 2010. Linguistic imperialism continued [M]. Orient Black Swan, New Delhi: India.

PHILLIPSON R, 2017. Myths and realities of European Union language policy [J]. World Englishes, 36 (3).

VAN PARIJS P, 2011. Linguistic justice for Europe and for the world [M]. Oxford: Oxford University Press.

A Research on Cultural Identify in Post-Brexit Europe: From the Perspective of Euro English

Jin Qianqian

Abstract: After Brexit, there remain only two member states Malta and Ireland in the EU in which English is the official language. The language pattern and the trend of English in the post-Brexit EU have attracted the attention of the academic world. Combining the background of Brexit, the multilingual policy of the EU and the actual language pattern of the EU, this paper analyzes the origin, current situation, and characteristics of "Euro English" that has emerged in the supranational EU and studies the role of "Euro English" in strengthening European cultural identity.

Key words: Euro English; Brexit; EU cultural identity

语言与语言教学

如何提高大学英语口语教学的有效性

陈 铭

（四川大学外国语学院，成都 610207）

摘 要：口语教学是大学外语教学的重要内容，同时也符合国家培养复合型外语人才的战略发展要求。针对学生口语意识淡薄、教材内容老套、教学有效性欠缺等问题，我们应该运用不同教学手段、方法以及课堂活动提高大学英语口语教学的有效性，以提升学生语言运用能力，促进中国文化的对外传播。

关键词：大学英语；口语；教学

口语训练是大学英语教学的重要内容，也是语言输出的重要形式，无论对于学生语言能力的提升还是国家培养国际型人才来说都具有十分重要的意义。然而当前高校英语口语教学中存在教材选取和使用不当，教学意识不强，教学内容和方法与学生实际需求脱节等诸多问题。当前有些高校所使用的教材与社会实际相距甚远，学生对口语课不关注，认为所学无用，学习积极性不高；很多学生延续了以往以考试为导向的学习理念，将大学英语当作一门普通的必修课，认为只要能通过课程考试或大学英语四、六级考试就够了，没有将口语能力的提升当作实实在在的需求和目标进行练习。部分教师认为口语教学效果很难定量评价，即使设置了口语考试，比如大学英语四、六级口语考试等，因其不具有强制性，学生和老师重视度不够，这也导致在课程结构、安排和课时量上专门的口语课占比较少，学生意识不到口语学习的重要性。即使有部分同学认识到了口语学习的重要性，由于口语能力提升是一个长期、艰苦的过程，投入大，见效慢，很多学生感觉"收入""产出"比太差就慢慢放弃了。加之我们处于汉语环境中，极易受到汉语语言表达方式和思维的影响，学生习惯于将听到的英语先翻成汉语，再用汉语思考如何表达，接着翻译成英语，这样的结果就是学生费了很多心思所表达的内容仍然不地道，磕磕巴巴，流畅度不高，学生获得的成就感不高，挫折感尤甚，形成恶性循环：表达能力不高→口语表达困难→效果不佳→挫折感加剧→提高和加强口语表达的欲望降低→口语表达能力得不到提升。由此可见，当前我国英语口语教学中仍然存在诸多问题和困难。

　　针对以上情况，如何加强英语口语教学就成了很多高校教师亟须解决的问题。语言输入（input）和输出（output）理论对英语口语教学，尤其是教师在教材内容的选择上有很大的启发意义。语言输入和输出对学习者语言潜能（competence）和语言能力（performance）提升非常重要，学生通过听、读、看等方式获得具有交际意图的语言素材，这些素材可能来自老师，也可能来自其他渠道。如果这些材料能经过大脑分析和加工，被学习者所吸收并存储，转变成长时记忆，就有了最终转化为语言运用能力的可能；相反，如果输入的信息和材料没有经过进一步加工，就会被遗忘。相较于输入，输出过程对学生来讲更为重要。语言输出对学习者提出了更高的要求，在语言输入的基础上，学习者不光要接受知识，更要选择、使用所接受的知识，这一过程是激活学生所学知识的过程，也是语言习得的必要条件。"语言学习者在语言输出过程中能够体验到已经掌握的语言知识水平和知识储备的不足；通过语言交流被理解的程度，检验自己语言结构形式和意义的假设是否正确。"（姜艳敏，2017：226－227）和语言输入一样，语言输出也有多重形式：对话、写作、默写等，英语口语能力的提升不光可以提高学生学习的积极性和主动性，还能够通过输出发现语言学习的问题和不足，为下一步语言习得指出方向。

　　语言输入和输出理论给大学英语教学实践者很大的启发。教师首先要增强口语教学意识，改变以往口语教学"费力不讨好"的思维定式；其次，为了提高语言输入的有效性，教师应该注重语言输入的种类、数量和质量；再次，学生也要意识到口语练习的重要性，进行更多包括口语练习在内的语言输出以增强自己的语言能力，达到语言习得的目的。为了提升学生的英语口语水平，教师应该从课前、课中和课后三个阶段，在教材选取、教学手段和方式、课后评估体系等方面做好相应的准备。

　　为了在有限的时间内达到最佳教学效果，课前的准备非常关键，直接影响到课堂内容能否完美呈现、教学效果是否达到、学生能否将语言潜能转化为语言能力。教师首先要做的就是要精挑细选口语教材，在教学材料的准备上下功夫。教材内容应和社会热点、学生的兴趣点、关注点相结合，一方面要贴近学生的生活和兴趣点，另一方面"注重口语训练中日常交际的重要性，让学生学有所用，使他们在日常交流中能经常用到所学的口语内容，这是一种无形的训练"（王永超，邻镭，2017：63）。另外，教师要把握好所选材料的难易程度。语言学家克拉申（Krashen）认为，学习者所得到的语言输入必须包括已知的语言知识、略高于已知语言水平的成分和可理解性输入三个方面的内容，人们只有通过接受可理解性的语言输入才能习得语言。因此语言输入必须是难易程度相当，既适合学习者目前的学习能力，又略高于其现有能力的语言材料（姜艳敏，2017：226－227）。教师可以邀请学生参与教材内容的选择，尊重学生，认真聆听学生的意见，与学生一起努力创造有吸引力的课堂气氛与语言情景，使学生在不断积累语言知识的同时学以致用，获得学习的成就感和满足感，提高学生的主体意识。

教学材料的准备直接影响到了口语教学效果。以问题式教学法为例，这是一种传统但实用性非常强的教学方式，教师将知识融入各种各样的问题情境中，引导学生思考，提高学生的思维能力，并通过合作、讨论等方式引导学生解决问题，找到问题的答案，培养学生自主学习的能力。如果教师课前准备不充分，那么就会出现以下几种情况：（1）教师设计的问题脱离学生的生活背景或知识范围，学生不感兴趣或无从回答；（2）教师仅仅抛出问题，让学生就此讨论或发表看法而没有给出模板，学生通过简单的"yes"或"no"，或者"I agree""I disagree"就完成了回答，与教师所期待的答案相去甚远，学生的口语能力得不到有效锻炼，教学效果大打折扣；（3）教师提出的问题不具备延伸性，没有一环扣一环地延伸下去。因此，教师在课前一定要做好充足准备，如果想采用问题式教学方式，那么就要设计好怎么提问，提什么问题，并对可能得到的回答做出预判。在这个过程中教师同样可以让学生成为教学主体，让学生给老师提问，提高他们的课堂参与度和兴趣。由此可见，课前口语材料的准备是非常重要的。

为保证教学的有效性，教师需要根据教学大纲和要求，针对教材内容进行增删、补充或修改，如果涉及音视频资料，则要保证资料内容高度相关，场景贴合实际，包括教学大纲要求的词汇、短语等语言文化知识点。有趣且长度适宜的学习资料可以吸引学生的注意力，激发学生的学习兴趣，为学生提供口语表达的范本，起到事半功倍的效果。在收看音视频资料的同时，教师要提醒学生对重难点句子和词组进行标记，以便进一步讨论和学习；在讨论某个话题时，对于可能会涉及的词汇，教师在上课前应做好准备，帮助学生扫除词汇障碍；必要时，教师可以针对口语活动给出模板，让学生知道如何开展口语活动，能够围绕主题进行有效的交流，达到教师预期，避免"磨洋工"现象的发生。

　　除了课前的精心准备，在课堂中，教师还需要采用多种教学模式、方法和活动引导学生敢于说、乐于说。21 世纪是互联网的世纪，人工智能技术和语言服务产品在高校得到越来越广泛的应用。当代大学生基本都是千禧后一代，成长和生活的环境中充斥着各种新事物、新信息、电子设备和智能化产品，因此他们对课堂教学新模式的接受程度较高。人工智能和信息化技术在课堂上的应用，改变了传统口语教学方式，"使英语课堂变得灵活生动，以情景交融和图文并茂的教学资料实现对学生视觉、听觉等多重感官的触动"（忽丽娟，2020：31－32），能在一定程度上改变口语练习枯燥无味，见效缓慢的问题。教师可以运用情境教学法、翻转课堂等教学新模式，将更多的课堂时间留给学生，引导学生成为课堂主体。情境教学法的应用是建立在大学生熟悉并掌握语言要点、语言技能及文化背景基础之上，教师创设的问题情境是真实的文本、视频或者其他资料。在教学过程中发现，学生对社会热点问题、网络游戏或者其他潮流性问题表现出非常高的积极性（刘芳，2019：225－226）。大量的网络资源和"互联网＋"技术的普及丰富了教材内容。教师可以选取 TED 演讲、MOOC 视频、短视频、影视剧、新闻等内容丰富、形式多样化的教学内容，把"互联网＋"技术应用在实际教学中。

　　除多样化教学模式和手段外，教师还应组织多样化的口语活动。针对不同任务和话题，教师可以选择个人展示、两两讨论、小组辩论或讨论、头脑风暴、角色扮演、分组比赛等；教师可以每节课可以给出 5～10 分钟让学生针对国际或国内的重大新闻事件做展示，让学生独立做公共演讲，也可以用比赛的方式激发学生的参与和竞争意识，以赛促练，寓教于乐。学生可以进行读报纸、听广播说英语、英语演讲、英语辩论赛、英语歌曲大赛、英语短剧大赛、英语小品大赛、英语趣配音及各种英语猜词模仿游戏（王永超，邰镭，2017：63）。在此过程中，教师需要制定好规则、评判标准及奖励机制；教师还可以鼓励学生结成固定的口语学习伙伴，成立学习小组（4 人左右为宜）。在学习伙伴和组员的选取上，学生应该选取日程安排及口语水平和自己差不多的同学，而不是简单地跟同寝室同学组队，一个学习小组的组员最好包含不同性格特点的学生。口语水平差不多可以保证组内不存在某个人仅仅充当"聆听者"的角色或羞于开口的情况，不同性格特点的同学可以在小组进行讨论、辩论、头脑风暴、合作完成任务时有更好的协调性。口语伙伴合作式学习法可以让学生相互督促、互帮互助，不仅能提高其语言能力，还能更具动态性，有利于培养学生的合作精神，交往能力，创新、竞争、平等意识，提高其承受能力，激励主动学习（王琦，2017：122）。

教师还应根据不同学生特点组织不同的教学活动。学生所处环境、教育背景、学习基础、性格的不同都会影响其口语表达能力。有些学生来自偏远地区，英语各方面的基础都比较差，口语尤甚；一部分同学因为高考不考口语，平时的英语学习只重视读、写、译、语法等方面，口语练习机会较少；一部分同学基础挺好，但容易害羞和怯场，害怕说错或者不标准，以至于不愿意进行交流甚至长时间不敢开口说英语；还有一部分同学口语意识淡薄或"懒散"，课后从不或很少进行口语训练，造成英语口语表达能力得不到有效提高。针对不同学生的情况，教师可以引导学生选择合适的方式开展口语活动。口语基础薄弱的学生可以先从单词和句子的跟读练习开始，以便打好发音基础，掌握发音规则；基础比较好的学生可以加强平时练习的强度，从新闻、短文等较难材料着手；针对易紧张的同学，老师在其表达时不要急着去纠正其发音或语法错误，而应鼓励其多表达；针对平时懒于锻炼口语的学生，老师可以让他们对英语影视作品进行配音，或者采取直接进行人机智能对话等更为有趣的方式。根据不同学生特点，教师要构建个性化、自主化的学习平台（忽丽娟，2020：31－32）。

需要强调的是，口语能力的提高离不开听力训练，听说要结合，口语能力的提升也会促进听力水平的提高，学生听得懂才能说得对、说得准。听得懂表明学生熟悉单词发音、短语搭配、句子结构和意思以及说话者的语音语调，这为他开口说提供了样本，成为他模仿的对象，也为他进行口语练习提供了素材，只有大量的信息输入才会有足够的信息输出，听说不分家就是这个道理。学生在进行听力练习的同时可以发现自己口语表达中存在的问题，比如单词听不懂有可能是自己平常就把单词读错了，开口表达的时候肯定发音就有问题；有的是不熟悉短语的用法，所以口语中会出现介词乱搭配的现象；还有些学生一遇到长句就发怵，说明平时口语练习时没有注意英语经典句式的累积。根据不同的口语任务和要求，学生要采取不同的听力策略和技巧：如果是为了熟悉英语的语音、语调和节奏，了解故事大概，学生可以采用泛听的方式；如果是针对背诵和模仿等口语任务，学生则应采取精听和细听的方式，不放过任何一个单词、短语和句子，还要进行生词、同义词、优美词句等的积累。这样，在从信息输入（听）转为信息输出（说）的时候才能更得心应手，不仅口语和听力都会得到提高，整体英语素质也会有很大的进步（王永超，邹镭，2017：63）。

　　口语课堂训练结束并不等于口语训练的完成，教师要将口语课堂延伸至课后。首先，教师要对课堂教学效果进行复盘，客观评价是否达到教学效果和预期，有哪些出彩的地方，有哪些问题和地方值得改进，未达到预期的原因在哪儿。通过对课程的总结，教师慢慢摸索出更适合学生实际情况的教学方法和手段。同时，教师也要客观评价学生的语言综合运用能力，考查其难点是否掌握，重点是否得到突出，学生可以利用 QQ、微信等交流平台针对课堂上遇到的问题随时与教师交流，将口语课堂从课上延续到课后。对于口语活动做得比较好的课堂或学生，教师可以拍摄成音视频文件供其他学生课后参考和学习，以帮助学生实现知识的巩固和拓展。借助现代化媒体和教学手段，教师可以利用问卷星、微信、QQ 群等平台搜集学生的教学反馈，为讲好下一次课做好准备。其次，教师还可以布置打卡、阅读、人机对话等各种课后口语练习作业，各种教育软件和应用小程序可以帮助学生在课后进行自主口语学习，机器人可以担任"教师"角色，为学生提供口语练习的机会，缓解他们与真人对话的紧张感和尴尬感（忽丽娟，2020：31－32）；最后，教师绝不可仅仅依赖于期末考试分数而是要将形成性评价作为重要参考。在大数据技术支持下，教学评价也由教师主观经验转变成客观数据，系统可以通过对学生的学习信息包括频次、正确率等进行客观分析来了解学生在口语学习当中的个性化特点，从而对他们做出中肯的评价。因此，在人工智能背景下，口语学习从以往考试成绩说明一切转变为过程性考核，评价的内容也从口语表达的语音语调转变成学生学习态度、发音技巧、情感投入、知识拓展等多方面（赵婷婷，2018：32－33）。教师应该参考学生课前准备、课堂表现、小组讨论表现、成果展示、同伴互评等多方面评价，这样可以培养学生不仅重视课堂，而且将口语学习贯穿课前、课中、课后的好习惯。

　　国家明确提出要培养复合型外语人才的要求，当代大学生不光要具备相关专业背景知识，作为未来文化的传播者和全球沟通者，他们还要担负起将中国文化和故事传播到其他国家和地区的使命，因此，他们需具备一定的口语表达能力，让世界听到中国的声音，"讲好中国故事"是时代赋予他们的责任，这就要求大学英语教学必须重视学生口语能力的培养和提升，教师要运用多样化教学材料、方式和手段促使学生将语言知识应用起来，促进语言能力各方面的均衡发展，以达到英语教学的最佳效果。

参考文献：

忽丽娟，2020. 人工智能背景下大学英语口语教学实践的研究［J］. 江西电力职业技术
  学院学报，33（9）.

姜艳敏，2017. 大学英语口语教学之"1＋1＞2"［J］. 文教资料（21）.

刘芳，2019. 大学英语口语教学中的问题式教学［J］. 文教资料（23）.

王琦，2017. 口语伙伴合作学习法在大学外语口语教学中的应用理论分析［J］. 北方文
  学（12）.

王永超，邹镭，2017. 大学英语口语教学方法探讨［J］. 海外英语（15）.

赵婷婷，2018."基于模因论的听（看）－读－记－论－说"大学英语口语教学模式探
  究［J］. 校园英语（16）.

How to Improve the Efficiency in the Teaching
of College Oral English

Chen Ming

Abstract：College oral English teaching is a crucial part of college English course. Meanwhile, it complies with the national strategic requirement to cultivate comprehensive foreign language talents. Targeting at the current problems like vague oral English awareness among students, the out-of-date textbooks and the inefficiency in teaching, we should enhance the efficiency of the teaching of college oral English by resorting to different teaching methods, devices and classroom teaching activities. Hence the students' language abilities can be improved. Chinese culture can also be spread better to the outside world.

Key words：college English; oral English; teaching

1912—1937 年四川地区中等学校的英语教材情况

胡昊苏

（四川大学外国语学院，成都 610207）

摘　要：1912 年至 1937 年四川地区中等学校的英语教材较为齐全。从内容上看，基本覆盖了英语能力的会话、文法、翻译、写作等各个方面；从类型上说，包括教本、教学参考书、期刊、工具书等，应有尽有。在这些选用的教材中，既有教育部审定合格的，也有一些自选自编的，分门别类，相辅相成。虽然 1935 年对教本选择的要求发生了变化，也出现了个别教材内容陈旧、难以激发学习兴趣等弊病，但总的说来，这个时期的英语教材还是基本体现了系统性和专业性的特点。

关键词：英语教材；内容；类型；系统性；专业性

进入民国，中等学校的英语教材发生了很大变化，留学生编写的教材占据主导地位。而且，教材的出版发行或选用并未独家垄断，而是"由校长就教育部审定图书内择用之"（璩鑫圭，唐良炎，2007：821）。这个时期，我国中等学校使用的英语教材品种繁多。这是由于：（1）学校立别不同，有教会立、国立、省立、县立、私立。一些学校，特别是教会立与私立学校，教材选择不受教育行政机关的管束。（2）各个学校的教育目标、教学要求不一。（3）教材版本很多，除各式各样的英美原版教材外，还有国内好几家书局竞相出版推销的各类教材，商业性强，各校选余地大。从实际情况看，自 1922 年新学制颁布，统一的课程标准确定后，除教会学校及大城市的一些学校外，各地特别是内地省份及农村的中学中，使用较多的还是部编教科书（俗称国定教科书）。

1. 教材编写

晚清派遣出去的留学生带回了大量英文图书资料，丰富了我国的外语教学内容。一些归国留学生还结合我国实际编写了各种英语教科书和工具书，如商务印书馆 1902 年印行的《华英音韵字典集成》、1904 年出版的邝其照编写的《华英字典》（出版时初名《商务印书馆华英字典》）和严复的《英文汉诂》。此外，商务印书馆还翻印了英国人给印度小学生编的 *Primar*，后来又请人译成汉文，与英文本对照排列，名为《华英初阶》。接着又编译高一级的课本，名为《华英进阶》（*English and Chinese Reader*）。这两本教材作为四川新式学堂英语教学的主干教材，在清末民初流行了十几年，影响深远。1913 年，商务印书馆又组织留日学生郑贞文、周昌寿、罗鼎等人参考几部著名的英日文辞书，开始编辑《综合英汉大辞典》初稿（蔡元培，等，1987：22）。1918 年，商务印书馆出版的《新体英文法教科书》一部（上下两册）也在成都发售。除上述教科书外，还要特别提到 1918 年出版的，由李登辉（福建同安人）编辑的《师范英文教科书》，全书四册，每册平装，售价一元。其广告称该书："每课注重拼音、会话、翻译并问答、练习等题，以资实习。课中生字，均注汉释。教者学者，可收事半功倍之效。"①由此可以看出，此套教科书具有循序性、实用性及内容设置具体等特点，作为一套较为完善的师范教材，被四川师范学校选择使用。除了教材，早期的英语期刊如商务印书馆的《英文周刊》（*The English Weekly*）、《英文杂志》（*The English Student*），中华书局的《英文周报》（*The Chung Hwa English Weekly*），竞文书局的《竞文英文杂志》（*The Ching Wen English Magazine*）等也陆续出版。1919 年，中华书局所办的《中华英文周报》（*Chung Hua English Weekly*）宣称："本报发行以来，业已一年，备受英文研究者之欢迎。兹特再加改良。其原有之特色及改良之处如左：《一周间之时报》，本系汇集各英文日报记载，将难字难句加以解释，可当阅无数日报，现更加译文，并解释文法，添加音符。"② 这些英语期刊或报纸将阅读、口语、语法、翻译甚至社会生活的各个方面综合起来，实为学生的有效课外学习辅助材料。此外，还有中华书局出版的，专为提高学生写作而编的《新式英文学生百科全书》，全书 18 类，计 600 页。该书内容包含：（1）中外历史；（2）地理；（3）名人著述；（4）体育卫生；（5）化学名词；（6）详述交际礼节；（7）英译百家姓威妥玛拼音法；（8）详细索引。③ 上述材料说明，民国初年，英语教材、期刊、辞书主要集中在商务印书馆、中华书局等几家书局出版，其中一些经典教材、工具书、期刊、百科全书流行甚广，被四川中

---

① 《中华教育界》，1917 年第 8 卷第 3 期。
② 《中华教育界》，1918 年第 9 卷第 4 期。
③ 《中华教育界》，1918 年第 9 卷第 2 期。

等学校及英语爱好者广泛选用。

1919 至 1922 年曾在美、德留学的林语堂归国后编著了《开明初中英文读本》《开明英文文法》。这两本书风靡一时,在中学生中大受欢迎。另外,《英汉模范字典》《英汉四月辞典》《英文成语词典》等工具书,也都是留学生归国后参照国外工具书编纂而成的。这些英文读本和辞书流传较广,对各地(包括四川)学生学习英语有很大帮助。总体说来,这一时期影响较大的英语教材有:(1)周越然编:《英语模范读本》,商务印书馆 1917 年出版,共 4 册,词汇量 4433。该书特点:一,不用翻译法,所有讲解都用英文;二,在第一册中间介绍国际音标,发音要求严格;三,词汇丰富,一般较为实用,前三册侧重日常生活的内容;四,第二、第三册讲语法,以归纳为主,第四册讲修辞、作文;五,第四册全部是英美古典文学片段,体裁多样,程度较深。(2)胡宪生等编:《英文读本文法合编》,商务印书馆 1923 年出版。(3)林语堂编:《开明初中英文读本》,开明书局 1927 年出版,共 3 册,词汇量 2356。特点有:一,从口语入门,重视语音训练和习惯表达,采用国际音标;二,语法训练着重抓关键问题,着重比较;三,课文生动活泼,注重兴趣;四,重视词汇、句型的学习。(4)李登辉编:《文化英文读本》,商务印书馆 1928 年出版。(5)苏州中学教员英文研究会编:《高中英文法》,中华书局 1929 年出版,共 3 册,词汇量 2628。该书特点:一,选欧美名作之富于兴趣者,由浅入深编排;二,有问答、造句、背诵、练习,平均每课 10 题左右;三,注释及解说用英文。(6)林汉达编:《初中标准英语读本》,世界书局 1930 年出版,共 3 册,词汇量约 2500。该书特点:一,重视听说读写全面训练;二,语法例句多,重实用,理论讲述少;三,内容注重兴趣,小诗、小故事多,体裁、题材多样;四,重视词汇、句型的训练。(7)张士一编:《直接法英语教科书》,中华书局 1930 年出版。(8)李儒勉编:《标准高级文选》,商务印书馆 1931 年出版,共 3 册,词汇量 4473。特点如下:一,选欧美名作,课文长而深;二,练习要求高,要求写出故事要点,并用英语解释课文段落含义。(9)陆殿舆编:《国民英语读本》,世界书局 1932 年出版。(10)王云五等编:《综合英语课本》,商务印书馆 1933 年出版。(11)文幼章编:《直接法英语读本》,中华书局 1935 年出版。可以说,民国期间,中国学者自编的中等学校英语教材中,以张士一、周越然、林语堂、林汉达等人的最为著名。林语堂的《开明英文文法》是继当时常用的《纳氏英文文法》之后最具影响力的语法教材。此外,有的初级中学还把下列英语名著作为教材或补充读物使用:《鲁滨孙漂流记》(*The Adventures of Robinson Crusoe*)、《木偶奇遇记》(*The Adventures of Pinocchio*)、《伊索寓言》(*Aesop's Fables*)、《天方夜谭》(*Tales from the Thousand and One Nights*) 等。高中一般采用一种文选,或者一两种名著,并同时采用一种语法书。其中名著有《莎氏乐府本事》 (C. Lamb & M. Lamb, *Tales from Shakespeare*)、《金银岛》(R. L. Stevenson, *Treasure Island*)、《伊尔文见闻杂记》 (W. Irving, *Selections from the Sketch-book*)、 《富兰克林自传》 (B. Franklin, *The Autobiography of Benjamin Franklin*) 等。语法书主要有《纳氏英文法》第四册 (J. C. Nesfield)、《泰式英文法》、《英文典大全》、《高级实验英文法》、《自修英文文法大全》等。

其他读本及教学参考书有龚质彬的《北新英文读本》、胡毅的《中级英文读本》、张士一的《英华会话合璧》、周越然的《中等英语会话》、刁敏谦的《初级英文会话》、王步贤的《英语会话范本》、王元章的《学生英语会话》、王学谦的《英语图解会话》、吕叔湘的《开明新编中等英文法》(上、下两册) 等。对中等英语教学起一定作用的工具书有《英汉模范字典》《双解实用英汉字典》《英文用法大字典》《英汉四用词典》《英美大辞典》《综合英汉大辞典》《现代汉英词典》等。另外还有美国原版的英语工具书 1917 年出版的《英文大字典》。可见,无论是英语教材、课外读物、参考书还是期刊、工具书,皆琳琅满目,为四川地区的中等学校学生提供了专业的英语学习参考。

四川各中学基本按照教育部规定选用英语教材,但也有如下例外情况。一是学校自编暂用教材。如 1913 年,省立第一中学开办初期,因尚无"审编教材",即根据《中学令施行规程》所规定的科目、程度及每周授课数,由教员"自行编辑"各种教材。二是对"审编教材"少讲、略讲或不讲,由教师根据自己的特长和爱好,选用部分或完全自编教材。这种情况在英语学科比较突出。如有的英语教师选教《天方夜谭》《泰西五十轶事》等英文的活页文选。少数学校如成都县立中学、成属联中的数理科则曾选用好几种英文原版教材。(成都市地方志编撰委员会,2000:519)

2. 教材审定

1912 年,教育部公布普通教育暂行办法,拟定《审查教科图书暂行章程》,规定:"各种教科书务合共和民国宗旨,前清学部所颁及民间通行教科书中有崇清及旧时官制避讳抬头等字样，应逐一更改；教员遇有书中有不合共和宗旨者，可随时删改，并指报教育司或教育会，通知书局更正。"9月公布《审定教科书规程》，规定"中小师范学校用教科书，须经本部审定"；"须合于部定学科程度及教则者"；"发行人应于出版前呈样本二部，禀请审查"；"审定有效期间为六年"；等等。（李良佑，张日昇，刘犁，1988：202 - 203）就英语科目而言，1914 年，教育部审定的部分中学英文教材如下：（1）读本。《新制英文读本》卷首，上下册；《新制英文读本》，4 册；《中华中学英文教科书》，4 册。（2）文法。《中华中学英文法》，3册。（3）会话。《中华中学英文会话教科书》，4 册；《最新英华会话大全》，1 册；《华英商业必携》，1 册。（4）《英文习字挂图》，2 幅①。另外，还有在教育部备案的《袖珍英文日记》，专供游历外洋及中外学校研习英文诸君之用。上述审定章程等内容翔实，还分门别类地列出了审定合格的教材名称、册数和定价，这就为四川地区中等学校英语教本的选择提供了重要的参考信息。

1915 年，教育部设立教科书编纂处。1917 年前后，中国各学校所使用的英语教科书，除商务印书馆以往已经编辑、发行的外，教育部审定的中学教材有《中学英文读本》（1—4 册）、《新世纪英文读本》（1—3 册）。订正教材有《初级英文轨范》（注：书上所印确为"轨范"而非"规范"）、《新法英文教程》、《日用英文读本》、《中国英文读本》（1—3 册）、《初级英文读本》（1—2 册）、《英文格致读本》（1—5 册）。其他有《英文新读本》（1—6 册）、《实习英语教科书》（首册，发音练习；第一册，语音练习）、《第二册英文程式》（3—4 册）、《会话法规》（蔡元培，等，1987：142 - 143）。1923 年教科书编纂处撤销，另设图书审定处，两年后（1925 年）又改图书审定处为编审处，另设编译处。1927 年国民党政府教育行政委员会设立教科书审查委员会，并公布教材图书审查条例，规定"中小学校教科图书非经大学院审定，不得发行采用"等。1932 年 3 月，教育部大学院审定商务印书馆出版的新学制各级教科书，宣称："新学制教科书系由多数专家之合作，应用科学方法，根据教育原理，编辑而成。体裁新颖，教材确当，自初小至高中各科各级用书，一律齐备，循序渐进，衔接自然，为自来教科书中最完备最成功之一套，已经教育部大学院审定，认为确合三民主义

---

① 《中华教育界》1914 年第 22 期。

教育之用。"① 1932 年，教育部设立国立编译馆，行使审查教材图书之职。1933 年朱家骅任教育部部长，竭力主张部编教材；5 月成立"中小学教科书编审委员会"，吴稚晖等出任委员。1937 年前，由于上海各出版社根据部颁的课程标准竞相出版、编印教材，所以各地中学英语教科书并不缺乏。1928—1935 年间经教育部正式审定的部分中学英语教科书如下（见表 1、表 2）：

表 1　初中英语教科书列表

书名	册数	编著者	送审者	审定日期	执照号	失效时期
英文新学制初中读本文法合编	3	胡宪生等	商务	1929. 3. 8	部 14	1932. 11. 1
新学制初中英文法教科书	1	胡宪生	商务	1929. 5. 10	部 19	1932. 11. 1
新中学教科书英语读本	3	沈彬等	中华	1929. 6. 14	部 21	1932. 11. 1
初中直接法英语教科书	6	张士一	商务	1930		
英语模范读本	3	周越然	开明	1930. 1. 6	部 31	1932. 11. 1
开明英文读本	3	林语堂	开明	1930. 2. 26	部 38	1932. 11. 1
现代英语初中教科书	3	周越然	商务	1930. 9. 9	部 57	1932. 11. 1
英语标准读本	3	林汉达	林汉达	1931. 4. 21	部 84	1932. 11. 1
进步英语读本	3	进步英文学社编译所	世界	1931. 6. 13	部 93	1932. 11. 1
开明英文读本	3	林语堂	开明	1934. 6. 30	教 27	1937. 7. 30
国民英语读本一二册	2	陆步青	世界			
初中英语标准读本	4	林汉达	世界	1934. 5. 1	教 24	1937. 5. 1
英语模范读本	3	周越然	商务	1933. 10. 27	教 8	1936. 10. 27
直接法英语读本	4	文幼章	中华	1934. 1. 1	教 15	1937. 1. 11
新标准初中英语第一册	1	赵廷为等	开明			
综合英语读本	6	王云五等	商务	1934. 11. 23	教 38	1937. 11. 23
初中进步英语读本	3	进步英文学社编译所	世界	1935. 1. 31	教 47	
初中英语读本 1—4 册	4	李唯建	中华	1935. 4. 2		

---

① 《平报》1932 年 3 月 31 日第 1 版。

书名	册数	编著者	送审者	审定日期	执照号	失效时期
初中英语第一册	1	薛俊才	正中	1935. 12. 21		
新标准初中英语第三册	1	赵廷为 戚叔含	开明	1935. 3. 27	教94	1939. 7. 31

来源：李良佑，张日昇，刘犁，1988. 中国英语教学史［M］. 上海：上海外语教育出版社：204.

表 2　高中英语教科书列表

书名	册数	编审者	送审者	审定日期	执照号	失效日期
新中学教科书高级英语读本		朱友渔	中华	1929. 9. 5	部3	1932. 11. 1
英文修词学	1	林天兰	中华	1929. 12. 21	部30	1932. 11. 1
新中学高级英文典	1	王昌社	中华	1931. 1. 8	部77	1932. 11. 1
高中英文选	3	苏州中学教育英文研究会	中华	1931. 6. 16	部92	1932. 11. 1
高中英语读本	3	林汉达	世界	1935. 6. 8		
高中英语读本	3	李儒勉	中华	1935. 3. 23	教53	1938. 3. 23

来源：李良佑，张日昇，刘犁，1988. 中国英语教学史［M］. 上海：上海外语教育出版社：205.

　　以上为教育部审定的中等英语教科书。就四川地区而言，绝大多数中等学校选用的都是经审定的正式教材。当然也有一些私立学校监管不严，滥用未经审定的教材，甚至没有固定的教本，导致教学质量差的状况出现。下面将详细讨论四川地区选用的英语教材。

3.　教材选择

　　民国时期，四川的中等教育包括官立、公立、私立中学（含教会学校）和中等师范学校、专门学校（含补习学校），加上持续20多年的"防区制"，地方政府办学的自主性、伸缩性较强，学校的停办、撤并、兼并、新办层出不穷。学制上各校基本执行中央教育部的规定，但在教材的选择上就具有很大的独立性。就英语教材来说，教育部审定的当然是首选，不在教育部审定范围内的自选教材也占有相当比例，尤其是教学参考书。

3.1 新规定前的教材选择

以当时比较著名的成都县立女子中学校为例，1932 年上学期高中理科第一班选用的英语教材有：英文法，英国纳斯斐尔所编《纳氏文法》第四册，每周 2 学时，吴照华讲授；英读本，日新工业社排印《近代文选》，每周 4 学时，张佑尹讲授。高中理科第二班选用的英语教材有：英文法，英国纳斯斐尔所编《纳氏文法》第四册，每周 2 学时，吴照华讲授；英读本，何美杰所编《精选英文短篇小说》，商务印书馆出版，每周 4 学时，王叔驹讲授。初中第 27 班选用的英语教材有：英读本，开明书店出版《活页文选》，每周 4 学时，李书楚讲授；英文法，神田乃武所编《高等英文典》，商务印书馆出版，每周 2 学时，吴照华讲授。初中第 28 班选用的英语教材有：英读本，周樾然注《天方夜谭》，商务印书馆出版，每周 4 学时，龚谘善讲授；英文法，神田乃武所编《高等英文典》，商务印书馆出版，每周 2 学时，龚谘善讲授。初中第 29 班选用的英语教材有：英读本，周樾然注《天方夜谭》，商务印书馆出版，每周 4 学时，鄢问樵讲授；英文法，神田乃武所编《中等英文典》，商务印书馆出版，每周 2 学时，鄢问樵讲授。初中第 30 班选用的英语教材有：英读本，周樾然注《天方夜谭》，商务印书馆出版，每周 4 学时，李书楚讲授；英文法，神田乃武所编《中等英文典》，商务印书馆出版，每周 2 学时，鄢问樵讲授。初中第 31 班选用的英语教材有：英读本，胡宪生编《新学制注音英语读本文法合编》第二册，商务印书馆出版，每周 4 学时，江公笃讲授；英文法，神田乃武所编《初等英文典》，商务印书馆出版，每周 2 学时，吴照华讲授。初中第 32 班选用的英语教材有：英读本，胡宪生编《新学制注音英语读本文法合编》第二册，商务印书馆出版，每周 4 学时，钟自牧讲授；英文法，神田乃武所编《初等英文典》，商务印书馆出版，每周 2 学时，钟自牧讲授（成都市档案馆，1933）。从上述选用教材的情况看，除胡宪生编的《新学制注音英语读本文法合编》是教育部审定的初中英语教材外，其余《纳氏文法》《近代文选》《精选英文短篇小说》《活页文选》《天方夜谭》等均为学校自选教材，其中《纳氏文法》自晚清起就被四川各学堂当作英语文法的最佳教本。县立女中的教本选择在普通中学中比较有代表性，基本体现了成都公立中学的英语教材选择原则：分类较细，以读本和文法为主，兼有英文典和短篇小说等，基本为出自正规出版社、内容质量有保证的教材。

除了县立女中这样的中学校，作为中等学校一部分的师范学校教材选择又是怎样的呢？成都市档案馆馆藏记载了四川省立第一女子师范学校 1933 年下学期高初中及师范班各班英语教科用书。师范班："英文法"使用新学制教科书《高等英文典》，商务印书馆出版；"英语"二学年二学期选用《精选英文短篇小说》，一学年二学期选用《标准英语》（选授）。初中各班："英语"初中第 25 班，二学年二学期选用《现代初中注音英语教本》第二册；第 26 班，一学年二学期选用《现代初中注音英语教本》；第 27 班，一学年二学期选用《直接法英语读本》。高中各班："英文"一学年二学期选用《英文典大全》、二学年二学期选用《高等英文典》《沙氏乐府》《高中英文选》，高三《沙氏乐府》系选授。（成都市档案馆：1933）其中，《标准英语》由林汉达编写，《直接法英语读本》为文幼章所著，《高中英文选》则由苏州中学教育英文研究会编撰。上述用书情况说明，作为中等学校重要组成部分的师范学校，基本选用的都是已经被各中等学校肯定并广泛选用的教育部审定教材。

3.2　新规定后的教材选择

到了 1935 年，由于新规定的出台，中等学校对教本的规定发生了大的变化，据当年 4 月 3 日《成都国民日报》报道：

> 是各书局在是项正式标准颁行以前，依照中小学课程暂行标准所编辑之中小学教科图书，无论准于审定者，除初高中第三学年，正在应用部分，仍在沿用外，其余各书，应自本令发布之日起，一概作废无效，各校并不得采用。至各中学所用某科教科图书，在未能向各书局购得最近经本部准予审定之教科图书以前，准其暂行自编讲义，以为替代。惟必须遵照各该科正式课程标准编辑，仍须每学期终，将全部教材呈送本部审核。

表 3 和表 4 是新规定后私立协进中学的教科书及英语参考书统计情况：

表3 1935 年 7 月成都私立协进中学教科书统计表：高中部英语教科书

科别	英文	英文法
书名	标准高级英文选	实验高级英文法
数量	全三册	全一册
价值	200	200
出版书局	商务	商务
著作者	李儒勉	邓远澄

来源：成都市档案馆，1935—1936. 成都私立协进中学编制课程、学生一览表、各项规程办事细则、教务概况、自然研究会简章及省府批复［Z］. 92—1—45.

表4 1935 年 7 月成都私立协进中学校英语参考书统计表

名称	高等英文法	高等英文选	新时代英文选	高级英文范	大学英文选	近世英文选	直接法英语读本	直接法英语读本副教授法	中等英文法
编著者	沈步州	林天兰			范存忠	蒋博敏梅殿华	文幼章	H. E. Palmen	梅殿华
出版书局	中华	商务	商务	商务	钟山	中华	中华	中华	中华
价值	2400	700	3000	750	1400	1500	2100	700	500
部数	2	1	1	1	1	1	1	2	1

来源：成都市档案馆，1935—1936. 成都私立协进中学编制课程、学生一览表、各项规程办事细则、教务概况、自然研究会简章及省府批复［Z］. 92—1—45.

上述两表说明，新规定颁布后，作为四川私立中学代表的成都私立协进中学还是选择了教育部审定的英语教科书，如李儒勉的《标准高级英文选》等。而教学参考书除了教育部规定的中华、商务两家出版社所出外，还有钟山书局本。相比新规定出台前，选择面似乎更加宽泛。可见，1935 年 4 月后，尽管对英语教材的选择更具自主性和灵活性，但正规中等学校依旧努力保持着教材选择的专业性和系统性，除了分门别类地选用优秀教科书外，还使用了学校自选教材。

另外，由于命令来得太突然，一下打乱了正常的教学秩序，包括英语教材在内的大多数中等学校教材一夜之间宣告作废，四川各中学遂根据政策的变化对教材进行了相应的调整。如四川省立绵阳中学就根据英语教学宗旨，制定了《1936 年度设施计划》，其中对教材的选择提出了具体标准："英语教学除遵照教部颁定课程标准进行外，亦应积极的间接的对于国防和生产有所供（贡）献……"因此，教材的选择有下列五种：（1）中国历代故事之译成英语者。（2）中国革命故事之译成英语者。（3）外国故事之属于民族斗争存亡者。（4）党义的译文。（5）时事新闻及评论。（四川省教育厅，1937：58）除了此标准，《1936 年度设施计划》中还特别提到阅读提倡科学的文字（反对文艺化的英语教育）。要为研究高深学术而学习英语，尤其为研究科学而学习英语，所以教材应采用下列三种：（1）科学发明家传记。不但在科学发明上可以鼓励青年的兴趣，以他们立身处世，也有可取的地步，可做青年的模范。（2）科学发明故事。（3）近代通俗科学杂志。增长见识，引起研究兴趣。（四川省教育厅，1937：58－59）省立绵阳中学制定的这个标准，不但考虑了语言学习的功能进步（阅读），而且涉及价值观、人生观、世界观的教育和培养（当然这些也具有时代局限，如国民党党义的译文选择），具有鲜明的时代特征（如弘扬民族精神、歌颂民族独立、抗击外敌入侵的英语材料选择）。这个标准提倡教材和教辅材料的多元化、实用化、科学化、及时性，主张将科学发明家传记、科学发明故事、近代通俗科学杂志、时事新闻及评论都纳入教材内容，很有新意。当然，这种多元化的教材选择还可能源于教育部审定的教材过少，是不敷各校采用而采取的变通办法。

1937 年 1 月 4 日，教材政策较 1935 年又有了一些变通。在四川省政府"教字第 22521"号训令中，关于教科书一项特别指出："查中小学课程标准修正公布以来，按修正标准所编各科教科书，经审定者，尚无多，前以暑假后不敷各校采用，经通知各书局速将初审合订本印行，以应需要。兹查此项书本各书局均有发行，嗣后各校选购教科书时无正式审定本者，即可选用本部初审核定本。"（成都市档案馆，1937）这个较为变通的原则为四川中等学校的教材选择提供了更大的空间。

3.3　对选材弊端的应对和建议

师范学校虽然也属中等学校，但并不像普通中学那样将英语设为必修课。教育部章程规定其每周课时仅为三小时，比普通高中少两至三小时不等，相差几乎一倍，因而其英语教材的自主选择权应该更大，选择应该更加容易。但正是这种相对宽松的选择范围反而引起了一些问题。当时的专家周远鹤就一针见血地指出了四川师范学校所选用的英语教材的弊端：不切合实际，难以激发学生的学习积极性。譬如，专为师范学校编辑的，世界书局印行的《师范英文选》（*Normal School English Reading*）就存在以下问题："遵照政府法令，各课以部审定之教科书为原则，不应擅发讲义……惟坊间所售均属高中教科书，因世界书局之标准英语读本（现名英语高中读本）业经多校采取，□□选用……且该书所集课文，类多陈旧故事，虽其文笔与内容之价值不可抹煞，但亦似与吾人日常之实际生活隔离太远，以教初学，确难激发其兴趣。职是之故，学生屡次提议改善教材，予亦深有同感。"（周远鹤，1937：29 - 30）除了四川师范中学的英语教本内容陈旧、缺乏趣味外，各公私立学校对教材亦有同样的感受和困惑。针对以上问题，有的教员则开始自编英语讲义。自编讲义虽非教育部审定，但由于内容切合实际，故在一定程度上受到了学生的欢迎。可是，由于教师的业务水平不一易导致教材质量的参差不齐，因此由教师自主选择教材的弊端在所难免。毕竟，各校专任教员所选文章有可能程度深浅不齐，分量多少无定。针对这样的弊端，专家周远鹤便提出了他的建议："欲求合乎适宜之标准，则在教师之慎重将事。体裁方面，以论说为主，他如书礼、日记、故事等辅之。内容则以有助于公民训练及科学修养者为重，凡关于述评时事、介绍文化之材料，应多量搜集。以每周三小时计，平均每篇一千二百至五百字之文章每周可授一篇，每期至少可授十八篇。"（周远鹤，1937：29 - 30）

综上，1912 年至 1937 年四川地区中等学校的英语教材较为齐全。从内容上看，基本覆盖了英语能力的会话、文法、翻译、写作等各个方面；从类型上说，包括了教本、教学参考书、期刊、工具书等，应有尽有。在这些选用的教材中，既有教育部审定合格的，也有一些自选自编的，分门别类，相辅相成。虽然 1935 年对教本选择的要求发生了变化，也出现了个别教材内容陈旧、难以激发学习兴趣等弊病，但总的说来，这个时期的英语教材还是基本体现了系统性和专业性的特点。

参考文献：

蔡元培，等，1987. 商务印书馆九十年——我和商务印书馆 ［M］. 北京：商务印书馆.

成都市档案馆，1933. 民国成都县立女子中学校 ［Z］. 75—1—12.

成都市档案馆，1933. 省成女师关于各级各班用教科书、课程、教员任课的一览表 ［Z］. 63—1—143.

成都市档案馆，1935—1936. 成都私立协进中学编制课程、学生一览表、各项规程办事
　　细则、教务概况、自然研究会简章及省府批复［Z］. 92—1—45.

成都市档案馆，1937. 省市府对各中小学选购教科书的训令［Z］. 38—4—261.

成都市地方志编撰委员会，2000. 成都市志·教育志［M］. 成都：四川人民出版社.

付克，1986. 中国外语教育史［M］. 上海：上海外语教育出版社.

李良佑，张日昇，刘犁，1988. 中国英语教学史［M］. 上海：上海外语教育出版社.

璩鑫圭，唐良炎，2007. 学制演变［M］. 上海：上海教育出版社.

四川省教育厅，1937. 省立绵阳中学 25 年度设施计划［J］. 四川教育，1（5）.

吴虞，1984. 吴虞日记（上册）［M］. 成都：四川人民出版社.

周远鹤，1937. 改进师范学校英文教学之我见［J］. 四川教育评论（1）.

English Teaching Materials of Sichuan Secondary Schools from 1912 to 1937

Hu Haosu

Abstract: English Teaching Materials of Sichuan Secondary Schools from 1912 to 1937 included almost all varieties. In terms of content, they covered many aspects as speaking, grammars, translations and writing. In terms of types, textbooks, reference books, journals and dictionaries could all be found. Among those materials, some of them were evaluated by Ministry of Education; some were chosen or written by schools themselves. They were diversified in classes and functioned according to different demands. Although the criteria of choosing English materials were changed in 1935, and some of the books were out-of-date and boring, English teaching materials of that time were generally summarized as systematic and professional.

Key word: English teaching materials; content; types; systematic; professional

小说 《死水微澜》 的隐语运用分析

黄 星

（四川大学外国语学院，成都 610207）

摘 要：本文结合文学、认知科学和心智哲学的理论和观点，用新的思路研究文学语言的风格，对小说《死水微澜》中隐语运用的动态系统进行分析和阐释。纵向的三个层级对隐语的运用都是基于与外部世界互动得到的感知与经验。横向的意向性与感受质这两个因素起到确定方向和确定距离的作用，更加深刻地反映了隐语运用的内在机理。纵向的各个层级与横向的两个因素结合构成一个复杂系统，对作者具有时代特色与地域特征的独特语言风格的形成产生了重要影响。

关键词：《死水微澜》；隐语运用；动态系统

1. 引言

长篇小说《死水微澜》是作家李劼人的代表作。《死水微澜》以辛亥革命之前四川成都郊外的天回镇为背景，描写了当时的教民与袍哥的矛盾斗争。整个作品散发出浓郁的生活气息，带有很强的四川地方色彩。作品中使用了很多包括方言在内的日常生活语言，如"斗笋""苏气""伸抖""烫毛子""装蟒吃象"。在描写袍哥人物罗歪嘴时，李劼人使用了一些袍哥隐语，如"打流""跑滩""码头""大爷""搭手""对识""海底""义字号""栽了""通皮""戳到锅铲上""乘火""撒豪""烊和""识相""收刀检卦""水涨"等（李劼人，2008：24－217）。在这部小说中，这些隐语的运用对人物的塑造起到了重要作用，既鲜明、生动地反映了罗歪嘴等袍哥人物不同于其他普通人的独特语言风格，又显示出与日常生活广泛而深刻的联系。李劼人在小说中对袍哥隐语的使用不仅将仅限于袍哥组织内部使用的隐语用于袍哥人物与非袍哥人物之间的对话，而且将基本上只限于口头言语交际的隐语用于小说写作的书面语言。这是原创性地选择并运用已经被规定下来的表达方式，是创造性的语言运用（Leech，2001：24）。

袍哥隐语是一种特殊的语言现象，是袍哥这一特定组织或群体使用的、自成体系的、对内交流对外隐晦的一套特殊的、秘密的、变异的用语，其显性表达具有与字面语义相距甚远的新意和深意。袍哥隐语的运用也是一种高级认知活动，意识和概念在其中起重要作用。这种活动是对世界感知的一种反映和表征。实际上，袍哥隐语在小说《死水微澜》中的运用是一个纵横交错的动态网格系统。

现代语言学研究的创新需要从有关的学科借用理论、概念，将这些理论、概念借鉴到语言研究上来（徐盛桓，2021：1－13）。本文以小说《死水微澜》中的隐语为语料，尝试结合文学、认知科学和心智哲学的相关理论和观点，由表及里，对《死水微澜》中隐语运用的动态网格系统进行分析和阐释。

2. 隐语运用的纵向层级

在《死水微澜》隐语运用的动态网格系统里，纵向是表，横向是里。我们由表及里，首先分析纵向的三个层级，为进一步阐释横向的两个因素提供理论依据。

这个复杂网格系统中的第一层级是实际使用隐语的袍哥组织成员。袍哥组织成员的隐语运用有着复杂的内在机理。隐语的产生要在意向性的引导下进行，起点是意向性。认知主体能够理解隐语的含义也要依赖隐语产生时附带的关涉隐晦交际意图的意向性因素。因此，不论是隐语的产生还是理解，都要由意向性做引导才能完成。这些实际使用隐语的袍哥组织成员就构成了这个多层级系统中最基础的第一层级，也是这个系统中最深的隐性层级。

在小说《死水微澜》的隐语纵向层级里，作者充当第二层级。当作者李劼人在《死水微澜》中将袍哥隐语用于重现袍哥人物生活时，他就成为小说中隐语运用系统的纵向第二层级。他在创作中不仅融入了他对袍哥隐语的理解，而且还带有强烈的意向性。他的意向内容是将袍哥隐语传达给读者，他的意向态度包括了生动再现社会场景与鲜明塑造袍哥人物两个方面。作者既要使用比日常用语更加晦涩难懂的袍哥隐语，又不能让读者无法解读，于是作者在小说中使用隐语来描写袍哥人物之间的对话，但是同时又加上注释来解释隐语的含义或说明这些隐语的来源等。这种方式在作者的意向性与读者的意向性之间建立起了具有连接性质的平衡点。

在第二层级中，作者对袍哥隐语的使用实质是将自己对客观世界的认识进行比较特殊的序列化和范畴化，将概念集合成为不同寻常的概念域。小说中不合常规的语言变异的使用通常会有助于作者写作风格的形成（Leech & Short，2001：138）。在《死水微澜》中，较大程度偏离常规表达的袍哥隐语的运用不仅使小说的语言新颖生动，而且形成了极富时代特色与地域特征的语言风格。这样的风格也是作者认知能力的外显。

正是通过作者这个第二层级的隐语使用者将隐语介绍、呈现给读者，读者才能成为第三层级的隐语运用者。读者的意向性是既要解读文本的字面与深层含义，还要身临其境体会小说所营造的氛围。在意向性的引导下，读者成为系统中第三层级的隐语运用者。读者对袍哥隐语的解读要调动直接经验和间接经验。在小说中，这些隐语的上下文都是带有浓郁四川方言特色的日常话语，读者凭借直接经验可以对这些话语进行部分或全部的解读。而在注释的帮助下，读者可以完全看懂这些隐语的意思。在读者的意识中，直接经验和注释带来的间接经验可以将隐语表达所涉及的事物和事件还原为作者和读者相同的感受、体验和认识。可以说，第三层级的读者在意向性的引导下，也同样经历了原有概念域的拓展和新的概念域的建立。当读者带着这些解读的含义再回到文本中，就会感到一种成功解读的愉悦，同时又能强烈地感受到这些词语的时代与地域特色，从而获得独特的阅读体验。这样，不仅使用隐语的罗歪嘴等袍哥人物的形象更加鲜明、突出，而且整个小说的语言都因此更加生动与活泼，极富特色。

这样，在小说《死水微澜》中，这三个层级共同建构起这个隐语运用的纵向系统。第一层级与第二层级是隐语的创作者与主动使用者，而第三层级的读者只能解读隐语，而不能创制隐语或将隐语主动用于交际，是隐语的接受性被动使用者。这个立体的系统从最隐性的第一层级开始，到最显性的第三层级结束，层层相连，环环相扣，步步突显。《死水微澜》中隐语运用的纵向系统不仅塑造了罗歪嘴等袍哥人物不同于其他普通人的鲜明个性与语言风格，加强了小说思想内容与主题意义的传达，还对小说整体美学效果的达成起到了重要作用。

3. 隐语运用的定向因素

从以上分析可以看出，小说中纵向的三个层级都涉及定向和定距两个方面。因此，在对隐语运用的纵向层级进行探讨之后，就可以进一步分析和阐释横向系统的两个方面，即定向和定距因素。这一部分先分析定向因素，即隐语运用机理中的意向性问题。

意向性是人们语言交际中的一个基本特征，也是人类进化的自然结果之一。认知科学认为，意向性是指指向（directed upon an object）或关涉（about something）的性质；认知计算状态和日常意向性态度中的意向性是大脑所固有的状态。意向性归根到底就是心理表征（mental representation）（Wilson & Keil，1999：128）。

意向性的因素在隐语的生成和理解中都起着重要作用。下面，我们具体分析意向性在隐语的生成和理解中分别起怎样的重要作用。

隐语作为外部思维的载体，要为所在的帮会组织服务，既能对内交流、散布信息，又能对外隐蔽、保密。因此，隐语的生成首先要确定意向性，以意向性为指引。隐语创制的意向性使语言表达成为既具有交流性又具有隐晦性的语言表征。在创制作为特殊语义表达的隐语过程中，认知主体首先根据外部语言环境的要求和自己内在的表达风格来综合考虑，确定意向性的意向内容和意向方式。接下来，认知主体在此意向性的导向与调节下，从大脑中调出已经存有的认知结果，结合外界环境的刺激，对隐语所涉及的人、事、物的各方面特点做出限制和选择，将自己的认知结果外显化为语言表达，包括选择和决定相应的语气和措辞。这样，本来并无意向性的语言表达就被赋予了意向性，外显的语言表征也体现出意向性，具有隐晦曲折和保密性强的特点。例如，在隐语"水涨"中，意向内容是"风声紧急"，意向态度是将隐语的内容用秘密、隐晦的态度传递。要表达的意向内容可以与多种事物具有可换关系，可以用多种不同的话语表达，但是作为认知主体的隐语创制者从意向内容推衍出怎样的结果，生成怎样的显性表述，就要受制于创制人的意向态度。再如，用隐语"大爷"来指"袍哥堂口总揽大权的头子"，就是受到帮会组织的各种价值观等情绪意向的制约，选用了"大爷"的表达方式。这些例子体现了认知主体（即说话人）的意向性在隐语生成过程中起到的作用，使隐语的显性表述变得既晦涩又带有明确的价值观。

个人形成隐语的语言表达之后，还要经过集体意向性的确认才能真正进入隐语系统。于是，隐语的生成进入下一个大的阶段，即从个人意向到组织这一级的集体意向的整合。在意向性的制约和导向下，在一定语境条件的许可下，认知个体的思维成果最终表现为隐语。这种隐语的显性字面意义与隐性交际意图相差较大。接下来，这个隐语表达的成果得到更大范围组织成员的接受，变成一定程度的集体思维，并固定下来成为组织中强制性的语言交流规范。这样，在有严密限制的组织内部，基础层的认知域就集约为较高层的认知域，形成了属于特定群落的语言体系。

在此意义上，隐语的创制不同于日常用语的创新。日常用语的创新是新的语言表达在整个社会的层次上经过语言使用者的自然淘汰得到接受，从而被整合进集体意向，被创新出来的日常用语使用的时间长短和时间区间也很不确定。而隐语被认知个体创制出来后，经过组织内部使用者有意识的集体确认得到接受，成为组织语言规范的一部分，所以使用情况也相应地比较稳定。

从心理路径来讲，隐语的生成是认知主体大脑中表征心理活动的概念的建立、加强、固定、拓展、变异、重组的运作，是认知外部世界的特殊思维成为组织内部的语言表征的过程。在这个路径中，只有在意向性的制约和导向下，个体思维成果才能经由强行规定，通过外部语言表征得到更大范围组织成员的接受，在有严密限制的组织内部传播，变成一定程度的集体思维，最终表现为字面意义与交际意图相距甚远的显性隐语。只有当创制隐语的认知主体将意向性赋予语言表征符号后，隐语的字面表达才具有真正的交际意图，否则隐语的字面表达与日常用语完全没有差异。

要实现对隐语的理解，从显性表达回溯到体现真实交际意图的意向内容，就要在意向性的引导下，将不太完整的内容补充、阐释为比较完整的内容，从不完整、不明确的意义反推到比较完整、比较明确的意义。例如，隐语"通皮"是指"和袍哥会门中的人有来往的人，甚至就是会门中的人"。其中，"皮"指"皮毛"，代替"袍哥"中的"袍"字。在对隐语"通皮"的理解中，听话人的头脑中首先会想到字面的内容很可能并不是说话人真正想要表达的内容，说话人由于受到环境的限制不能进行直接表达，因此要用晦涩与隐含的方式来表达想要传达的内容。这样的动机就成了说话人的意向性。听话人只能在这样的意向性的导向下去作反推。这个字面的表达为听话人提供了解读隐语的线索，也是听话人进行反推的出发点，帮助听话人根据具体的交际环境进行推理，最后得出对这个隐语的解释。听话人考虑到"通"可能与"交通""来往"有关，"皮"可能与"表面""皮肤"或"皮毛"有关，同时考虑到说话人有隐晦表达的意向性，在此意向性的导向下，听话人经过各级语境的层层检验，最后完成对"通皮"的解读。这个解读是听话人经过不断比较和层层筛选得到的意义，这个相对完备的解读结果既符合说话人的交际意图和听话人的直觉，也与交际语境的层层限制相匹配。

　　在隐语的理解中，不论使用者个体能在多大程度上理解隐语意义，都要受制于集体意识。认知个体在隐语使用过程中被强制灌输隐语的意义和用法，学习该语言规则，将相关知识接受为自己的体验和概念的一部分，在大脑中建立新的认知域。在此过程中，个人意向部分地契合集体意向，个人意识与组织的集体意识在某个认知区域形成交叉重叠，认知个体完成隐语的内化过程，对隐语含义（说话人要表达的信息）达成一种非寻常意义的理解。而如果使用者的个人意识没有与集体意识发生重叠，此相关知识就会被使用者的语言体系排斥，不能得到正确理解。

　　因此，在隐语理解的这种反推过程中，意向性也同样起着重要作用。隐语的真正含义虽然与字面意相距甚远，甚至相背离，但是个人认知域与集体认知域的重合为理解隐语的含义提供了认知基础，使听话人能从隐语的显性表述推导出真正的含义。在说话人和听话人这两方的认知主体具有同一认知域的前提下，对隐语含义进行的语用推理成为可能。在阐释隐语的过程中，解读者要将个人意向融合进集体意向，这个融合也要在意向性的引导下进行。对解读者而言，隐语是强制性规定的语言表达方式，如果不能完成一定程度的融合，就无法理解隐语，也无法与组织内部的其他成员交流。这里的意向性主要是由语境决定的。很多隐语经过一般共识的补充和阐释，仍然不能得到理解，但是特殊的语境使得有着不同成长背景和不同社会化程度的组织成员在相关的隐语知识方面产生趋同的倾向。隐语之所以能够得到理解，正是因为意向性在其中起到了重要作用。

　　总的来说，不论是在纵向系统中的哪个层级，个人意识之所以能够被整合为集体意识，隐语的生成和理解之所以可能，都是因为在创制隐语和理解隐语的过程中，从始发点就已经基本确定了大方向。在隐晦等集体意向性的引导下，认知主体将隐语表达与大脑中原有的比较常规的日常表达进行比对，经过一系列复杂的认知过程，完成隐语表达的创制或阐释。在认知主体的思维过程中，意向性起着重要的导航作用，引导了认知主体的注意方向，制约了认知主体的选择层面，限定了认知主体最终突出的意义。

4. 隐语运用的定距因素

　　隐语运用的纵向系统的三个层级不仅涉及定向问题，还涉及定距问题。因此，在分析了横向系统中意向性的定向问题后，还必须分析定距因素。三个层级对隐语的运用都是以感受质为意识和心理的基础。从日常一般表达到具有特殊语义的隐语显性表述之间的距离如果太远，说话人和听话人可能完全无法交流理解；而距离如果太近，显性表述与日常用语之间的相似度较高，隐语表达又失去了隐晦的特点和功能，而感受质起的主要作用就是确定距离。

"感受质问题是当代西方心灵哲学中的核心问题之一"（江怡，2009：28-34）。感受质（qualia）是事物所具有的某种"质"的现象，反映为主体在感受过程中对意识对象的某种独特的"像什么"的主观感受（徐盛桓，陈香兰，2010：331-338）。最早将它用作哲学术语的是美国哲学家克莱伦斯·欧文·刘易斯（Clarence Irving Lewis）。感受质使感知主体在外部事物的激发下产生各种感觉、情感和认识等。近年来的心智哲学研究发现，感受质是一个智能体拥有意识的核心条件（李恒威，王小潞，唐孝威，2008：26-33）。

人们的感受具有个人主观差异性，同时也具有普遍性。感受的普遍性是语言交流的基础。在隐语的运用中，三个层级的心理路径都是以感受质为基础的，作为意识和心理基础的感受质起到定距的作用。第一层级的隐语实际运用者包括了袍哥组织内部隐语表达的创制者与使用者。创制者作为认知主体，带着意向态度，从意向内容出发，以感受质为基础，不断搜寻与意向内容具有不同程度相邻相似性的显性表述方式。创制者运用感受质，结合具体的交际语境，检选出具有恰当相邻相似性的表述，并最终确定一个具有最佳相邻相似性的表述。这样的选择以感受质为意识基础，是在心理层面进行的模糊但是有效的权衡过程。在这个过程中，隐语创制者的个人语言模型中概念化的结果投射到显性表述上，使隐语显性表述的原有词义发生变异或者拓展。个人语言模型再进一步累积为集体语言模型，形成袍哥组织内部共同使用的集体意向内容。第一层级中的使用者对隐语的运用，是对集体意向内容的接受，也是以感受质为基础，对大脑中表征心理活动的若干概念进行的拓展、变异和重组。

第二层级的作者对袍哥隐语的使用，除了有与第一层级的使用者相似的理解和接受以外，还要将这种较大程度偏离常规表达的隐语主动用于书面语言。这样的使用反映了作者认知客观世界中的特殊范畴化，仍然是以感受质为基础的过程。作者在写作动机和写作内容的激发下产生出的各种感觉、情感和认识等，帮助作者将一些概念集合成为不同寻常的概念域用于小说的写作，并具体决定隐语在小说中出现的数量与位置。这些隐语在小说中的出现，既在一定程度上增加了小说解读的难度和趣味性，又直接影响了作者独特写作风格的形成。

第三层级的读者只能被动地接受小说中出现的隐语，因此第三层级的使用者不同于第一与第二层级的使用者。但是读者借助上下文和相关的注释，可以理解隐语的隐性含义，从而达到对整个小说更加身临其境的欣赏和更加深刻的解读。这样的解读过程是在意向性的引导下，以感受质为基础完成的。读者在小说的阅读过程中，调动各种直接经验与间接经验中的感觉、情感与认识，经历了原有概念域的拓展和新的概念域的建立，将隐语表达所涉及的事物和事件还原为与作者基本相同的感受、体验和认识。隐语在小说中的出现虽然增加了阅读的难度，但也为读者提供了独特的阅读体验，增添了解读的愉悦。以感受质为重要基础的隐语解读，使得读者心目中的小说人物形象更加鲜活，小说的整体也因此呈现出更具时代与地域特色的印记。

在以上三个层级的隐语运用者中，创制者、表述者和理解者作为认知主体，都经历了旧感受的拓展和新感受的建立，都是基于与外部世界互动所得的感知与经验，对大脑中表征心理活动的概念进行强化、拓展、变异、重组的运作。我们不能根据构词规则和语法规则来预测隐语使用者可能选用哪些隐语表达，也不能预测理解隐语时回溯到交际意图的路径又是怎样的，但是，从心理路径来看，隐语的运用是一个认知主体大脑中的概念结构形成和重组的过程，要基于对外部世界的事物和状态的感受、感受的重现和感受的表征。隐语运用者意识的生物基础（大脑、身体）是认知本能，在此基础上产生的直接经验将感受质赋予认知主体，认知主体再将语言符号与感受联系起来，成为语言表征。成为语言表征的隐语是概念化的语义的外部表征，独特的隐语表达体现出创制者独特的感受和听话人独到的感受或领悟，使表达显得新颖而不落俗套，拓宽了听者的思路，丰富了听者的想象，听者被迫在特殊的语境中进行层层解读和验证，获得独特的体验。

因此，隐语的运用依赖于人的直接经验和间接经验。在人们的意识中，直接经验和间接经验可以将隐语表达所涉及的事物和事件还原为说话人和听话人相同的感受、体验和认识。隐语之所以能够产生和理解，是因为隐语与要表达的意向内容在音、形、义等方面有着相邻或相似的感受质。隐语可以利用视觉和听觉等方面的感受质相似性引起相似的联想，还可以利用人们对物质、关系、社会等方面的感受质相似性完成生成与理解。隐语的产生与理解体现了隐语使用者各种各样的个体感受。感受质作为重要的意识与心理基础，在各个层级的隐语运用中都起着有效的定距作用。

5. 结语

总之，李劼人将偏离常规的隐语引入小说《死水微澜》的写作，体现了作者深厚的生活积淀，折射出作者与读者深度的互动及其心理根源。隐语在小说中的运用充分体现了语义在语境中的广阔发展和变化空间，也充分反映了作为认知主体的作者和读者的意识的自主性、感受的普遍性和思维的灵活性。

小说中纵向的三个层级与横向的两个因素相互作用，共同构成了纵横交错的复杂的动态系统。从纵向上看这个系统，实际使用隐语的袍哥组织成员是这个系统中隐性的第一层级，也是直接使用隐语的人。将这样的隐语用于小说写作的作者李劼人是这个系统的第二层级，也是转述及表达隐语的人。作者李劼人再将小说中袍哥人物运用的隐语主要通过人物对话的方式介绍、呈现给读者，使小说的读者成为第三层级的隐语运用者。纵向的三个层级对隐语的运用都是基于与外部世界互动得到的感知与经验。从横向上看这个系统，每个层级对隐语的运用都涉及定向和定距两个因素。横向的两个因素则更加深刻地反映了隐语运用的内在机理，其中意向性帮助确定字面表达的真实交际意图的方向，而感受质模糊而有效地设定显性表述与日常用语之间的距离，使晦涩的隐语表达在某种程度上仍然能够得到接受或理解。纵向的三个层级是表，横向的两个方面是里，纵横交错，表里互动。纵向的各个层级层层相连，并最终与横向的两个因素构成一个互相关联、互相制约的复杂网格系统，对作者深具时代特色与地域特征的独特语言风格的形成产生了重要影响。

本文结合认知科学和心智哲学的理论和观点，探讨小说《死水微澜》中隐语运用的内在思维过程和机理，对隐语在小说中的运用系统进行了全面、深入的分析。这是在当代语言学解释性取向的指导下对小说语言研究的一种尝试，同时也为文学语言风格的研究提供一点新的思路。

参考文献：

江怡，2009. 感受质与知识的表达［J］. 社会科学战线（9）：28－34.

李恒威，王小潞，唐孝威，2008. 表征、感受性和言语思维［J］. 浙江大学学报（人文社会科学版）（5）：26－33.

李劼人，2008. 死水微澜［M］. 北京：人民文学出版社.

徐盛桓，陈香兰，2010. 感受质与感受意［J］. 现代外语（4）：331 – 338 + 436.

徐盛桓，2021. 交叉学科研究视域下理论概念的移用与发展——语言学科理论创新探究之一［J］. 天津外国语大学学报（1）：1 – 13 + 158.

LEECH G N, 2001. A linguistic guide to English peotry［M］. Beijing：Foreign Language Teaching and Research Press.

LEECH G N, SHORT M H, 2001. Style in fiction：a linguistic introduction to English fictional prose［M］. Beijing：Foreign Language Teaching and Research Press.

WILSON R A, KEIL F C, 1999. The MIT encyclopedia of the cognitive sciences［M］. Cambridge，Mass：The MIT Press.

An Analysis of the Use of Cant in the Novel *Stagnant Water with Ripples*

Huang Xing

Abstract：On the basis of the theories and viewpoints of cognitive science and philosophy of mind，research on the literature language can be done in a new approach and the dynamic system of the cant use in the novel of *Stagnant Water with Ripples* can be analyzed and explained. The three vertical layers of cant use on the basis of the perception and experiences gained from the interaction with the outer world. The two horizontal elements of intentionality and qualia playing the role of determining the direction and distance reflect the inner mechanism of cant use more profoundly. The vertical layers and the horizontal elements are combined into a complicated system，which has an important effect on the formation of the author's unique language style consisting of the distinctive time and region features.

Key words：*Stagnant Water with Ripples*；cant use；dynamic system

汉英语调异同的语言类型学视角初探①

蒋红柳

（四川大学外国语学院，成都610207）

摘　要：在跨文化交际活动中，通常我们能感受到语言间非常明显的差异。而在语言学研究中学者们发现在语言的诸多层面又存在普遍共性。语言各层面的共性特征究竟如何？语言间的异同对人们的二语习得有何影响？要回答这些问题，就需要对不同语言进行比较研究。从语言类型学的视角来看，不同语言间既存在相似性，也存在差异性。科姆里（Comrie，1989）在讨论语言类型学研究前景时指出，世界各类语言的丰富性为我们研究各种语言现象奠定了基础，语言类型学研究的目的便是探究人类语言所潜藏的普遍属性，同时界定差异。通过语调类型学的视角，了解母语与目的语在语调特征和功能上的异同，学习者能充分利用相似性的正迁移影响，避免因语言差异所产生的负迁移干扰。

关键词：语言类型学；汉英语调异同；语言的普遍共性

　　非母语的二语习得通常都让学习者感到非常困难，进而认为语言间存在很大的差异。但语言学研究表明，不同语言间虽然差异明显，但在语言的某些层面又存在普遍共性，如在词汇层面，世界上几乎所有已知语言都存在人称代词（如你、我、他）；在语音和音系层面，不同语言间也有诸多共同特征，这主要源于人类发音机制具有很高的一致性，如所有语言都有元音和辅音，也都有利用超音段特征构成问句的手段；世界上大部分具有双唇鼻音（bilabial nasal）/m/的语言通常也都存在齿龈鼻音（alveolar nasal）/n/；此外，像口阻塞音（oral stop）也存在于诸多语言的语音之中，如/t/的发音；从语言历时变异的维度上看，迄今为止的研究表明世界上几乎所有的语言均存在历时变异的情况。与普遍共性相对，不同语言间也存在显著差异，如在句子语序上的差异就很典型，语言类型学研究便希望揭示不同语言间的共性与差异。随着语言类型学研究的深入，研究对象和范围除了不同语言间的比

---

①　本研究为四川大学中央高校基本科研业务费研究专项（哲学社会科学）2021年度项目"成都方言韵律特征及类型比较研究"阶段性成果。

较，还扩展到同一语言不同方言间的比较。语言类型学研究通常可分为两大范畴：一是整体类型学，主张最大限度地涵盖世界上各种语言；二是局部特征类型学，主张在严格限制条件下选择一组语言开展对比研究。

1. 语言类型学简述

1.1　语言共性与类型学研究

　　世界上不同语言间的异同通常存在于词汇、词汇结构、语序、语音、音系等语言的不同层面。具有词汇共性的语言通常拥有共同的历史渊源，如日耳曼语系中的英语、德语、荷兰语、瑞典语等，拉丁或罗曼语系中的法语、意大利语、西班牙语、葡萄牙语等。语言类型学研究还发现，除因具有共同历史背景而形成的词汇共性外，在历史演进过程中因语言接触，同样也产生了具有相似性的词汇。此外，社会文化环境也会对语言产生影响，特别是当某些与语言相关的外部条件相似时，语言就会受到相似的影响。但仍有一些语言的相似性无法用历史渊源或语言接触甚或社会文化相似性等来解释。如就句子语序而言，日语、北印度语和土耳其语在句子语序上都属于所谓的"主语＋宾语＋谓语/动词"（SOV）语言，但这三种语言显然没有上面罗列的语言相似应具有的关联，这类语言相似性便被称为语言类型的相似性（Moravcsik，2013）。此外，在语序普遍共性上，在带有名词性主语和宾语的陈述句中，优势语序几乎总是主语处于宾语之前。又如在语调上，要根据语调模式区分是非疑问句和其相应的陈述句，其区别特征通常表现在句末的音高曲拱上。综上，当我们探讨语言间的相似性时，通常会从历史渊源、语言接触、相似的自然和社会环境、语言类型、语言普适性五个维度来加以考察。

　　在语言类型学作为语言学的一个新兴研究领域被应用于语言研究时，最初主要是将类型学作为一种分类形式，在结构主义语言学兴起之前，唯一被广泛使用的语言类型学研究被称为"形态分类"（Morphological classification）（Greenberg，1974：13）。杜世洪（2020：26-38）根据钱冠连做学问的"明类"、"知故"和"晓理"六字准则，提出语言研究的三个层次，其中明类为第一层次，表明语言研究中分类的重要性。语言类型学的主要目标便是根据异同对语言的各个层面加以分类。可以说，探索语言共性这一终极研究目标又将对比语言学与语言类型学联系在一起，我们可以从语言类型学提出的某一语言共性出发，深入细致地对比分析这一共性概括是否完全符合两种语言的实际情况，或者两种语言在基本遵循某一共性法则的同时又有什么细微差别，其中的原因是什么（许余龙，2017：20－28）。随着语言类型学研究的不断扩展和深入，其研究对象集中在语言类型和普适性上的异同这类语言现象已成为学者们的共识。探究语言普遍共性的方法倾向于处理语言的有限方面而不是语言的整体，因而类型学分类的基础是语音、语法等语言形式特征，而不是语义范畴，这种对语言的分类方法倾向于强调语言间的相似性而不是差异。刘丹青在韦里（L. J. Whaley）《类型学导论：语言的共性和差异》（*Introduction to Typology: The Unity and Diversity of Language*）一书的导读中指出，以布龙菲尔德（Bloomfield）为代表的美国结构主义学派抛弃了以前西方语言学的一些传统；以形态为语言核心和主要研究对象，忽视语言系统的其他方面，这倒为当代类型学形成更加全面的研究领域以及从整体类型学扩展到特征类型学奠定了基础。

1.2 国外语言类型学研究概述

西方语言学界自19世纪便已开始了对语言的分类研究，早期用形态学的归类方法对语言进行分类。如施莱谢尔（August Schleicher）就把语言划分为三类：孤立语（Isolating language，Is），黏着语（Agglutinative language，Ag）和屈折语（Inflective language，In）。他对语言的形态类型划分进行了较为深入的研究，认为各类语言的功能域范围都具有独立的形态，世界上已知语言大部分可以归属到上述某一类型中，如汉语属于孤立语，泰米尔语属于黏着语等（转引自Greenberg，1974：20）。虽然在西方语言类型学研究历史中少有提及拉乌尔·德拉·格拉斯瑞（Raoul de la Grasserie），但其以音系差异对语言进行分类的研究方法至今仍具有十分重要的参考价值和意义。在他的分类中包括了基于重音类型、单词中音节数量的音系分类，以及"去掉辅音的语言和去掉元音的语言"之间的区别，例如阿拉伯语就不写元音。冯特（Wilhelm Wundt）则概述了12种对立的语言，并尝试对这些对立语言进行分类，包括前缀语言与后缀语言、自由词序语言与固定词序语言、带有特殊修饰的语言、名义形式语言等，他还指出这些分类方法显然不是唯一的（转引自Greenberg，1974：36）。

在萨丕尔（Edward Sapir）著名的形态类型学对语言的三维度分类中，不以是否属于特定类别来划分语言，而是在研究过程中依据语言在某一特定属性上的可比较等级来划分（转引自 Greenberg，1974：15）。在萨丕尔之后，传统形态类型学的诸多观点或研究方法得到了延续，格林伯格（Greenberg，1974）提出了形态类型学的度量标准。虽然"新语法学派"（Neogrammarian School）的兴起对类型学研究产生了深远的负面影响（Greenberg，1974：42），但其后结构主义的类型学则逐步发展起来。按照格林伯格的说法，结构主义的语言学研究形成了一场席卷之前几乎所有认知的新颖且强大的运动，对语言学各个研究领域均产生了影响，包括语言类型学研究。格林伯格（Greenberg，1974）也指出，结构主义语言学形成了诸多学派，其中美国结构主义语言学家多延续新语法学派的观点，忽视语言类型学研究，而布拉格学派以及日内瓦学派，包括美国传统人类语言学（Anthropological linguistics）领域的语言学家（如萨丕尔）则持续增强对类型学的研究，建立语言间的共时比较框架，成为语言类型学非常重要的理论和研究基础。

语言类型学（Typology）作为专门的语言研究术语直到 1928 年才正式出现，20 世纪 50 年代结构主义类型学研究方法兴起，逐步将语言类型学发展为一种新的语言学研究路径和方法，这一新兴研究为历史语言学和对比语言学研究开辟了新的领域，如用语言类型学的方法来研究方言句法也为一种语言内部的方言研究提供了全新的思路和比较尺度。以特鲁别茨柯依（Nikolay Trubetskoy）关于元音系统的经典著作为例，其研究开创了以语言的某一特定层面而不是整体开展类型学研究的尝试。这项研究还表明，布拉格学派对类型学方法论最重要的贡献是引入关系属性而不是绝对属性的概念，并在音系学领域进行了最完整、最明确的示范。关系概念是结构主义的基本概念，可以用来解决语言个体所需要的描述性以及语言间可比性等方面的冲突。基于关系概念，我们可以明确：即使是音系系统高度相似的语言，在音系资源及功能的使用方式上也可能存在类型学差异。格林伯格（1974）指出，雅各布森学派运用这一概念发展了普遍共性框架，通过数量非常有限的二元对立参数，这种框架可以展示语言中所有的语音对比，该研究方法已成为类型学比较的有力工具。

如前所述，格林伯格（Greenberg，1974）在萨丕尔的形态类型学基础上，尝试以量化的方式开展形态类型学研究，进而改变了以往类型探讨倚重主观印象的状况。他提出了量化形态类型学的一个度量标准，并明确了量化尺度。他通过利用当代美国结构主义的分析工具对之前的研究方法做了大胆的修正，以弥补形态类型学此前无法提供严密和准确结果这一突出的缺陷，同时把类型学关注点从语言整体类型转向语言内的结构类型；主张重点关注语言演变的方式，用语言演变来解释某些语言共性。格林伯格也强调为类型学建立一套明确定义的功能规则是一件困难的事情，涉及涵盖内容范围的不确定性（Greenberg，1974：24）。他据此主张建立合适的语种语料库，并以自己的学术实践为足够规模、均衡合理的语种库提供了样例。

另一个对类型学研究方法感兴趣的是美国人类语言学学派，该学派在这一时期最受欢迎的表达方式是所谓的"模式"（Pattern）。这一概念首先由萨丕尔引入语言学研究，随后在本尼迪克特（Ruth Benedict）关于文化模式的经典著作中被吸收为一般人类学词汇。这里的类型概念满足了某种更宽泛的概念框架的需要，而不仅仅是将每种语言或社会文化描述为一种独特的模式。沃尔夫（Benjamin Whorf）也利用了类型的概念，这是那个时期人类学中所固有的文化相对主义（也可视为沃尔夫主义"Whorfianism"）的典型表现。不同于萨丕尔，沃尔夫的研究思路独立于传统形态类型学，也不涉及对原则上适用于所有语言的总体维度或维度集的细分。美国人类语言学家在开展类型学研究时，通常关注语言的某一特定方面，特别是对音系系统的研究（转引自 Greenberg，1974）。需要指出的是，欧美语言类型学研究与语言普遍共性研究是一枚硬币的两面，即在探究世界不同语言的普遍共性的同时，根据不同语言的区别性特征而加以分类。

在语言类型学的具体研究方法上主要有两种主张：一是以格林伯格为代表的语言学家，主张类型学研究应同时涵盖范围广泛的语言，找寻这些语言的共性或差异特征，这类语言类型学研究被称作整体性类型学研究（Holistic typology），早期的形态类型学可归属于此类。运用该方法的语言学家倾向于聚焦在那些相对具体而非抽象的语言共性特征上。科姆里（Comrie，1989）以声调语言为例指出，虽然声调语言间存在诸多差异，如一些声调语言从形态类型学看属于孤立语（如越南语），而也有声调语言属于黏着语（如印尼的班图语）；此外，从语序类型学的视角来看，声调语言中有动词在句末的语言（如缅甸语），也有主谓宾（SVO）语言（如越南语）。尽管不同声调语言间存在诸多差异，但声调区别字义这一关键事实则是声调语言所共有的，同时也是区别非声调语言的主要参数。二是从乔姆斯基（A. N. Chomsky）的生成语言学理论出发，认为研究语言普遍共性的最好方法是对数量不多的语言开展详细深入的研究，并用抽象结构来表述语言共性，主张这类研究方法的语言学家倾向于用先天性来解释语言共性与差异，并以此给语言进行分类。虽然两种理论主张有一定的差异，但在语言参数的选择上都需要有显著的区别性特征。

1.3　国内语言类型学研究进展

国内语言类型学研究大致起始于 20 世纪 80 年代，初期主要以译介国外类型学著作和相关理论为主，对汉语本体的研究不多。近二十年来，国内语言学界对语言类型学的研究不断增多，开始形成加速发展态势。有国内学者对 2013、2014 两年国内发表的与语言类型学研究相关的文献进行了总结分析，总的情况摘录如下：

> 第一，研究领域广泛，形态类型和语序类型研究较为充分，其他领域相对较薄弱。横向涉及的领域包括语音和音系、词类和词汇、语序、语义范畴、形态、时－体－情态、语用、语义图、地理类型研究。研究重点集中在词类和词汇范畴、语序、语义范畴和形态类型四个方面，总比重近70% （95 篇或部），其他领域则涉猎较少。
>
> 第二，涉及的语言资料丰富，侧重汉语和多语种研究。纵向上国内类型学包括单语和多语（两种或两种以上的语言）研究，即将某种或多种语言的某个范畴放在类型学视野下探讨。其中涉及的单语有汉语、境内少数民族语、方言、和外语，涉及的多语主要是将汉语与外语或少数民族语言的对比研究。
>
> 第三，跨学科研究更为突出，其理论、方法不断发展。学者们开始注重将语言类型学与对比语言学、对外汉语教学、心理语言学、二语习得等应用学科相结合，进行跨学科研究。（叶爱，金立鑫，2017：13）

从研究对象看，国内的语言类型学研究主要集中在词类和词汇范畴类型方面。这类研究以词汇为主，并涉及对语序的对比研究；然后是语义范畴类型方面，这类研究多关注句法结构的意义；还有就是形态类型方面。刘丹青将语言类型学研究思路和方法应用于汉语方言间的异同研究上。他主张借鉴国际上语言调查的常规做法，以语言类型学所揭示的人类语言共性和差异性为背景，结合汉语内部的比较，开展汉语方言研究。他认为语言类型学研究必须有一种跨语言（及跨方言、跨时代）的研究视角，才能被称为类型学研究。而严格意义上的类型学，是具有自己研究范式的"语言共性与语言类型研究"。他指出，虽然语言类型学以跨语言研究为本，而汉语语言学以研究作为单一语言的汉语为本，在汉语语言学界提倡语言类型学，看似有点方枘圆凿，实则语言类型学和汉语语言学的结合，有着广阔的发展空间，并且将给普通语言学和汉语研究两方面都带来巨大的促进（刘丹青，2003：5-12）。基于这一思路，他借助吴语语法的已有研究成果和其在1999年对宣州片以外吴语5片12个点的句法调查，探求吴语的句法类型特点（刘丹青，2001：332-343）。

李如龙（1996：91-99）指出，近年来汉语方言研究视野在逐渐扩大，除了注意音义之间的各种复杂关系，注意到方言语法的比较外，有些学者还考察了方言的变异，同一个方言区里新老派的差别；有的注意到方言地区的双语现象；有的学者探讨了方言的移民史和方言的形成分布的关系；有的则研究方言词语所反映的地域文化的特征。他认为汉语方言的类型学研究是汉语方面的综合比较研究，因为各项比较都经过类型的归纳，就使比较的结论带有理论上的穷尽性，各个比较项目的比较结果的综合便是现代汉语方言的共时系统。许余龙（2017：20-28）认为可以利用语言类型学的理论视角来开展对比研究，他在对比分析汉英句法时提到以普世语法为目标的对比研究，强调其本质仍然是对比研究，而非康尼格（König，2012：3-26）提出的"小型语言类型学研究"（Small-scale typology）。他指出"普世语法"①中的"语法"一词用其广义，泛指语音、词汇、句法等方面的语言共性法则。由于此类研究旨在探索发现新的跨语言共性规律，因此从一开始便需要参照语言类型学和普世语法研究的标准来进行，提出可以验证的假设。朱晓农（2014：193-205）对汉语声调开展了类型学研究，他提出了一个声调类型学的框架。声调类型学的基础是一个大数量的声学材料库和一个音节声调发声态的理论，研究的是"调型"。按照域度、长度、高度、拱度四个参数来建立一个普适调型库；然后把各地声调进行归类、比较，以得出"有你我式"（普遍共性）。

---

① 许余龙文中所述"普世语法"国内有学者称为"普遍语法"。

2. 语调功能跨语言的普遍共性

2.1　语调共性

语调跨语言普遍共性同样主要源于人类发音机制的一致性，即语调音高产生的最基本机制便是发音器官的构造和语音实现的方式具有普遍性，因此，所形成的语音不因说话人的母语为何而有较大的差异。戈登（Gordon，2016）指出，语调的普遍共性主要指比单词大的韵律单位的基频模式。语调具有语法和话语功能，如提示句法边界、语义属性标记，显示疑问与陈述之间的区别，在对话中提示话轮转换，在话语中凸显新奇或有趣信息，以及表达情感和表现状态等。

吉森海文（Gussenhoven，2004）指出，不管说话人的母语是什么，人们都知道如何利用声音频率的直接和间接表现形式。他将音频归纳为三个生物代码：声音频率代码，发音能量代码和话语产出代码。这三个代码反映了语音产生机制的主要方面，而这些方面通常会影响声带振动的频率，是人类喉部构造和肺部气流机制共同作用的结果。而语调正是通过音高频率来实现诸多功能（Gussenhoven，2004：79）。就声音频率代码而言，男性声带较女性长且厚是普遍存在的生理现象，因而男性声音通常而言较女性低沉；儿童由于声带短小且较成人薄，因此声带震动频率更高，使得声音较尖细。除此之外，说话人还可以利用声音频率的高低来改变音高，进而利用音高的上升来实现提问，下降来表示陈述这样的语调话语功能。当说话人希望其话语得到重视或想要强调说话内容时，通常都会增加发音的能量，拉升音高的峰值形成音高凸显，以便引起听众的关注和重视。语调针对话语中特定音节所产生的音高凸显是语调焦点研究所关注的主要方面。话语产出代码则反映了大量语调研究所观察到的现象：除某些疑问句型或话语间的短暂停顿时的音高升高外，无论何种语言都表现出语调音高曲拱呈逐步下降的形态。

2.2　语调功能的跨语言共性

就语调功能而言，无论何种语言的语调，通常都存在逻辑表达和情感表达。逻辑表达通过语调和重音来实现，而情感表达则通过不寻常的重读（或轻读）程度、整个短语总的音高和讲话的速度等来实现。更为重要的是，虽然表达方法中的所有这些要素对人类言语而言都是普遍的，但这些要素实际运用的方式只对情感表达有普遍性，在逻辑表达上则因语言的不同而不同（赵元任，2002：745）。

语调功能跨语言的普遍性表现在话语交际中其语用功能趋于一致：建构说话人期望要表达的内容，通过选定音高重音或凸显的方式，让听者关注其话语中的某个特定部分（关键信息），此外，通过音高调域变化来表达说话人的态度等。如话语开始时提高音高意味着开启一个新的话题，而开始时降低音高则表示接续或保持前面的话题；同样的音高形态若出现在句末，则高的音高表示话语还将继续，而低的音高则表示话轮结束。语调的话语功能还反映在说话人能够通过语调音高的语音实现来表达语言的句法词汇之外的、期望的真实语义，在很大程度上这些语音语调是独立于语言本体的。因此，语调功能的普遍性主要反映在语调与语言结构有非常紧密的关联性上。世界上大部分语言都会利用语调实现如下功能：显示话语的语义结构；在语调短语中利用升调表示话语还未结束，利用降调表明话语结束；用升调表示提问，而用降调表示陈述和命令。但需要说明的是，由于语调具有"音高调型上的任意性、离散性和结构上的二元性特征"（Gussenhoven，2004：53），并不是所有语言的语调均是陈述用降调而疑问用升调。除此之外，语调功能的普遍性还有哪些主要特征，是本文接下来要讨论的内容。

在利用焦点音高重音来传递关键信息上，许多语言都将焦点放在语调结构中，因此，用于该目的（显示焦点信息）的结构设置可将聚焦信息（聚焦成分）特征通过相对较宽的音高偏移来实现。吉森海文（Gussenhoven，2004：87）指出，不同的语言均可以使用不同的音高重音来实现窄焦点（矫正焦点）和中性焦点（宽焦点），如欧洲葡萄牙语。和语音产出能力的预估一致的是，标示中性焦点音节的音高重音会较矫正（窄）焦点的音高重音的音高偏移小。于是，话语开始时的高音高表示是一个新话题，而低音高则表示继续之前的话题；与之相反，话语结束时的高音高意味着话题仍将继续，而低音高则表示该话题结束。

3. 语言类型学视角下的汉英语调比较研究

3.1 汉英语调特征异同

语言表达既有一定的共性，也有自己的个性。毋庸置疑，汉英两种语言在语调上存在较大的差异。赵元任（2002：745）曾指出，西方语言学家在语调研究中证明语调的逻辑表达具有不同语言的个性特征。汉语属汉藏语系，它是"意合"语言。英语属印欧语系，它是"形合"语言。汉语的基本单位是"字"，它是汉民族认识世界的窗口。理解汉语始终必须从"字"的意义开始。"字"由两大部分组成：一是声母、韵母，二是韵律系统的声调。汉语普通话的一个显著的特征是字字都有声调，其声调的变化导致不同的意义。至于声调与语调的关系，赵元任（2002：879）提出，"汉语有了字的声调，怎么还能有富于表达力的语调？回答是：字调加在语调的起伏上面，很像海浪上的微波，结果形成的模式是两种音高运动的代数和"。从赵元任开展汉语语调研究以来，国内学者对汉语语调的研究取得了丰厚的成果，在声调与语调的关系、汉语语调基本单元等方面也已基本达成共识。学者们普遍认为，汉语作为一种声调语言，声调的音高变化和语调的音高变化在时间上共存于句子中。沈炯（1992：16）谈道："汉语是声调语言，语调和声调是共存在一起的。这种共存是音高之间同种超音段成分的共时结合。"吴宗济（1982：439）认为："普通话语句中的一切声调变化，都是以单字调和二字连读变调为基础的；……我们把这些基本调型称为句调的基本单元。"石锋和潘悟云（1999：382）通过研究进一步指出，"调群"是语调的基本单元，他说："调群由连读组中各组的声调连接组合而成。连读变调就出现在调群之中。……调群是声调和语调的结合部。……把调群作为语调的基本单元，就可以对高低起伏的语调曲线在时间轴上加以分解。"徐世荣（1980：161）指出"汉语的语调，特别显示在语句末尾的音节上"。曹剑芬（2002：195－202）指出："声调受语调的制约，其调形虽相对稳定，但其音阶必须随着语调的波动而上浮或下沉。"汉语声调和语调研究都证实了，声调和语调的音高不在同一层面上，但在时间上则具有共时结合的特征。因此，汉语语调远较英语语调复杂。

英语则是非声调语言，也被称为语调语言，英语各音节本身并没有声调，语调对语句意义的表达则起着十分重要的作用。英语的降、升、降升调等的运用在很大程度上与汉语不同，说话人根据不同的意图、态度、感情以及语境等，通过划分调群、确定调核位置和选择调型来使用英语语调，因而英语语调的特征是具有很大的灵活性。比如"desk"这个词，无论你念成什么调，其基本意义不会改变，其意思都是课桌。然而当"desk"这个词放在不同的语境中带上了不同的语调时，便有了更多的内涵。

3.2　汉英语调异同比较研究

国外的语调类型学研究已近四十年，早期通过语调的跨语言比较，观察不同语言语调的相似性（Bolinger，1978；Cruttenden，1981）。随着自主音段－节律音系学（Autosegmental-metrical phonology，AM）理论对语调研究的深入，拉德（D. R. Ladd）相信该理论对语言内部的不同变体（方言）和跨语言的语调比较研究均有重要价值，通过跨语言语调模式比较，他发现不同语言可以使用相同的调型（如英语与德语），而同一调型在语言内部却会携带不同的语调含义（如英国英语与北美英语）。他利用"从焦点到重音"（Focus-to-Accent，FTA）理论进行了跨语言句子重读模式比较研究，"从焦点到重音"理论的核心是区分语义/语用概念的"焦点"与语音/音系概念的"重音"，句子重读（Sentence stress）则涉及语句中的哪一部分是焦点，确定的焦点模式（宽焦点或窄焦点）如何由重音位置来显现（Ladd，2008：218）。他的研究为语调类型学提供了方法和思路。此外，《音律类型学：语调与措辞音系学》（*Prosodic Typology: The Phonology of Intonation and Phrasing*）（Sun-Ah Jun，2005）是语调类型学研究的综合性文献，该书以自主音段－节律音系学理论为研究框架，描述了 13 种不同类型语言的语调和韵律结构，是非常好的研究汉语语调类型学的参考书。该书的主要观点如下：（1）声调的自主音段串线性地表示语调曲拱，它们与特定的音节或短语中的特定位置保持一致，标志了词语与话语的韵律组合之间的凸显关系，如节律和韵律结构。（2）某一语言的韵律结构由两个相邻词之间的音高过渡状态决定。这些研究展示了如何将单一韵律模型和描写系统应用于类型学视角下的不同语言，特别是当这些语言的韵律特征和句法结构有很大不同的情况下。

在确定语调类型学比较研究的参数时，拉德（Ladd，2008：116）认为，首先，语义是可比较的语调差异特征（语调含义上的差异或使用相同的声调但存在差异）；其次是音系系统上的差异（不考虑语义差异的情况下，音系系统中不同声调类型的差异）；第三是语音实现上的差异（相同声调在语音实现上的差异细节）；第四是音位结构上的差异（声调－文本联结方式和允许的声调结构上的差异）。语调类型参数的确定为我们开展语调类型学研究奠定了基础。但戈登（Gordon，2016）认为语调类型学研究还处于非常初期阶段，以声学手段为主的语音实验研究应是语调类型学研究的主要模式，主张将语句边界音高曲拱作为类型比较的主要参数。而另一个具有跨语言可比性的语调参数是音高重音（Pitch accents）和其与字/词重读的关系，从跨语言比较的视角来看，音高重音通常都落在语句或语调短语中最后一个实词的重读音节上。但不同的语言在音高重音的种类和音高重音的语义属性上有很大的不同（Gordon，2016）。

迄今国内的语言类型学研究多集中在词汇和句法方面，较少涉及汉语的语音和语调。"语调类型学研究之所以进展缓慢，除了语调本身的复杂性和缺乏被广泛接受的标注体系之外，还有一个原因是学界对语调跨语言比较的参数存在较大分歧。"（葛淳宇，李爱军，2018：57－71）在汉语语调类型学研究方面，此前学界的部分研究表明，将语调音高 F_0、语句焦点重音的声学特征、焦点重音的音高实现等作为可比参数不失为一个较理想的解决方案。林茂灿、李爱军（2017）通过比较普通话与英语语调音高，指出汉英语调在焦点重音的音高实现及语调音高曲线的升降上有相似性，也存在差异。段文君等（2013）在对济南、聊城和淄博方言焦点实现的研究中发现，同属山东方言西齐区的 3 个方言点，在焦点音高参数上存在显著差异。王蓓等（Wang, et al., 2017）对无锡、苏州和宁波北部吴方言的研究发现，其焦点实现与普通话相似，存在焦点后压缩和降低 F_0 的情况。这些研究表明汉语在语调焦点实现上既存在同一方言区内部的差异，又存在跨方言的相似性，显示汉语语调具有语言类型学研究意义。

4．结　语

本文的探讨表明，语言类型学理论除源自其特有的语言哲学外，更多是基于独特的方法论，即以跨语言异同观察为核心的一整套研究取向和研究方法，其精髓则是对研究方法科学性的追求，如格林伯格在形态类型学研究中提出的量化尺度、音系和语调类型学所强调的语音实验等。类型学在对语言现象进行解释时，通过跨语言比较的有效性来对其进行验证；探索蕴涵性共性是语言类型学的核心任务，也集中体现了当代类型学研究的基本方法。开展语调类型学研究的目的是观察并揭示不同语言间在语调层面的异同，而研究成果除扩展语言类型学理论架构外，也会有益于二语语调习得，即通过让学习者了解母语与目的语之间语调特征的异同，帮助其利用相似性来增加母语正迁移影响，提高习得效能，同时尽量避免差异性所造成的负迁移干扰。科姆里（Comrie，1989：231）指出，我们可以透过语言类型学来观察是否存在语言习得过程的普遍共性，无论是母语还是目的语的习得。因此，语调的类型学比较研究具有很高的实际应用价值。

在语调类型学研究方法上可以遵循：语言间的比较研究应主要由语言提

供给我们的各种数据来驱动，虽然任何比较或实际上任何描述都需要某种形式和程度的抽象化，但过于依赖抽象的语言描述，极大地增加了被比较的不是语言，而是语言学家的语言概念（或错误概念）的可能性（Comrie，1989：x）。到目前为止，在对不同语言的语调特征和功能范式异同开展比较分析，探寻不同语言的语调在话语功能上是否存在普遍共性，其语用效果是否相似等问题上，还缺乏类型学的视角。本文尝试探讨从语言类型学视角，针对汉英语调异同开展跨语言语调比较研究的可行性路径，以期对开展语调类型学研究有所启发。

参考文献：

曹建芬，2002. 汉语声调与语调的关系 [J]. 中国语文（3）：195–202.

陈刚，2003. 语调哲学：一种新型的话语哲学 [J]. 江海学刊（6）：5–10.

杜世洪，2020. 语言研究的范例与范式 [J]. 当代外语研究（3）：26–38.

段文君，贾媛，冉启斌，2013. 山东方言焦点语音实现的共性和差异性特征——以济南、聊城、淄博方言为例 [J]. 清华大学学报（自然科学版）（6）：835–838.

葛淳宇，李爱军，2018. 语调类型学研究综述 [J]. 中国语音学报（2）：57–71.

黑格尔，1979. 美学：第三卷·上 [M]. 朱光潜，译. 北京：商务印书馆.

蒋红柳，2018. 构建一套更为简洁的音系特征系统：端木三新著《音系特征理论》述评 [J]. 南开语言学刊（2）：127–131.

科特曼，2004. 类型学与方言学 [J]. 刘海燕，译. 方言（2）：148–157.

李荣，1989. 汉语方言的分区 [J]. 方言（4）：241–259.

李如龙，1996. 论汉语方言的类型学研究 [J]. 暨南学报（哲学社会科学）（2）：91–99.

林茂灿，李爱军，2017. 语调类型学研究——英汉语调的共性和差异 [C] //第十四届全国人机语音通讯学术会议（NCMMSC' 2017）论文集.

刘丹青，2001. 吴语的句法类型特点 [J]. 方言（4）：332–343.

刘丹青，2003. 语言类型学与汉语研究 [J]. 世界汉语教学（4）：5–12.

沈炯，1992. 汉语语调模型刍议 [J]. 语文研究（4）：16–24.

石锋，潘悟云，1999. 中国语言学的新拓展：庆祝王士元教授六十五岁华诞 [C]. 香港：香港城市大学出版社.

石佩雯，1981. 语调和语义 [J]. 语言教学与研究（3）：54–64.

索绪尔，1980. 普通语言学教程 [M]. 高名凯，译. 北京：商务印书馆.

吴宗济，1982. 普通话语句中的声调变化 [J]. 中国语文（6）：439–440.

徐世荣，1980. 普通话语音知识 [M]. 北京：文字改革出版社.

许余龙，2017. 语言类型学视野下的对比研究［J］. 外语与外语教学（5）：20－28.

叶爱，金立鑫，2017. 2013—2014 年中国语言类型学研究综述［J］. 东北亚外语研究
　　（1）：13－18.

游汝杰，邹嘉彦，2004. 社会语言学教程［M］. 上海：复旦大学出版社.

赵元任，2002. 赵元任语言学论文集［M］. 吴宗济，赵新那，编. 北京：商务印书馆.

朱晓农，2014. 声调类型学大要——对调型的研究［J］. 方言（3）：193－205.

COMRIE B, 1989. Language universals and linguistic typology (2nd ed.)［M］. Chicago：The
　　University of Chicago Press.

GORDON K M, 2016. Phonological typology［M］. Oxford：Oxford University Press.

GREENBERG J, 1974. Language typology：a historical and analytic overview［M］. Hague：
　　Mouton & Co. N. V., Publishers.

GUSSENHOVEN C, 2004. The phonology of tone and intonation［M］. Cambridge：Cambridge
　　University Press.

JUN S-A, 2005. Prosodic typology：the phonology of intonation and phrasing［M］. Oxford：
　　Oxford University Press.

KINGDON R, 1958. English intonation practice［M］. London：Longmans.

KÖNIG E, 2012. Contrastive linguistics and language comparison［J］. Languages in contrast
　　（1）：3－26.

LADD D R, 2008. Intonational phonology (2nd ed.)［M］. Cambridge：Cambridge University
　　Press.

LEVINE D R, 1982. Beyond language：intercultural communication for English as a second
　　language［M］. New Jersey：Prentice-Hall.

MORAVCSIK E A, 2013. Introducing language typology［M］. Cambridge：Cambridge
　　University Press.

WANG B, et al., 2017. Prosodic focus in three northern Wu dialects：Wuxi, Suzhou and Ningbo
　　［G］. Paper presented at the 8th Experimental Linguistic Conference, Greece.

WHALEY L J, 2009. Introduction to typology：the unity and diversity of language（类型学导
　　论：语言的共性和差异）［M］. 刘丹青，导读. 北京：世界图书出版公司北京公司.

WELLS J C, 2006. English intonation：an introduction［M］. Cambridge：Cambridge University
　　Press.

A Preliminary Study on Language Typology of the Similarities and Differences between Chinese and English Intonation

Jiang Hongliu

Abstract: In intercultural communication we usually feel obvious differences between languages. In linguistic research, scholars have also found that there are universal commonalities in many aspects of languages. What are the common features at all levels of language? How do the similarities and differences between languages affect people's language acquisition? It requires a comparative study of different languages to answer these questions. From the perspective of language typology, there are similarities and differences among different languages. Just as Comrie (1989) pointed out, when we discuss the prospect of language typology research, the richness of various languages in the world lays a foundation for us to study various linguistic phenomena. The purpose of language typology research is to explore the underlying universal properties of human languages and define the differences. From the perspective of intonation typology, to understand similarities and differences in intonation characteristics and functions between the native language and the target language, learners can make full use of the positive transfer of similarities, and avoid the negative transfer caused by language differences.

Key words: language typology; similarities and differences in Chinese and English intonation; the universal commonality of language

泛雅平台英语考试题库建设初探

马林兰

（四川大学外国语学院，成都 610207）

摘　要：近年来，国内高校引入超星泛雅、雨课堂等教育平台，为网络教学、考试和管理提供服务。2021 年超星升级了泛雅考试系统，增加了题库加密、试卷加密、远程监考等功能，实现考试全过程闭环管理，大大降低了远程在线考试面临的技术挑战，题库建设成为泛雅考试系统的重中之重。本文简要介绍了泛雅考试系统的特点，在此基础上提出英语题库建设的基本规范，并介绍了提升建库效率的两个脚本。

关键词：泛雅；英语考试；题库；规范

1. 引言

2018 年 4 月，教育部发布《教育信息化 2.0 行动计划》，指出要 "充分利用云计算、大数据、人工智能等新技术，构建全方位、全过程、全天候的支撑体系，助力教育教学、管理和服务的改革发展"。在国家教育信息化战略的指引下，一大批教育平台和应用程序被开发出来，并在使用过程中锐意创新，迭代升级，一些教育平台开始展示出引领教育信息化潮流的潜力。

目前，北京超星集团开发的一平三端系统①（泛雅平台 + 智慧课堂系统 + 学习通 + 大数据分析系统），由于功能全面，资源丰富，被国内 1700 多所高校②引入，支持校本网络信息化教学。根据蓝鲸教育智库报道，2021 年 2 月，国内活跃用户超过千万的教育平台，只有学习强国、安全教育平台和学

---

① 超星公司. 一平三端产品介绍 ［EB/OL］. ［2021 - 12 - 11］. http://fanya. chaoxing. com/portal/introduce.
② 数据由超星公司于 2021 年 12 月提供。

习通三家①；2021 年 6 月，学习通活跃用户达到 3300 万，仅次于学习强国②。考虑到学习通的主要用户为高校师生，泛雅平台在中国高等教育信息化领域已经形成了强大的渗透力和影响力。

2020 年春以来，全国人民抗击新冠疫情，部分高校学生不能返校参加考试，远程考试成为众多高校的首要选择和重大挑战。为了满足教育机构对远程考试的需求，超星升级了考试服务，新增题库加密和试卷加密功能，增强了网络考试的安全性。新增远程监考功能，学生进入考试时，系统自动比对考生档案照片和考试照片，确保考生本人参加考试；考试过程中调用电子设备的前置和后置摄像头，对考生及周围环境进行随机抓拍，同步考生答题状态，减少考试过程中作弊的可能性，使得远程考试成为可能。同时，超星全面优化了命题、组卷、发卷、监考、收卷、阅卷、成绩处理等考试流程，实现了考试全过程闭环管理。

随着泛雅平台考试技术的逐渐成熟，题库，即试题数据库，成为最具含金量的考试模块（费敬雯，李娅，2021），题库建设不仅需要根据建设目标对学科知识和能力考察点进行系统设计，还需要命题人员运用专业测试知识开展命题、预测等一系列工作。题库建成后，还需要考虑如何在教育平台部署等问题。为了充分发挥泛雅平台考试系统的优势和特色，建设题库前有必要制订相关规范，同时利用软件技术提升建库效率。

下面首先对泛雅平台考试系统进行简要介绍，了解该系统的主要功能和特性，在此基础上提出题库建设规范，并介绍提升建库效率的两个脚本的实现思路和部分关键代码。

2. 泛雅平台考试系统简介

2.1 考试系统

为方便考试管理人员操作，泛雅平台提供了两套考试系统，一套是关联课程的考试系统，另一套是独立于课程的考试系统。课程考试系统提供题库、作业库、试卷库 3 个模块（如图 1 所示）。

---

① 蓝鲸财经. 2 月教育平台 APP 榜："学习通"活跃人数跌破 2000 万，"腾讯课堂"连续 7 月跌出千万级行列 ［EB/OL］. ［2021 - 12 - 11］. https://baijiahao. baidu. com/s? id = 1695559622976114253&wfr = spider&for = pc.

② 蓝鲸商学院. Q2 教育 APP 总榜："学习强国"涨至用户规模第二位，"学小易"入围千万量级 ［EB/OL］. ［2021 - 12 - 11］. https://mp. weixin. qq. com/s/50SuUsIeE - GIc_ 7Zg1F8tw.

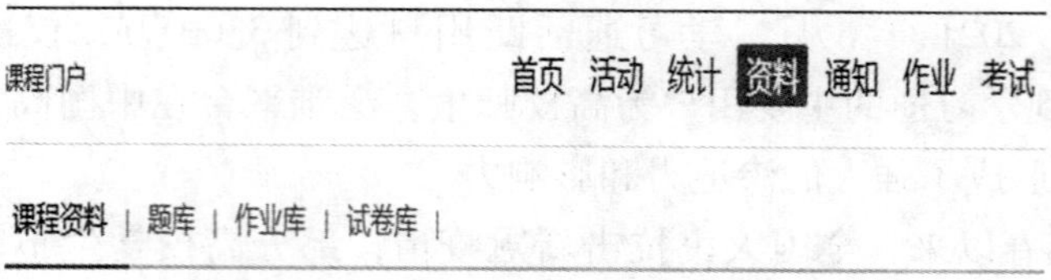

课程门户
首页 活动 统计 资料 通知 作业 考试
课程资料 | 题库 | 作业库 | 试卷库 |

图1 课程考试系统

独立考试系统如图2所示，提供了题库管理、试卷管理和考试管理3个模块。

账号管理
课程
云盘
题库管理
试卷管理
考试管理

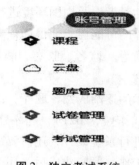

图2 独立考试系统

两套系统功能基本相同，区别在于课程考试系统限于参加课程的学生，且试卷不能直接复用；独立考试系统的考试对象通过考生名单进行管理，试卷可以复用，因此具有更大的灵活性。

2.2 题库维护

泛雅平台考试系统支持近20种题型，覆盖各类考试中几乎所有题型，支持题型重命名。题型可以分为简单题和复合题，前者包括选择、填空、判断、简答等题型，后者包括排序、连线和大题带小题等题型。英语试卷中常见的听力理解、阅读理解和完形填空是典型的复合题。题库建设人员可以为题目设置答案解析，设置分数及难度，关联知识点。同时，为了提高建库效率，充分利用现有试题资源，系统还提供了比较方便的试题导入、导出和引用功能，并支持采用两层目录管理题库，题库可以加密（见表1）：

表1　泛雅平台题库题型一览表

分类	题型名称	导入方式	导出和引用
简单题	单选题	支持快速导入、模板导入（包括 Word 格式，Excel 格式和 Ti 格式）和智能导入。	支持采用下列格式导出各类题目：pdf，Word，Excel 和 Ti 格式。Ti 格式是泛雅平台最通用、最安全的试题导入和导出格式。支持在不同课程的作业、试卷中引用试题。
	多选题		
	填空题		
	判断题		
	简答题		
	名词解释题	支持 Ti 格式导入。部分题型支持 Excel 格式导入。	
	论述题		
	计算题		
	分录题		
	资料题		
	口语题		
复合题	连线题		
	排序题		
	听力理解题		
	阅读理解题	支持智能导入和 Ti 格式导入。	
	完形填空题		

2.3　组卷

系统支持手动组卷和随机组卷两种方式。手动组卷过程中可以录入试题，也可以从题库中导入试题；题库可以在本课程内，也可以在其他课程中。随机组卷可以从题库中随机选择试题，组成多套试卷，比较适合考生人数较多，或需要分批次组织考试的场景，比如教学检测、期中考试、期末考试、入学编班考试、英语竞赛选拔等。但随机组卷对题目的数量和质量要求很高，要确保不同试卷的难度和效度相当。组卷完成后，可以设置密码进行封存。

2.4　试卷发布和监考

试卷发布前，可以在考试系统的考试模块进行各项考试设置。在通用设置部分，可以设定发放对象、发放时间、截止时间、考试限时、考试须知和防作弊设置（包括题目乱序、选项乱序、抓拍监控、切屏控制和限定考试端等）。在高级设置部分，可以设置重考次数、随机抽题、限定考试网络地址等。充分用好这些设置，可以保证考试安全。

考试开始后，监考人员可以进入监考页面，了解全体考生的考试状态，查看系统监考照片和答题情况；考试结束后，可以导出监考资料存档。对于小规模考试而言，可以考虑增加腾讯会议作为辅助监考手段，同时限定考生在学习通上答题，进一步提升考试安全。

2.5　成绩处理

考试结束后，可以组织教师批阅翻译、作文等主观题，然后汇总并导出成绩，并对考试结果进行统计分析，为提升试题质量提供依据和参考。

3. 英语题库建设规范

为了提高试题命制质量，确保试题外观一致，同时充分利用泛雅考试系统支持随机抽题、题目乱序、选项乱序、填空题可作客观题并支持可选答案等特性，非常有必要在建立题库之前进行规划，形成统一规范，并在建库过程中严格执行。下面从试题质量、试题格式和试题管理三个方面提出基本规范。

3.1　试题质量

（1）试题中的文本内容、多媒体素材和问题设计应积极向上，体现思政育人要求，符合主流价值和伦理观念，反映当前社会发展和科学探索前沿的观点和论断，有利于培养学生的批判性思维能力，试题命制符合测试学要求。

（2）从文章长度、句子难度、词汇难度三个维度控制阅读和听力的文本和音频难度。可以使用上海外语教学与研究出版社开发的篇章易读性检测工具和英语语速分析工具[①]，预设试题难度，并采用实测数据修正试题难度，同时对试题进行难度分级管理。

（3）设置试题考查的知识点，方便试题检索和抽取。

3.2　试题格式

（1）删除大题、小题和选项编号。删除试题、小题和多项选择前置编

---

① 上海外语教学与研究出版社. 科研助手［EB/OL］.［2021 – 12 – 11］. https://we. sflep. com/research/kyzs. aspx.

号，文本和音频中必须用到编号时，从 1 开始编号。这是因为系统组卷时会自动对试题编号，自行录入编号显得多余；选择随机组卷时，系统编号和自编号的混合使用会给考生带来困扰。

（2）统一下划线长度。对于填空题而言，统一设置为 9～11 个下划线作为填空占位符。在文本中必须使用编号时，使用1，而不是（1）或其他样式。

（3）统一文本段落的缩进、对齐和行距。

（4）为不同功能的文字设置统一的字体、字号和风格（比如粗体、斜体或下划线）。目前在移动端学习通上，默认字体为微软雅黑和 Arial，默认字号为 18px。在电脑端，尽管系统支持更多的中文和英文字体，但在移动端，所有中文字体转换为微软雅黑，英文字体除 Times New Roman 外，其余全部转换为 Arial。录入或导入试题时务必注意电脑端和移动端在字体支持上的差异。

（5）编写统一的试题模板，方便命题人员协作，方便后期批量导入。

3.3　试题管理

为方便后期组卷抽题，应充分利用系统支持两层目录的特点，对不同难度不同题型进行分类管理。如果同类型试题的小题数量不同，最好存入不同目录。最典型的是听力题。尽管 AB 两个试题都属于新闻，但是可能 A 题带 3 个小题，B 题带 4 个小题。这时最好存入不同目录，否则在随机抽题时可能导致题目数量不一致，从而影响分数计算。

4．提高题目录入效率

在泛雅题库建设探索阶段，笔者发现其面临多方面挑战，有质量控制的问题，有格式统一的问题，还有试题录入低效的问题。这是因为英语试题多为复合题，而泛雅平台不太方便题库建设人员导入编辑这类题目。如果把现有试题的 Word 文档转换到题库中，只能逐项粘贴，费时费力，且易出错。实践发现，手工粘贴一篇带 5 个小题、20 个选项的大学英语四、六级考试阅读题并完成答案设置，需要耗时 15 分钟左右；手工粘贴一整套大学英语四、六级试题，需要耗时 4 小时左右。这样的时间消耗是题库建设人员所不能承受的。

另外，泛雅平台虽然提供了多种试题导入方式，但主要针对简单题型，对复合题型的导入支持还存在诸多不足，比如目前不能导入听力理解题，导入阅读理解题时小题仅限于选择题。同时，导入方式存在以下缺陷：不能控制题目的字体、字号和风格，不能很好地支持 html 格式文本，等等。

为了充分利用现有试题资源，加快题库建设进度，有必要寻找更加快捷的试题录入方式。笔者为此编写了两个辅助脚本，第一个脚本可以把 Word 格式的英语试题转换录入题库，适用于录入少量试题的情形；第二个脚本可以把各类试题数据库或统一格式的试题文档导入题库，适用于批量试题转换的情形。本文介绍两个脚本的编写思路，并展示第二个脚本的部分关键源代码。

4.1　Word 文档试题转换辅助脚本编写思路

本脚本采用 Visual Basic Applications 编写，在 Word 宏中运行后，生成一大段 JavaScript 代码，复制备用。在 Chrome 浏览器中进入泛雅平台试题录入页面，插入一定数量的小题控件，在 Chrome 开发者工具中粘贴并运行 JavaScript 代码，试题内容自动写入页面控件。

4.2　批量试题转换脚本

该脚本采用 python 编写。基本思路分为以下三步。

第一步：开发通用试题模板。模板既要方便命题人员编辑，又要方便导入脚本识别。该脚本支持的英语听力、阅读和完形填空试题模板格式要求如下：

1. 小题题干从任意数字开始连续编号，格式为 3. 4. 5. ……
2. 每个小题题干、选项、答案各占一行，具体格式如下：
   a. 单选题：选项以 A）或 A. 编号，答案为一个大写字母；
   b. 多选题：选项以 A）或 A. 编号，答案为多个大写字母；
   c. 填空题：题干含有多个＿＿＿，答案用 | 分隔；
   d. 判断题：题干以. 结尾，答案为 true 或 false；
   e. 简答题：题干和答案分别占一行。
3. 文件中允许有空行。

试题文件内容示例：

If you feel defeated by your college experiences, you are not alone——many of today's college students are suffering from a form of shock.

Lisa is a good example of a student in shock. She is an attractive, intelligent twenty-year-old college junior at a state university. She was a straight-A student in high school and a member of the basketball and softball teams there. Now, only three years later, Lisa is miserable. She has changed her major four times and is forced to hold down two part-time jobs in order to pay her tuition(学费). She suffers from sleeping and eating disorders and has no close friends. Sometimes she bursts out crying for no apparent reason.

What is happening to Lisa happens to millions of college students each year. As a result, about one-quarter of the student population at any time will suffer from symptoms of depression. Of that group, almost half will experience depression intense enough to call for professional help. But many reject that idea, because they don't want people to think there's something wrong with them.

...

1. What is the main idea of the passage?

A) Going to college turns out to be an unhappy experience for many students.

B) Shock in college life is quite common and students need to learn to overcome it.

C) Students should consider the pressure in college carefully before entering.

D) Stress-related problems are increasing on college campuses and schools have responded.

D

2. What problems actually does Lisa have?

A) She is no longer a top student in college.

B) She is puzzled about which major to choose.

C) She may suffer from some mental problems.

D) She got frightened for some unknown disease.

AC

3. According to the passage, _____ students are suffering from depression at any time.

66%｜

4. The author seems to imply that some students who have serious depression.

true

5. What can be concluded from the passage about the author's suggestion on the solution to student shock?

The author's suggestion is groundless.

第二步：编写并运行转换脚本，把现有试题库或其他统一格式（例如 html，xml，json 等）的试题转换成符合模板格式的文本文件。对于听力理解题，可以统一把音频素材上传到超星云盘，获取音频素材信息，并写入试题的文本文件，省去导入试题文本后逐个添加音频素材的麻烦。其他多媒体素材可以采取类似操作。

第三步：编写并运行导入脚本，自动登录泛雅平台，选择课程，读取试题文件，批量导入泛雅平台题库。

4.3　批量试题导入关键源代码

4.3.1　前期准备

```
import json
import glob
import base64
import requests
from time import time
from bs4 import BeautifulSoup
import my parser #试题转换模块
fid = 'xxxx'#机构代码
phone = 'xxxxxxxxxxx'#登录手机号
password = 'xxxxxxxxxxx'#登录密码
moocId = 'xxxxxxxxxxx'#课程id

domain = 'https：//mooc1. chaoxing. com/exam/%s'
t0 = 'add_single_choice'
```

```
t1 = 'add_multiple_choice'
t2 = 'add_blank_filling'
t3 = 'add_true_false'
t4 = 'add_answer'
t5 = 'addConnLine'
t6 = 'addSortQues'
t7 = 'add_readingComprehension_clozeText'

papers = {
    '单选题': (domain % t0, '3715479', '0'),
    '多选题': (domain % t1, '3715480', '1'),
    '填空题': (domain % t2, '3715481', '2'),
    '判断题': (domain % t3, '3715482', '3'),
    '简答题': (domain % t4, '3715483', '4'),
    '名词解释题': (domain % t4, '3715484', '5'),
    '论述题': (domain % t4, '3715485', '6'),
    '计算题': (domain % t4, '3715486', '7'),
    '其他题': (domain % t4, '3715498', '8'),
    '分录题': (domain % t2, '3715487', '9'),
    '资料题': (domain % t2, '3715488', '10'),
    '连线题': (domain % t5, '3715489', '11'),
    '排序题': (domain % t6, '3715490', '13'),
    '口语题': (domain % t4, '3715494', '18'),
    '完形填空': (domain % t7, '3715491', '14'),
    '阅读理解': (domain % t7, '3715492', '15'),
    '听力题': (domain % t7, '3715495', '19')
}

data0 = '''isOpen = 1&courseId = % s&classId = % s&cpi = % s&openc = %
s&courseQuestionTypeId = % s&originType = % s&continue = false&pid =
0&examsystem = 0&qbanksystem = 0&workSystem = 0&syn − workexam =
```

1&chapterId = &zjtitle = &answerAnalysis = &topicId = &easy = 0&score = 1′′′

headers ＝ ｛′Content － Type′：′application/x － www － form － urlencoded′，
　　　　　　　　　′User － Agent′：′Mozilla/5. 0 （ Windows NT 10. 0；
Win64； x64） AppleWebKit/537. 36 （ KHTML， like Gecko） Chrome/
94. 0. 4606. 71 Safari/537. 36′｝

4.3.2　自动登录超星平台

```
def login( phone, password):
    pwd = base64. b64encode( password. encode( 'utf - 8'))
    pwd = str( pwd, encoding = 'utf - 8')
    data = { 'fid': fid, 'uname': phone, 'password': pwd, 'refer': 'https://i.
mooc. chaoxing. com', 't': 'true'}
    r = requests. post (' https://passport2. chaoxing. com/fanyalogin',
headers = headers, data = data)
    cookie = requests. utils. dict_ from_ cookiejar( r. cookies)
    return cookie
```

4.3.3　选择导入试题的课程

```
def choose_ course():
    url = 'http://fycourse. fanya. chaoxing. com/courselist/coursedata?_ = ' +
str( int( time() * 1000)) + '&courseType = 1&sectionId = 0&columnId = 0&fid =
0&classifyId = 0&selfbuild = '
    cookie = login( phone, password)
    r = requests. get( url, cookies = cookie)
    soup = BeautifulSoup( r. text, 'lxml')
lis = soup( 'li', 'zmy_ item')
    print('序号——课程名称: ')
    for li inlis:
        print( lis. index( li), '——', li[ 'cname'])
    i = input('请输入课程序号(0 - % s): ' % ( len( lis) - 1))
courseId = lis[ int( i)][ 'cid']
```

```
returncourseId, cookie
```

4.3.4 获取课程附加信息

```python
def get_ course_ info():
    #如果知道课程号(courseId),可以注释下面语句,跳过选择课程,直接获取课程信息.
    #courseId, cookie = choose_ course()

    courseId = moocId
    cookie = login(phone, password)

    url = 'https://mooc1.chaoxing.com/mycourse/teachercourse?moocId = ' + courseId
    r = requests.get(url, headers = headers, cookies = cookie)

    cookie1 = requests.utils.dict_ from_ cookiejar(r.cookies)
    cookie['jrose'] = cookie1['jrose']
    cookie['k8s'] = cookie1['k8s']
    cookie['route'] = cookie1['route']

    soup = BeautifulSoup(r.text, 'lxml')
    lis = soup('li')

    for li inlis:
        if li.get_ text() = = '资料':
            break

    href = li.find('a')['href']
    classId = myparser.getvalue(href, 'classId')
    enc = myparser.getvalue(href, 'enc')
    cpi = myparser.getvalue(href, 'cpi')
    openc = myparser.getvalue(href, 'openc')
```

```
returncourseId, classId, cpi, openc, cookie
```

4.3.5　导入同一文件夹内同类型简单题

```python
def dump_ simple_ papers( papertype, folder):
    #这部分代码需要根据题目格式进一步细化.
    courseId, classId, cpi, openc, cookie = get_ course_ info( )
    pt = papers[ papertype]
    url = pt[ 0]
    data1 = data0 % ( courseId, classId, cpi, openc, pt[ 1], pt[ 2])
    paperfiles = glob. glob( folder + ' * . txt')
    for paper inpaperfiles:
        with open( paper, encoding = 'utf - 8 - sig') as f: mm = f. read( ).
replace( ' \ n', '')
        ifpapertype in '单选题':
            data2 = data1 + '&content = < p >单选题题干 3 </ p >&A =
< p >1 </ p >&B =  < p >2 </ p >&C = < p >3 </ p >&D = < p >4 </ p >
&defAnswer = D'
        elif papertype in '多选题':
            data2 = data1 + '&content = < p >多选题题干 1 </ p >&A =
< p > a </ p > &B = < p > b </ p >  &defAnswer = C&C = < p > c </ p >
&defAnswer = D&D = < p > d </ p >'
        elif papertype in '填空题分录题资料题':
            data2 = data1 + '&isMutex = 0' + '&content = < p >填空题题
干 1 </ p >&1 = < p >第 1 空答案 </ p >&2 = < p >第 2 空答案 </ p >'
        elif papertype in '判断题':
            data2 = data1 + '&content = < p >判断题题干 1 </ p >
&answer = false'
        elif papertype in '简答题名词解释题论述题计算题其他题口语题':
            data2 = data1 + '&content = ' + mm + '&answer = < p > </
p >'
```

```
        else:
            return

        r = requests. post( url, headers = headers, data = data2. encode( ) ,
cookies = cookie)
        print( r. status_ code)
```

4.3.6 导入同一文件夹内同类型复杂题

```
    def dump_ complex_ papers( papertype, folder) :
        #一个文件夹里有多个复杂题
    courseId, classId, cpi, openc, cookie = get_ course_ info( )
        pt = papers[ papertype]
        url = pt[ 0]
        data1 = data0 % ( courseId, classId, cpi, openc, pt[ 1] , pt[ 2] )


    paperfiles = glob. glob( folder + ' * . txt')
        for paper inpaperfiles:
            print( 'dumping:   ' + paper)
            ifpapertype in '连线题':
                content, answer = myparser. parse_ lianxian_ paper( paper)
    elif papertype in '排序题':
                content, answer = myparser. parse_ paixu_ paper( paper)
    elif papertype in '完形填空阅读理解听力题':
                content, ss, answer = myparser. parse_ cloze_ paper( paper)
                data1 + = ss
            else:
                return


        data2 = data1 + ' &content = ' + content + ' &answer = ' + json.
dumps( answer)
        r = requests. post( url, headers = headers, data = data2. encode( ) ,
cookies = cookie)
```

```
        print( r. status_ code)
```

4.3.7　试题文本清洗

```
defstrQ2B( ustring) :
    #处理试题中的全角字符
rstring ＝ ""
    foruchar in ustring:
            inside_ code = ord( uchar)
            if inside_ code = = 12288:
                inside_ code = 32
    elif ( inside_ code > = 65281 and inside_ code < = 65374):
inside_ code － = 65248
        rstring + = chr( inside_ code)
        #处理引号
        table = str. maketrans( ′""' ′, ′"" ＼ ' ＼ ')
        s = rstring. translate( table)
        s = unescape( s) . strip( )
        s = re. sub( r′ ＼ s +( [ ?. ! "]) ′, r′ ＼ 1′, s)
        return s
```

4.3.8　复杂题内小题 guid 生成代码

```
defguid( ) :
        return re. sub( ′x′, lambda x: random. choice( ′0123456789abcdef′) , ′
xxxxxxxx － xxxx － 4xxx － xxxx － xxxxxxxxxxxx′)
```

5.　结 语

　　考试是人类源远流长的一项社会活动。从诞生那一天起，考试形式和考试内容就在不断进化，推陈出新。互联网的大规模运用，使得考试无纸化、网络化、虚拟化和智能化成为可能。虽然传统的纸笔考试目前仍居主流，新兴的网络化考试还存在这样或那样的不足，但是网络化考试已经展示出强大的生命力。新冠疫情爆发以来，网络化考试成为特殊情况下的首要和唯一选择。教育部《教育信息化 2.0 行动计划》指出："推动我国教育信息化转段升级……构建网络化、数字化、智能化、个性化、终身化的教育体系，建设人人皆学、处处能学、时时可学的学习型社会。"高校教师更应该追随时代潮流，积极投入相关理论研究和应用开发，为推动国家实现教育信息化贡献自己的智慧和力量。

本文分析了超星泛雅教育平台子系统——考试系统的主要特点，在此基础上提出英语题库建设基本规范，针对不同场景编写了提高建库效率的两个脚本，希望为利用网络教学平台从事英语或其他外语题库建设的同仁提供参考。

参考文献：

费敬雯，李娅，2021. 基于泛雅平台的无纸化考试应用研究 [J]. 信息与电脑（理论版），33（13）：192-194.

教育部，2018. 教育部关于印发《教育信息化2.0行动计划》的通知 [EB/OL]. (2018-04-13) [2021-12-20]. http://www. moe. gov. cn/srcsite/A16/s3342/201804/t20180425_ 334188. html

A Preliminary Exploration of Developing an English Test Item Bank on Fanya Platform

Ma Linlan

Abstract：In recent years higher institutions in China have been introducing a variety of instruction-oriented platforms, such as Fanya, Rain Classroom, etc., to host their online instruction, examination and management activities. Last year Fanya upgraded its testing module and streamlined all exam procedures by adding such functions as item bank encryption, exam paper encryption and distance exam monitoring, thus greatly reducing the technical challenges brought by distance examination. The construction of item bank has become the top priority of any Fanya-based examination system. This essay gives a brief introduction to the Fanya testing module and describes an authoring code framework for an English test item bank as well as two scripting tools to facilitate importing test items from other sources.

Key words：Fanya; English test; item bank; authoring code

大学本科班主任工作的核心要素
——以四川大学外国语学院英文系为例

邱惠林

（四川大学外国语学院，成都 610207）

摘　要：从 2017 年秋季学期开始，四川大学全面推行本科生班主任制度。经过几年班主任工作的实践，笔者认为，共情和细节是做好班主任工作的两大核心要素。

关键词：大学本科；班主任；核心要素；共情；细节

为贯彻全国高校思想政治工作会议精神，落实《四川大学关于"全课程核心价值观"建设的实施意见》，更好地发挥专业课教师对学生发展、成人成才的指导作用，从 2017 年秋季学期开始，四川大学决定全面推行班主任制度。教务处为此专门制订了《四川大学班主任工作指导意见（试行）》。指导意见对班主任的定位如下：班主任是学校立德树人、全面培育和践行社会主义核心价值观教育的骨干力量，是发挥专业课教师独特影响力，引领大学生健康成才、全面成长的指导者和引路人。班主任应贯彻落实党和国家的教育方针政策，坚持育人为本、德育为先，在潜移默化、润物细无声的关爱中引导学生健康成长。

大学班主任和专职辅导员的工作职责之间既有交叉之处，又有很大的差异。辅导员负责学生整体管理工作、思想政治教育及党团建设工作。而班主任则负责班级学生的全面工作，包括学习、生活、健康、心理、课外活动、综合素质培养等一切与学生相关的工作，是辅导员工作的延伸。

班主任由专业课教师担任。班主任工作职责如下：（1）以立德树人为根本任务，指导学生树立正确的人生观、价值观、世界观，引导学生德智体美劳全面发展。（2）弘扬社会主义核心价值观、中国精神、中华传统美德，创建健康向上的班风、学风。帮助学生尽快适应大学生活，增强克服困难、承受挫折的能力。（3）引导学生确立适应自身的学业规划和人生目标，帮助学生确立考研、出国留学、就业或创业的发展目标，处理好学习成才、生活交友、求职择业等方面的具体问题。（4）做好学生的专业教育和专业学习指导，帮助学生完善符合自身特点的完整的专业知识和技能结构体系。（5）提高学生的创新和实践能力。指导学生参与学术社团、科研立项、创新训练、学科竞赛、社会实践、见习实习等活动。（6）充分了解学生思想动向和日常生活，发现问题及时向有关部门反映，并给予学生具体的指导和帮助。

要完成上述班主任的工作职责，做好班主任工作，必须特别注意两个核心要素：共情和细节。共情是思想层面，而细节则是方法论层面。

1. 共情

共情（empathy），顾名思义，就是在情感上与人共在一处。共情也被称为神入、同理心，又译作同感、移情、投情等。这一由人本主义代表人物卡尔·兰森·罗杰斯（Carl Ransom Rogers，1902—1987）所阐述的概念，后来越来越频繁地出现在现代精神分析学者的著作中。"共情"一词似乎为现代精神分析与人本主义的融合搭起了一所桥梁。而在人际交往中，共情能力指的是一种设身处地体验他人处境，从而感受和理解他人情感的能力。

在大学本科生班主任工作中，在思想认识的层面上，班主任必须同时做到与家长和学生共情，才能真正以一颗仁爱之心投入班主任工作。

作为家长，子女考上大学，负笈远行，远离了父母的视线。俗话说，儿行千里母担忧。异地他乡，刚刚成年，孩子的一举一动都牵挂着父母的心。班主任要设身处地，理解家长的担忧，以"幼吾幼以及人之幼"的情怀，视学生为自己的子女，处处从家长的角度来考虑，并扪心自问：若我是家长，我希望我的孩子在大学里得到老师怎样的关心和帮助？推己及人，这种与家长的共情会让班主任增强使命感和责任心。

与此同时，班主任还要做到与学生共情。大学本科生和班主任之间，由于年龄的差异，必然有代沟，这会把师生的距离拉得很远，对班主任工作的开展相当不利。班主任应该努力跟上学生的节奏，尝试从学生的角度来诠释和处理师生关系。同时还要放下老师的架子，理解年轻学生的心态，熟悉年轻学生的关注点，增加与学生的共同语言，从而提高学生的信任度。也要问自己同一个问题：如果我是学生，我希望老师怎么对待我、帮助我？用这个问题的答案来指导自己的班主任工作。与时俱进，这种与学生的共情会缩短班主任和学生之间的距离，让班主任工作开展得更加顺利。

2．细节

细节（detail）决定成败。在班主任工作中，从方法论的角度，对细节的重视必须大学四年都一以贯之，才能保证班主任工作取得成功。

2.1　细节之宏观

班主任工作中细节之宏观，就是要有通盘的考虑和计划。大学生毕业后，最终要走出大学这座象牙塔，勇敢步入社会。在大学四年中，对学生坚持不懈地进行生涯规划教育，是细节之宏观的具体体现。

以笔者所在的四川大学外国语学院英文系为例。学院非常重视班主任工作，并对此给予大力支持。专业课教师从大一新生开始就负责班主任工作。四年为一个周期。从一开始，笔者就给大一新生进行生涯规划教育，在大学四年中不断加以强化，并在大学毕业时达到自然而然、水到渠成的效果。

英文系本科生毕业时，学生大致会有就业、保研、考研和出国留学四个选项。从大一开始，学生就应该分析自身和家庭的条件，结合兴趣爱好，大致确定一个方向，并为之不懈努力，争取达到目标。班主任应告诉学生，对自己要有一个清晰的定位，要做好生涯规划，不能大学四年浑浑噩噩，随波逐流，毕业时方知自己并没有做好走向社会或者进行进一步深造的准备。

2.2　细节之微观

新生在大一时确立初步的生涯规划只是第一步。千里之行，始于足下。确立了目标以后，实现目标就需要把具体行动落到实处，做好每一个细节。英文系本科生毕业时就业、保研、考研和出国留学这四个选项，可以直接划分为就业和深造两个大类。

2.2.1　就业

大学四年毕业，决定走向就业市场的学生，除了认真学好专业知识，取得大学毕业证和学位证以外，还要提高自己的综合素质，提升自己与人相处的能力。在努力完成各种学习任务的同时，学生必须一开始就要有提高综合素质这个意识。为达到这个目标，学生可以积极参加集体活动，竞选班干部和学生会干部，热心为同学服务，也可以参加各种实习工作和志愿服务，把自己所学运用于实际工作中，增加与人交往的机会，在实践中学习并提高与人相处的能力，使智商和情商同步提升。

此外，在大学四年中，该考的证书一定要考。学生要力争在力所能及的范围内，尽量多地考取各种资格证。取得各种资格证，是就业竞争中拿到的先手。各类资格证书可以增加毕业生找工作的筹码，可以提高专业知识水平，可以提高并展示个人综合素质。这样，在寻找工作时，才能更好地把握住就业机会，使自己的生涯规划得以实现。

对于英语专业的学生而言，大二举行的全国高校英语专业四级考试和大四举行的全国高校英语专业八级考试是必须参加的。这些考试不但要通过，而且还要争取高分通过，获得优秀。尤其是英语专业八级考试，作为国内组织的英语水平考试，在社会上的认可度非常高。如果有意愿进入外资和合资企业，且有余力的情况下，还要争取参加一些国外的英语水平考试，如由美国 ETS（English Testing Service）举办的系列英语能力考试、托福考试（TOFEL，Test of English as a Foreign Language）、托业考试（TOEIC，Test of English for International Communication）、GRE 考试（Graduate Record Examination）以及英国剑桥大学考试委员会举办的雅思考试（IELTS，International English Language Testing System），等等。这些国外举办的英语考试可以作为英语能力的一个强有力的佐证，打动用人单位。

英语专业的学生还可以参加全国翻译专业资格（水平）考试。全国翻译专业资格（水平）考试（CATTI，China Accreditation Test for Translators and Interpreters）是受国家人力资源和社会保障部委托，由中国外文出版发行事业局负责实施与管理的一项国家级职业资格考试，已纳入国家职业资格证书制度，是一项在中国实行的、统一的、面向全社会的、国内最权威的翻译专业资格（水平）认证，是对参试人员口译或笔译方面双语互译能力和水平的评价与认定。翻译资格考试作为一个国家级翻译人才评价体系，多次得到国家人力资源和社会保障部及业内资深专家的好评。

汉语作为母语，普通话证书也是必要的。普通话水平测试是对应试人运用普通话的规范程度、熟练程度进行评级的口语考试。普通话水平等级分为三级六等，即一、二、三级，每个级别再分出甲、乙两个等次；一级甲等为最高，三级乙等为最低。有的行业如主持人和教师行业，有对普通话的特别要求，所以取得普通话证书也很有必要。

有志于从事教师职业的，还需要考取教师资格证（Teacher Qualification Certificate）。教师资格证是教育行业从业教师的必备许可证书，想要做教师都必须参加国家统一考试，方可申请教师资格证。作为具备国家认定的教师资格的法定凭证，教师资格证由国务院教育行政部门统一印制，其专业性和权威性不言而喻。

全国计算机等级考试（NCRE，National Computer Rank Examination），是经教育部批准，由教育部考试中心主办，面向社会，用于考查应试人员计算机应用知识与技能的全国性计算机水平考试体系。全国计算机等级考试目前共设置了四个级别。从考试难度来看，计算机二级证书比较适合大多数学生报考，该证书也是展示大学毕业生职场竞争力的一个重要指标。

各类竞赛证书不仅可以提高学生的专业水平和综合素质，还可以增加毕业生求职面试时的筹码，给自己的简历添上浓墨重彩的一笔。所以在校期间本科生还要积极参加全国、全省或学校层面的各种竞赛，争取获得好名次。

当今社会，驾驶证已然是职场人士的标配。大学期间，虽然驾照并不是大学生必考的，但是大学阶段是最适合考驾照的，因为大学阶段相对而言时间充足。拿到驾驶证短则两三个月，多则半年以上，而寒暑假以及周末都是很好的学车时间。毕业工作之后就很少有时间来考驾照了，不仅忙于工作，而且假期也少。总之，大学期间很适合考驾照。有开车的一技之长也有利于求职。

俗话说，技多不压身。大学生在校期间要规划好自己的未来。一旦毕业走向社会，步出大学的象牙塔，要具备较强的综合能力和各种技能才能求职顺利，并在未来的工作中得心应手，闯出自己的天地。

2.2.2　深造

深造分为三种类型：保研、考研和出国留学。这三个选项都有一个共同点，那就是要争取学习成绩优秀，年级排名尽量靠前。而要争取排名靠前，学生首先必须认识到并走出一个误区，那就是重视专业课却忽视大课和公共课的学习。年级学业综合排名是要把所有课程的考试成绩都计入的。除了学习成绩优秀以外，还要尽量参加一些学科竞赛，撰写并发表学术论文等，这些都是年级排名需要计入权重的项目。

保研的学生需要尽量争取年级排名靠前。要尽早知道自己的学术兴趣并加以钻研，广泛涉猎相关的书籍，了解相关领域的专家学者及其著作，沉下心来，预热学术氛围，在自己心灵里提前支下一方安静的书桌。保研本校的学生可以提前了解研究生专业方向的一些基本情况。如果有志于保研到自己心仪的其他"985"或"211"高校，一方面要积极参加大三暑假时该校举办的保研夏令营，争取取得良好成绩；另一方面，最好在英语辩论、演讲、口笔译、创意写作等方面有自己的强项，以脱颖而出，得到该校的青睐。

考研的学生要考虑是否换专业。如果不换专业，考英语学术硕士，除了认真学习英语专业课以外，还要未雨绸缪，认真选择和学习一门自己喜欢的第二外语，并提前熟悉和准备政治课考试。要清楚目标学校的专业课考试题型，考研之前，最好能把该校最近五年的考研真题做一遍，做到知己知彼。考英语专业硕士的学生也要熟知考试科目范围及题型，尽早做好应对准备。如果要换专业考研，换的专业最好是自己喜欢的专业，可以在大学期间辅修该专业或者课余自学，并好好学习和准备英语和政治这两门必考课。对目标学校的考试题型及范围也要事先了解，并把最近五年的真题做一遍，增加考试"手感"。

出国留学的学生也需要专注于学习，提高平均成绩点数（GPA，Grade Point Average）。由于平均成绩点数是大多数大学及高等教育院校采用的一种评估学生成绩的制度，平均成绩点数越高，在申请国外大学的研究生院时才会处于一个越有利的地位。要提前准备留学目标国所需的英语水平考试，比如美国的 GRE 考试和英国的雅思考试。由于这些考试都费用不菲，一方面要尽量提前做好准备，争取一次就拿到理想的分数；另一方面也要密切关注这些考试成绩的有效期限，保证申请留学时成绩在有效期内，避免浪费人力财力。与此同时，到异国他乡留学，还要提前训练和提高自己生活自理的能力，洗衣、做饭和简单修理等基本的生活技能必须提前操练好。

不论是就业还是深造，都需要学生有高度自律和严密计划。经过寒窗苦读 12 载，高考并不是求学旅程的终点，而是一个崭新的起点。脱离了家长和高中老师的严密监管和安排，大一新生极易陷入一种高度紧张后的高度放松、漫无目标和无所适从，不适应从高中阶段以高考为终极目标、由家长老师鞭策的被动学习，到大学阶段自己规划、自己做主的主动学习。班主任要让学生清楚高中和大学学习的分野，指导学生尽快适应转变，适应大学生活。学生中最常见的就是拖延症（procrastination）。解决这个问题也需要从细节入手。最简单、最笨的办法，就是让学生准备一个小本子，列举出每天需要完成的每一件事，做一个计划（To-do list）。每做完一件，就划掉一件，直到一天之内所有的事情都一一完成。除了制订日计划，细化到每一天以外，还可以制订周计划、月计划、学期计划、年计划，并力争完成。长此以往，学生的执行力和自信心都会大大提高，拖延症自行治愈，自律性和条理性也随之增强。形成了这个好习惯，必将对学生的整个人生有很大的裨益。

3. 结 语

　　四川大学从学校、学院到系一级都高度重视本科生班主任工作。2021年6月4日上午，由教务处牵头，公共管理学院、法学院、外国语学院和经济学院联合举办的，以"倾心育人，做更好的班主任"为主题的班主任能力提升培训暨四学院班主任工作经验交流会，在四川大学望江校区基础教学楼 A404 成功举行。教务处副处长兰利琼教授从学习贯彻习近平总书记全国教育大会重要讲话精神引入，强调了"教育回归本位，教师作为领路人"的重要性。她解读了《四川大学班主任工作指导意见（试行）》，从具备较高的专业水平、高度的责任感、与社会实践相结合、发挥老师的人格魅力、引导学生的全面健康成长等方面重点讲述了班主任工作的职责，并结合心理学相关知识，通过真实、鲜活的案例，阐述了班主任全方位引导学生成长人才、促进教育事业高水平发展的重要作用。经济学院吴永红教授、法学院郑莉芳副教授、外国语学院邱惠林副教授（笔者）和公共管理学院李晓梅副研究员分别以"班主任的轻管理模式""亦师亦友，共同成长""点滴之间，一起脉动""践行初心，携手前行"为题，分享了自己班主任工作的经验。笔者在交流会上强调了共情和细节对班主任工作的重要性。首先从分析学生入学时的状态入手，并让学生认识到生命的重要性，进行生命教育：生命是第一位的，要有阳光思维，对学生进行心理"按摩"。要倾听学生的声音，除了学业指导外，亦注重心理抚慰、沟通和解压，并提供相应的建议。采取有效沟通来积极引导和帮助学生，引导学生做好职业生涯规划。从宏观和微观两方面分享了保研、考研、出国留学和就业等关键环节的指引经验。最后提出了自己对毕业学生的希望，希望与学生一起脉动。学生在校健康成长，乐观向上。毕业离开学校后，人生顺利，事业有成。能带着微笑回忆起在四川大学求学时温暖的点滴、舒心的时刻。

　　大学教育是一项系统工程，本科生班主任工作是其中的重要一环。教书育人不仅是简单的知识传授，而且还是心灵的沟通交流。习近平总书记提出了对新时代教师的要求，要做"四有好老师""四个引路人""四个相统一"，新时代高校教师亦应遵守十项行为准则。作为高校教师和班主任，让我们以梦为马，不负使命，兢兢业业，努力培养奋发向上的合格人才，为祖国建设添砖加瓦。

参考文献:

邱惠林, 2019. 细化本科学生管理 着力培养优秀人才——以四川大学为例 [C] // 段峰.
外国语言文学与文化论丛 14. 成都: 四川大学出版社: 122 - 131.

Essential Factors in Working as a Head Teacher for Undergraduates: Department of English, College of Foreign Languages and Cultures, Sichuan University as a Case Study

Qiu Huilin

Abstract: From the fall term of 2017 on, Sichuan University has been practicing the system of head teachers for undergraduates comprehensively. After years of working as a head teacher, the author holds that empathy and detail are the two essential factors in doing well as a head teacher for undergraduates.

Key words: undergraduate; head teacher; essential factor; empathy; detail

大学英语课程思政探索

宋迎春

（四川大学外国语学院，成都 610207）

摘　要：大学英语是听课人数最多的公共基础课之一，在实施全员全过程全方位育人的过程中起着重要作用。大学英语教学一方面要致力提高学生的英语文化素养和英语综合运用能力，以适应今后进一步学习和工作的需要，另一方面更应重视立德树人，为国家培养德、智、体、美、劳全面发展的社会主义接班人。本文分析了教育的本质，回顾了关于大学英语教学的几个指导性文件中思政方面的要点，分享了以《全新版大学英语综合教程（四）》（第二版）中一篇课文为例的课程思政教学实践。

关键词：大学英语；立德树人；课程思政；教学实践

自 2004 年党中央、国务院先后颁发《关于进一步加强和改进大学生思想政治教育的意见》以来，德育工作受到了高度的重视。2016 年习近平总书记在全国高校思想政治工作会议上强调，要把思想政治工作贯穿教育教学全过程，实现全程育人、全方位育人，努力开创我国高等教育事业发展新局面（新华网，2016）。2019 年党中央、国务院印发了《关于深化新时代学校思想政治理论课改革创新的若干意见》，提出思政课是落实立德树人根本任务的关键课程（新华网，2019）。2020 年教育部发布了《高等学校课程思政建设指导纲要》（以下简称《纲要》），要求把思想政治教育贯穿整个人才培养体系，要落实立德树人根本任务，必须将价值塑造、知识传授和能力培养三者融为一体，全面推进高校课程思政建设，充分发挥每门课程的育人作用（中华人民共和国教育部，2020）。

大学英语，作为面向大一、大二学生开设的公共基础课，必须在重视提高学生的语言文化素养和语言综合运用能力的同时，注重价值观的塑造，发挥课程在思想政治教育中的重要作用。本文将简述教育的本质，分析近年来大学英语教学的几个指导性文件中思政方面的要点及要求，并以《全新版大学英语综合教程（四）》（第二版）中第四单元课文 A "In Search of Davos

Man"（《寻找达沃斯人》）为例，进行课程思政的教学实践探索。

1. 教育的本质：回归立德树人的初心

古今中外，思想政治教育作为思想、道德和政治教育的总称，一直都是教育的重要组成部分（张轩，2010：40）。孔子在《论语·为政》中提出"道之以德，齐之以礼，有耻且格"，强调了道德的引导作用。中文的"教育"最早出现在《孟子》"得天下英才而教育之"一句中，"教"即传授知识，"育"则为培养人格。我国的教育继承了儒家主张的教书育人、治国兴邦的优良传统，从人本思想出发，将道德教育与个人发展和国家兴盛紧密结合。古希腊著名哲学家和教育家柏拉图认为公民所受的教育决定了国家的强盛，理性和美德培育与知识教育同等重要。英国著名哲学家洛克提出教育就是要为国家培养有健全的精神和身体的人才。纵观历史，教育本质上具有政治性，价值观与语言教学密切相关（Johnston，2003：42−44）。

近年来，党中央、国务院以及教育部先后发布了一系列文件，特别强调了思想政治教育的重要性。其中，《纲要》指出，培养什么人、怎样培养人、为谁培养人是教育的根本问题，立德树人成效是检验高校一切工作的根本标准，要把课程思政建设列为全面提高人才培养质量的重要任务（中华人民共和国教育部，2020）。这就为高等教育指明了方向，即通过课程思政这一全新的课程观，让教育回归立德树人的初心。

2. 大学英语教学的几个指导性文件中关于思政教育的要点及要求

2007年教育部高等教育司制定了《大学英语课程教学要求》（以下简称《要求》），作为开展大学英语教学的主要依据。《要求》涵盖了教学性质和目标、课程设置等六个方面。其中，大学英语的教学目标是培养学生的英语综合应用能力，重视用英语进行交际的能力，增强自主学习能力，同时提高综合文化素养，以适应我国社会发展和国际交流的需要。在课程设置方面，《要求》指出，大学英语课程是语言基础课的同时，也是拓宽知识、了解世界文化的素质教育课程（教育部办公厅，2007）。这两个方面都强调了大学英语课程应该为国家培养高素质的人才。

2017年教育部发布了《大学英语教学指南》（亦称2015版）（以下简称《指南》），《指南》在《要求》的基础上，强调了大学英语课程作为高等学校人文教育的一部分，兼有工具性和人文性双重性质，还特别提出应将社会主义核心价值观有机地融入大学英语教学。在教学目标方面，《指南》提出大学英语要培养学生的英语应用能力和跨文化交际能力，同时发展自主学习能力，提高综合文化素养，以满足学生在学习、生活、社交及工作中有效地使用英语的需要，满足国家、社会、学校和个人发展的需要。在通用英语课程教学中，可以适当导入一定的中外文化知识，以隐形教学为主，让学生不仅能够了解中外不同的世界观、价值观、思维方式，又能提升跨文化意识，提高学生的社会语言能力和跨文化交际能力（中华人民共和国教育部，2017）。《指南》已经初步体现了思政教育的要求。

2020 年，教育部发布了《大学英语教学指南》（2020 版），此版本是在2015 版的"继承"与"发展"。"继承"体现在课程性质、目标和课程设置，而"发展"主要表现在课程思政、教学要求、教学内容等五个方面（新华网客户端，2020）。《大学英语教学指南》（2020 版）在课程定位与性质和教学内容两个部分都强调了课程思政的概念。一方面，明确指出大学英语课程应以立德树人为根本任务，大学英语教学应主动融入学校课程思政教学体系，将课程思政理念和内容有机融入课程；另一方面，规定了教材内容也要体现思政要素，如教材内容要充分体现社会主义核心价值观和中华优秀传统文化，引导学生树立正确的世界观、人生观和价值观。

课程思政是我国高等教育的一项重要任务，大学英语教师应在充分了解课程思政理念的基础上，使思政元素有机地渗透大学英语的日常教学，从而让大学英语课程充分发挥立德树人的作用。

3.　课程思政实践

3.1　课程思政探索的缘起

在过去二十多年的英语教学实践中，笔者接触和尝试了多种教学方法和理念，如语法翻译法、3P 教学法（Presentation，Practice，Production）、交际法、任务教学法、翻转课堂、混合式教学、产出导向法等。在关注教学方法和语言能力培养时，对思政教育的重视程度不够。

2020 年 7 月笔者参加了上海外语教育出版社的专题论坛"课程思政与外语教学的有机融合"暑期培训，学习了课程思政的基本理论和专家们的实践经验。之后便开始尝试、思考如何在教学的各环节中进一步融入思政元素。

2021 年 8 月，笔者参加了上海外语教育出版社举办的"高校外语课程思政建设理论与实践"暑期研讨班，从专家们的分享中大受启发，深刻理解了教育应该坚持立德树人的初心，意识到大学英语教学必须重视德育教育，并且决定从"深挖"和"融入"两个方面下功夫，将大学英语和课程思政紧密结合起来。于是便开始尝试在仔细研读和分析教材的基础上，深入挖掘每个单元、每堂课的难点、重点和思政点。以下以《全新版大学英语综合教程（四）》（第二版）中第四单元课文 A "In Search of Davos Man"（《寻找达沃斯人》）为例，分享思政教学实践的大致思路，其中的材料和任务均在笔者的六个教学班中使用。

3.2　课前准备

首先，根据单元主题和内容确定思政点。本单元主题为全球化，课文 A 介绍了世界经济论坛、达沃斯人、关于全球化的不同观点，以及全球化的历史、现状、趋势和挑战。思政点为客观看待全球化以及其带来的冲突和挑战，中国在全球合作中坚持和平发展道路，推动构建人类命运共同体。下一步就是深度分析课文，确定教学重点：文化方面的重点和难点为世界经济论坛和全球化的概念，这是理解全球化及其利弊的基础；语言方面的重点和难点主要是如何客观地呈现人们对全球化的不同观点，这就可以结合思政元素，通过练习让学生全面了解全球化，深入了解并学会表达中国在全球合作方面的立场。然后开始搜集补充资料，比如世界经济论坛官网有关 2021 年达沃斯论坛的报道、论坛的主题和重点议题（如新冠疫苗项目、种族平等、增加就业、气候变化等），中国国际电视台（CGTN）关于习近平主席在达沃斯论坛上的讲话的视频和原文、中美贸易冲突的纪录片。

3.3　将思政点融入教学的重难点的教学设计

在精心分析课文、确定教学的重难点和思政点，以及搜集、精选补充资料的基础上，最重要的是把相关的思政内容编织到教学活动中。下面将介绍如何将本课的思政点融入表达不同观点这一教学重难点。布置课前预习任务，学生在了解课文大意的基础上，找出作者客观介绍不同人物对全球化的观点的词语（即"reporting verbs"），分析全球化的利弊和影响。完成后观看提前发到学生 QQ 群的关于"reporting verbs"的讲解视频。课堂归纳不同观点，总结引出观点的词语，并就视频要点提问，根据反馈情况选取约两分钟的重点内容再次观看。为了加深学生对"reporting verbs"的理解，学会表达中国在全球合作中的立场，课堂阅读了世界经济论坛 2021 年 2 月 15 日的一篇文章（"How the Davos Agenda 2021 outlined a path for global cooperation"）的选段。选段中多次使用了这类动词，比如在谈到多国领导人关于全球合作应以人为本的共识，以及习近平主席提出在互相尊重的基础上促进人类文明的共同繁荣时。

为了让学生掌握有关表达，并且有与思政点相关的内容可以用来表达，下一步以输入为主，观看了分析中美冲突的纪录片精选片段，内容包括美国经济衰退、贫困人口增加，特朗普在 2016 年竞选时指责中国加入世界贸易组织从而夺去了美国人的工作的偏激看法，而几位专家则对美国政府不作为、无法解决就业、无法缓解新冠疫情，对中美竞争和美国人反对全球化观点进行客观分析。观看视频后布置了以分析中美冲突所带来的某一问题为题的课堂讨论和段落写作。学生以小组为单位归纳视频中的问题和观点，分享各自的观点，然后再进行写作。写好之后互评（评价标准如下：内容是否围绕一个核心问题展开并表达了不同观点，是否给出自己的观点，是否使用"reporting verbs"，用法是否正确，有无语法错误，段落是否完整、连贯），最后老师点评。通过此练习，学生学会了使用不同的动词来引出观点，能客观辩证地看待全球化带来的问题，让世界听到中国的声音。

另外，课文第七段介绍了 20 世纪 80 年代后期以来随着中国和印度参与全球化，全球化给欧美带来了前所未有的挑战。阅读课文段落后，观看了中美冲突的纪录片，选取的片段涵盖了以下内容：美国梦及其破灭、硅谷的盛衰、以锈带（Rust Belt）上的一个城市代顿（Dayton，美国俄亥俄州西南部城市）为代表的美国制造业的衰退和随之而来的失业和贫困、新冠肺炎疫情期间美国对中国的敌意和专家客观的分析。针对不同视频选段，设计了选择题、笔记练习、听写（课后批改网默写任务）以及讨论练习，加深了学生对相关内容的了解，使学生能够有理有据地分析中美冲突中的一些问题，坚定中国立场，传递中国声音。

当然课堂只是学习的一部分，更多的学习任务在课外完成。课前布置了分组搜集整理课文中关于全球化和 2021 年达沃斯论坛的内容，比如全球化的概念和利弊，全球化对世界各国政治、经济、文化、教育及环境的影响。上课时，每个组员在组内分享，记录要点，然后一个小组一分为二与另一个小组分别组成两个新的小组，互相分享信息，并各自提出一个问题，进行回答或讨论。分享一轮后，再次重组小组，分享各自准备的信息后，进行提问、回答或讨论。经过三轮演练，学生不仅能流利表达自己准备好的内容，又从其他同学的分享中收获了新的信息和观点，通过提问、回答及讨论，深入理解了相关话题。课后学生观看习近平主席在达沃斯论坛上的讲话并阅读原文，深入学习了我国在全球合作中的立场和态度，加深了对社会主义核心价值观的理解，思考了面对一些西方国家提出的"中国威胁论"，我们应该如何应对，如何向世界传递友好的声音。在此基础上，最后完成批改网上基于主席讲话选段的作文，作文题目为"My View on Global Collaboration"。

3.4　教学反思

按照上面的设计，将思政要点融入教学内容和活动中，学生通过课堂内外以教材为依据、学习资料为拓展的学习、分析和练习，能较全面地学习与全球化相关的语言文化知识，深入了解其历史沿革和当前的新形势，辩证地看待全球化给各国带来的影响。同时，此基础上，更加认同中国在全球合作中的立场，从而能够向世界传递中国的声音，增强文化自信。

大学英语教材中的思政元素无处不在，而且与学生的学习、生活和将来的工作密切相关，对他们树立正确的世界观、价值观和人生观有重要影响。如《全新版大学高阶英语　综合教程1》的六个单元中，涉及的主题包含专业发展、友谊、爱情、人性、探索、创造力，这些主题反映了人类社会普遍存在的话题和认同的品质，传递了克服困难挑战自我、不能以貌取人、真爱可以经受时间的考验、与人为善而不计回报、不畏艰险的探索精神等信息。这些话题很容易在大学生中引起共鸣，在教学中，教师可以结合社会主义核心价值观中个人行为层面的基本道德规范展开教学活动，培养学生高尚的道德情操和健全的人格。

另外，教学活动既要充分利用教材现有内容，又要适度展开，结合学生的兴趣和专业选取与当下国内外时事相关又体现思政元素的阅读和音视频材料，保证丰富多样、地道鲜活的语言输入，通过讨论、分享、调查、辩论、翻译、写作等多种输出形式，在激发学生的创造力、好奇心和培养学生的批判性思维的同时，将思政元素巧妙融入日常教学内容和教学活动。

4.　结语

大学英语课程兼具工具性和人文性，大学英语教学不仅仅是语言和文化的教学，更要以立德树人为根本任务，将思政元素润物细无声地渗入教学的每一个环节。全面推进课程思政对教师提出了更大的挑战。《大学英语教学指南》（2020版）对大学英语教师提出了以下五个方面的素养提升要求：育人素养、学科素养、教学素养、科研素养和信息素养；鼓励教师主动适应新形势和新要求，不断提高各方面的素养（新华网客户端，2020）。因此，大学英语教师必须不断提升自己的专业能力和综合素质，拓展知识面，拓宽视野，才能在教学中融会贯通，将课程思政落实到大学英语教学中，守好大学英语教育这段渠，种好自己的责任田，为培养德、智、体、美、劳全面发展的社会主义接班人做出更大的贡献。

参考文献：

教育部办公厅，2007. 教育部办公厅关于印发《大学英语课程教学要求》的通知［EB/OL］.（2007 – 07 – 10）［2021 – 12 – 29］. http://www. moe. gov. cn/srcsite/A08/s7056/200707/t20070710_ 110825. html.

新华网，2016. 习近平：把思想政治工作贯穿教育教学全过程［EB/OL］.（2016 – 12 – 08）［2021 – 12 – 29］. http://www. xinhuanet. com//politics/2016 – 12/08/c_ 11200 82577. htm.

新华网，2019. 中办、国办印发《关于深化新时代学校思想政治理论课改革创新的若干意见》［EB/OL］.（2019 – 08 – 14）［2021 – 12 – 29］. https://baijiahao. baidu. com/s? id = 1641843364238458404&wfr = spider&for = pc.

新华网，2020.《大学英语教学指南》（2020 版）在京发布［EB/OL］.（2020 – 10 – 21）［2021 – 12 – 29］. https://baijiahao. baidu. com/s? id = 1681148886265387788&wfr = spider&for = pc.

张轩，2010. 思想政治教育是人的生存方式之一［J］. 思想政治教育研究（2）：40 – 43.

中华人民共和国教育部，2017. 大学英语教学指南［EB/OL］.（2019 – 04 – 02）［2021 – 12 – 29］. http://sfs. ahu. edu. cn/2019/0402/c15142a197508/page. htm.

中华人民共和国教育部，2020. 教育部关于印发《高等学校课程思政建设指导纲要》的通知［EB/OL］.（2020 – 05 – 28）［2021 – 12 – 29］. http://www. moe. gov. cn/srcsite/A08/s7056/202006/t20200603_ 462437. html.

JOHNSTON B，2003. Values in English language teaching［M］. Mahwah，NJ：Lawrence Erlbaum Associates：42 – 44.

Exploration of Integrating Ideological and Political Education and College English

Song Yingchun

Abstract: College English, one of the courses targeting the great majority of college students at universities, plays a crucial role in the all-round cultivation of whole people in the entire process. On the one hand, college English teaching should aim at enhancing students' cultural literacy and comprehensive competence of the English language to meet their needs of further study and career. On the other hand, the course should attach more importance to morality cultivation to educate socialist successors for the country with comprehensive development of morality, intelligence, physical education, art and labor. This essay analyzes the essence of education, reviews key points of morality cultivation of several guiding documents concerning college English teaching, and shares the exploration of integrating ideological and political education into the teaching of an article from New College English Integrated Course 4.

Key words: college English; morality cultivation; course ideological and political education; teaching exploration

大学英语双语文化输入与输出

肖 涛

（四川大学外国语学院，成都 610207）

摘 要：大学英语不仅是一门知识课程，也是一门文化课程。由于大学英语教学语言及英语作为西方文化载体的特殊性，部分高校大学英语教学中不同程度地存在教学内容"重西轻中""中国文化失语"等现象。因此，在教学中教师不仅要引导学生吸取西方文化的精华，去其糟粕，更要注重弘扬中国传统文化，进行双语文化输入与输出，从而增强学习者的文化主体意识和文化自信，立德树人，造就社会主义建设的跨文化人才。

关键词：大学英语教学；双语文化；文化失衡

大学英语教学是高等教育的一个有机组成部分，大学英语课程是大学生的一门必修的基础课程，其目标是培养学生的英语综合应用能力，增强学生自主学习能力，让学生了解英语国家社会文化知识，以适应我国社会发展和国际交流的需要。朱家科在《大学英语教学中的文化教学》一书中指出："语言不是孤立存在的，它深深扎根于民族文化之中，并且反映该民族的信仰和情感，因此语言既是文化的一部分，又是文化的载体。既然语言与文化是密不可分的，那么在语言教学中就不可能不进行文化教学。"（朱家科，2009）由此可见，英语不仅是一门知识课程，也是一门文化课程。除了培养学生的语言技能，提高综合文化素养和跨文化交际能力也是大学英语教学的重要内容。

1. 大学英语双语文化教学的必要性

由于大学英语教学语言及英语作为西方文化载体的特殊性，我国大学英语教学中不同程度地存在教学内容"重西轻中"、"中国文化失语"、教学方式单一等问题。目前，高校所使用的大学英语教材涉及社会、文化、科技、环境、经济等诸多方面，但是教材内容多来自西方的原版报纸、杂志、书籍等，对于中华文化涵盖较少，对中西方文化进行对比的内容也非常少。比如上海外语教育出版社的《全新版大学英语综合教程》（第二版）中，中西文化对比的相关内容仅占 1.5%；外语教学与研究出版社的《新视野大学英语》精读教材中，中国文化相关内容的占比仅为 2.5%。诚然，学习者大量接触原版外语资料能够营建良好的语言学习环境，使学生获得愉悦的语言体验和较强的外语语感，进而将其内化为学习者的英语语言应用能力，但过多的西方文化体验和中国文化元素的缺失会让学习者更大程度接受和认可西方文化与价值观，从而使得中国传统文化受到挑战和质疑，逐渐边缘化。

格布哈特（Gebhard，2009）提出："要理解另一门外国文化，你必须学习母语文化——通过了解本民族的传统价值观和行为习俗，你才能更容易对异国文化有洞察力和敏感性。"许力生（2020）对跨文化交际能力进行了再分析，认为在交际中应"使交际双方能够充分发出属于自己文化的声音，又能最大限度地相互接近和理解"。

当前，随着中国在世界经济体中强势崛起，中国特色社会主义建设进入了新时代。坚定文化自信，讲好中国故事，构建人类命运共同体，建设中国特色文化，推动中华优秀传统文化走出去，是摆在我们面前的历史性课题。习近平总书记在党的十九大报告中指出："文化是一个国家、一个民族的灵魂。文化兴国运兴，文化强民族强。没有高度的文化自信，没有文化的繁荣兴盛，就没有中华民族伟大复兴。"其中"社会真正需要的是双语和双语文化，甚至是更多语文化的人，社会文化能力不仅包括目的语文化知识，还包括母语文化知识"的精辟论述为大学英语教学指明了方向。

2. 双语文化输入与输出

2.1 教材增加中国文化输入

教材是知识的主要载体，教材内容的质量和丰富程度将对教学效果产生直接影响。在现有部分教材中国文化知识缺失的现实面前，大学英语教师可以有意识地采取多样化的教学模式，在课堂教学过程中不断完善双语文化输入的设计框架，把传授中华传统文化、中国特色的社会主义文化等思政元素有效融入课程教学，在大学英语学习周期内有计划地在单元教学的各个环节导入民族文化、社会主义核心价值观等元素。这既能使学习者在参与的过程中学到英语语言知识，又能使他们感受到中国传统文化的魅力，从而提高学习者的学习兴趣和民族文化认同，弥补教材不足。笔者用上海外语教育出版社的《全新版大学英语综合教程》（第二版）略举几例。

第一册第四单元课文 A 的篇名是 "Tony Trivisonno's American Dream"，内容是讲述一个意大利移民 Tony 如何在美国白手起家，最后成为农场主，举家定居在美国的励志故事。其主旨是只要勤奋努力，任何人都可实现"美国梦"。教师可在课堂上加以拓展，与习近平总书记提出的"中国梦"（Chinese Dream）相对比。首先，教师可以进行启发式提问，引导学生思考"中国梦"的最大特点。其次，通过课堂小组讨论，对比"美国梦"和"中国梦"的定义、实现的方式、现实意义等。再次，请学生学习《中国日报》（*China Daily*）的一篇文章《中国梦（*zhong guo meng*）：Chinese Dream》。最后，进行翻译练习，翻译《中国梦就是实现中华民族的伟大复兴》（"Chinese Dream Is Great Rejuvenation of the Chinese Nation"）一文，从而让学生感受当代中国文化的主旋律，激发他们的爱国热忱。在课堂教学过程中，通过将"中国梦"与"美国梦"进行对比，可以增进学生对"中国梦"的理解与认同，在增强文化自信、民族自豪感的同时，把自身的前途与祖国的未来、民族的命运结合起来，树立为实现中华民族伟大复兴而努力学习的奋斗目标。

第一册第六单元课文 "A Valentine Story"，也是一个介绍中华传统文化的绝佳机会。教师在讲 "Valentine" 这个词时，必然会提到西方情人节（Valentine's Day）的来历和风俗，由此可补充中国牛郎织女鹊桥相会的七夕节的传说和风俗。通过不同国家情人节的传说与故事，学生能够观察到不同国家之间的文化和价值观差异，并能根据交际需要，向西方人士介绍中国传统文化，讲好中国故事。

此外，若课堂单元教学恰好遇上中国传统节日，则可准备相关英文资料，给学生扩展有关中华传统节日的背景知识。例如，介绍中秋节的来历和习俗，与美国感恩节比较异同；介绍清明节的起源和民间习俗，在课堂上展示唐朝诗人杜牧的《清明》一诗的五种英译版本，让学生欣赏并比较英汉两种语言的各自特点，体验诗歌的音美、形美和意美，感受中华传统文化的魅力，最后让他们选出他们最喜欢的译本并且解释原因；同样的方式还可运用到端午节、重阳节和农历春节等中国传统节日中。

除了阅读课程，在听说类课程中亦需融入中国文化相关内容，让学生能够有更多的机会多听多说多练，提升用英语表达中国文化的能力。在教学内容的选择上，教师可以借助互联网搜集相关教学资源，比如搜集中央电视台纪录频道（CCTV-9）、中国国际电视台（CGTN）、《中国日报》、《北京周刊》介绍中国文化的音视频资源、报刊文章等。

总而言之,大学英语课程作为跨文化交际的载体,应该成为中西文化交流的纽带与桥梁。若仅重点介绍西方文化,会造成中国文化的"失语",使学习者在价值观、习俗、生活方式等方面与西方趋于一致,失去对中国本土文化的认同,迷失自我文化身份,疏离本民族文化。因此,英语教学不仅要让学生接触和了解英美文化,更要在教学过程中适时引入中国文化,把中华文化和西方文化进行对比教学是开展课程思政的一种重要方式,能有效提高学生的思想认识。

2.2 学生讲述中国故事

教材使用只是整个英语教学过程的一个环节,只是英语语言知识输入的一部分,不是教学目标和过程的全部,课堂不应该成为老师灌输知识的一言堂。为了发挥学生的主观能动性,教师应该开展丰富的英语课堂活动,使学生在交流中实现语言和文化的输出,例如,课堂伊始的五分钟左右的学生小组或个人展示(presentation)就是学生锻炼语言交际能力的舞台。

之前学生展示的话题以西方杰出人士、西方科技成就、西方音乐和影视为主,关于中国的话题较少,出现失衡的现象。因此,面对课堂中国文化失语的困境,教师应该引导学生多讲述中国故事,多展示中国文化。例如布置"My Most Admired Chinese"的主题,鼓励学生围绕这一主题,选取他们最尊敬的中国人,在课堂用英语展示他们的人生经历和杰出贡献。学生利用幻灯片、音视频、角色扮演等多种方式介绍诺贝尔医学奖获得者屠呦呦、杂交水稻之父袁隆平、为抗击新冠肺炎疫情做出杰出贡献的钟南山等中华杰出人士,以及"感动中国"平凡普通人物博爱大爱的事迹。学生重点讲述中华优秀儿女的故事,可增强他们的民族自信与文化自觉,培养爱国情怀,从而在未来的对外交流中讲好中国故事,以不懈的奋斗为祖国做出贡献。

除了立足中国视角,讲述中国人物故事,教师也可围绕时事新闻主题,鼓励学生用英语展示国内在科技领域的多个方面取得的重大进步,做出的重要创新,如5G技术、人工智能、新冠疫苗、嫦娥揽月、北斗导航、载人飞船等,从而使学生感受中国作为一个科技大国已然崛起,只有努力学习和创新,发展科学技术,才能托起强国梦,力争"强国有我"。此外,教师利用课堂展示时间,引导学生讲述中国故事,诸如家乡的变化、扶贫政策和取得的成就、中国的美食文化、中国的人文地理、中国经典文化著作解读、中国影视作品赏析等。

总之，在"中国文化走出去"的大背景下，要想讲好中国故事、传播好中国声音，课堂上的学生展示是必不可少的环节。

2.3　课后开展中华文化活动

大学英语教学在课堂上的时间是非常有限的，要达到双语文化输出的目的，必须利用学生课堂外的时间来开展深入理解或传播中华文化的活动。比如增设第二课堂，为学生提供更多的渠道去学习与中国文化相关的英语知识。《全新版大学英语综合教程》第二册第一单元的 A 课文 "Learning, Chinese Style" 是此套教材 1～4 册唯一与中国文化相关的文章。其主题是对比中西教育的理念和方式差异，基于哈佛大学教育学教授霍华德·加德纳在华考察学龄前儿童教育的真实经历，观点中立，极具洞察力和启发性。文章的背景是儿童早期教育，教师可利用课外第二课堂将其扩展为中学或大学的中西教育比较。教师通过 QQ 发给学生英国广播公司（BBC）拍摄的《我们的孩子够厉害吗？中式学校》（Are Our Kids Tough Enough? Chinese School）视频。在约 3 小时共 3 集的系列纪录片中，BBC 邀请了 5 名中国教师去英国博航特中学的"试验班"教授 4 周课程，然后通过期末考试的形式对中式和英式教学成果进行评比，最后结果是中国班在三个核心课程上完胜英国班。学生看完整套视频后，以小组为单位讨论中英两国教育的差异，最后提交一篇关于中英教育对比的议论文。除了培养学生的批判性思维，此活动还增强了学生对我国中小学基础教育的信心，增强了学生的文化自信和民族自豪感。

此外，教师应该多鼓励学生在英语课堂之外观看类似的英文版视频。诸如 BBC 系列纪录片《美丽中国》（Wild China）、《中华故事》（The Story of China）、《中国春节——全球最大的盛会》（Chinese New Year: The Biggest Celebration on Earth）、《中国最伟大的诗人——杜甫》（Du Fu: China's Greatest Poet）、《中国创造》（Designed in China），等等。此外，美国探索频道的三集纪录片《习近平治国方略：中国这五年》（China: Time of Xi）视角独特，全面客观地讲述了中国领导人的故事，学生观看后能够领略中国近几年发生的巨大变化。也可通过阅读、观看戏剧表演、观看英文版古诗词朗诵等方式来加强对中国文化的了解，并站在外国友人的角度来看待中国文化，站在本土文化角度来向世界宣传和弘扬中国文化。当然，西方的纪录片和书籍文章都是以西方人的视角来拍摄的，不可避免地对中国带有一些偏见，教师一定要提醒学生培养自身的思辨能力，辨别精华与糟粕，辩证地汲取。

除了介绍中国文化的影视作品和阅读材料外，教师也可选用大学英语四、六级考试翻译真题作为学生课外作业。2013 年后四、六级考试段落翻译话题大多数有中国文化元素，包括中国地理基本概况、文化古镇、风俗习惯、饮食文化等。学生通过汉译英练习培养了用文字传播中国传统文化的能力。此外，高校也可以酌情开设中国文化相关的英文选修课或是中文选修课，让中国文化能够覆盖整个大学校园，营造良好的学习氛围。

3. 加强教师本身的"母语意识"

大学英语教师是教学的重要引导者，其自身素养必然会对双语文化输入与输出的效果产生影响。语言教师除了教语言以外，也应该是外国文化的介绍者和教育改革的促进者。教师本身的"母语意识"对双语文化输入与输出的成效有着直接的影响，因而，教师在日常教学的过程中不仅要有过硬的英语语言能力和对英语文化的了解，而且还需要不断提升自身的母语文化素养。作为教学活动的组织者、文化的传播者，教师应当具备更加深厚的文化知识储备，这样才能够在教学过程中将跨文化意识更好地传递给学生。教师加强"母语意识"，才能够在学生双语交流的过程中潜移默化地引导学生尊重传统文化，弘扬传统文化。

提高教师的母语文化素养有以下三种途径：第一，高校鼓励教师积极进行中国传统文化、经典文化的阅读，不断提升自身的中国文化意识，有意识地提升自身的专业素养。教师在加强学习、革新教学方法的同时，要对传统文化相关的资料进行全面搜集，对传统文化的精髓全面掌握，将中国文化融入英语教学体系，用英语精准地介绍中国历史与文化。第二，教师要借助互联网的优势不断提升自身的思想政治意识，把握时代主旋律，宣传社会主义核心价值观，在英语教学和交际的过程中正确对待中西文化差异，弘扬中国特色社会主义文化，将时代正能量传递给学生。另外，教师应当在课内课外引导学生研读习近平治国理政的金句译文，并联系国内外时事，立足中国视角，讲述中国故事，帮助学生扩展国际视野，引导学生树立正确的价值观。第三，高校定期派遣教师到走在前列的教学或学术机构进修，学习当下先进的教学理念，逐渐建立基于中国文化的英语教学体系。

4.　总结

综上所述，培养学生的民族文化自觉与文化自信，是大学英语教学不可推卸的责任。在教学中，不仅要引导学生吸取多元文化的精华，更要培养学生的跨文化交际能力，特别是弘扬中国传统文化的能力。教师应当鼓励学生用英语表达自己对本民族文化的观点和想法，让外国友人了解中国的传统文化。老师在教学过程中应经常反思教学，把中华文化和西方文化进行对比教学，培养学生的思辨能力，激发学生的文化自觉性，用课堂展示增强学生的文化自信和口语表达能力，帮助学生树立正确的价值观。此外，高校教师可以开展第二课堂的各种活动，提供丰富的课程资源，对比中西文化的异同，同时提高自身的母语素养，通过双语文化的输入与输出增强学习者的文化主体意识和文化自信，立德树人，培养跨文化的社会主义建设人才。

参考文献：

陈诗颖，苏桂兰，2003. 英语教学与网络信息技术的整合应用：定位与思考［J］. 外语电化教学（4）.

李荫华，夏国佐，2010. 全新版大学英语综合教程（1 - 4 册）［M］. 2 版. 上海：上海外语教育出版社.

江丽慧，陈兴无，2021. 融入中华优秀传统文化的大学英语对分课堂教学模式设计研究［J］. 海外英语（1）.

舒宏伟，何博，2021. "大学英语"教学中思政元素的融入研究［J］. 黑龙江教育（理论与实践）（2）.

许力生，2020. 跨文化的交际能力问题探讨［J］. 外语与外语教学（7）.

朱家科，2009. 大学英语教学中的文化教学［M］. 武汉：华中科技大学出版社.

GEBHARD J G, 2009. Teaching English as a foreign or second language［M］. 2nd ed. Ann Arbor, MI：The University of Michigan Press.

The Approaches to the Introduction of Bilingual Culture in College English Teaching

Xiao Tao

Abstract: College English teaching is not only a language course, but also a cultural one. Owing to the nature of English language and its corresponding cultural background, it has been taken priority over Chinese culture more or less by college teachers in China, resulting in the "aphasia of Chinese culture". Thus college English teachers should attach more importance to native culture and achievements of past and present, and exert great efforts to promote students' capacity of introducing Chinese culture to the West and building cultural confidence. This paper offers some examples of how to introduce Chinese culture and foster civic virtue in college teaching field.

Key words: college English teaching; bilingual culture; Chinese culture aphasia

中国非通用语种人才培养
在专业建设中的问题与对策

余　淼

（四川大学外国语学院，成都610207）

摘　要：我国的非通用语教育正在经历的改革大致可以分为宏观与微观两个层面。本文从宏观层面简述了教育政策对非通用语教育改革的指导作用，并通过近几年在我国高校非通用语种专业设置中快速发展的波兰语专业来呈现非通用语教育的发展现状。本文重点聚焦非通用语专业建设中的具体问题，从微观层面详细探讨了现阶段非通用语专业建设中面临的专业定位和"复合型"人才培养模式问题，并借用高校典型案例讨论了课程体系设计、教学媒介语使用及国际联合培养对"复合型"人才培养的促进作用，以期为非通用语教育的改革提供可资借鉴的探索。

关键词：非通用语人才培养；专业建设；复合型人才

1. 我国非通用语教育的基本情况

全球化和"一带一路"大背景下的外语热正在逐渐打破传统上英语一家独大的外语学习局面。近年来，除了在高等教育中开设的常见语种，例如日语、法语、俄语、西班牙语、阿拉伯语等，非通用语种教学点的数量在高校，特别是"一带一路"沿线省份的高校及外语类院校中增长十分迅速。例如，全国2016年新增备案本科专业涉及28所高校的34种非通用语的63个教学点（丁超，2017）。北京外国语大学在2017年就新增11个非通用语种，并且预计在2020年开设超过100个语种的课程（彭龙，2016）。目前，北京外国语大学获批开设101个语种，是全国最大的非通用语建设基地。

国家与社会已经开始对英语之外的外语人才，特别是非通用语种人才提出了迫切的需求。非通用语种在新的历史时期被赋予了新的价值与活力。早在2015年，教育部就联合多部门下发了《教育部关于加强外语非通用语种人才培养工作的实施意见》（以下简称《意见》）。《意见》明确指出我国的非通用语种人才培养在近年来取得了显著的成绩，但是也存在一些亟待解决的问题，例如语种专业开设不全、人才培养模式单一、师资队伍水平参差不齐、国别和区域研究滞后等。

国家的政策导向让学术界对非通用语种人才培养的讨论逐渐升温。以"中国知网"为例，笔者通过平台检索主题"非通用语人才培养"后发现该主题的学术发表呈现出逐年上升的趋势。知网 2015 年收录国内该研究领域文章一共 4 篇，2019 年达到了 22 篇。值得一提的是，知网收录的最早一篇关于非通用语种人才培养的文章是许清章于 1984 年发表的《亚非地区非通用语言人材的培养问题》。该文章提到的"如何培养一支精通业务熟练掌握两门以上外语的研究队伍"（许清章，1984）依然是目前非通用语复合型人才培养想要解决的主要问题。

张天伟（2017）从国家语言能力的角度分析了我国非通用语教育的现状。他指出，国家非通用语的现实能力在于非通用语能力的保持，而保持非通用语能力的重心在于改革，且改革的重点包括非通用语种的教学模式、招生体制、人才培养模式和师资培育。目前，我国的非通用语教育正在经历的改革大致可以分为宏观和微观两个层面。本文除了简述教育政策对非通用语教育改革的宏观引导作用，还将通过近几年在我国高校非通用语种专业设置中发展迅速的波兰语专业从微观的层面详细探讨非通用语教育改革中值得尝试的创新举措。

1.1 非通用语教育的政策规划

我国 20 世纪 50 年代中期以前出现的外语教育一边倒向俄语的现象是当时政治经济建设的需要造成的。从 1957 年提出俄语和英语的比例应该保持 1：1 开始，我国的外语教育政策出现了一个重大转折（胡文仲，2001）。1964 年颁布的《外语教育七年规划纲要》作为我国制定外语教育规划的最初尝试，为英语成为国家的第一外语奠定了基础。1979 年，全国外语教育座谈会上提出的《加强外语教育的几点意见》中指出："当前主要的任务还是大力发展英语教育，但也要适当注意日、法、德、俄等其他通用语种的教育。"基于 20 世纪几个关键时期国家在语言教育政策上的铺垫，到目前为止我国的英语教育已经相当普及，外语类院校和综合性高校的外语学院也基本都设立了几大通用语种（李茂林，2014）。但是，在语种多样性上，针对非通用语种的宏观布局和规划尚十分欠缺（张天伟，2017）。

一直以来，我国的教育政策都缺乏对外语教育的具体规划和引导（胡文仲，2009）。高等学校外语专业教学指导委员会于 1998 年经教育部批准下发的《关于外语专业面向 21 世纪本科教育改革的若干意见》的报告成为进入 21 世纪这 20 年来唯一的外语专业教育改革的指导性文件。作为国家教育规划纲领性文件的《国家中长期教育改革和发展规划纲要（2010—2020年)》也只是明确提出了"培养各种外语人才"的重要目标。

随着中国近年来更加广泛、深入、全面地参与国际交流与合作，国家与社会对非通用语种人才的迫切需求将非通用语教育的科学规划与布局提上议事日程。2015 年教育部《意见》的出台，第一次将外语教育政策细化到非通用语种领域，对外语非通用语种人才培养的具体实施工作进行了纲领性的指导，足见国家对非通用语教育的重视。

教育政策有其滞后性与惯性的规律。一项外语教育政策的制定与实施总是会在一段时间后方能显出成效；而一项外语政策的终止，其影响也会在相当长的时间内存在。因此，虽然 2015 年教育部《意见》的出台显示国家开始重视非通用语种专业的建设与人才培养，但是这一政策的影响势必要经过一段时间的积淀才能在外语教育领域发挥其对非通用语种人才培养的引导与促进作用。目前，我国已经开启了非通用语人才培养的专项课题，也初步完成了国家外语人才动态数据库（包括 44 个非通用语种）的建设工作。宏观政策性调整和引导对于非通用语教育的改革和非通用语种人才培养的影响正在逐步显现。

1.2　非通用语专业发展的现状

新中国成立以来，我国非通用语种专业的开设主要集中在外语类高校，例如北京外国语大学、上海外国语大学、广东外语外贸大学等。一些综合性大学出于国家外事外交工作的需要也建立了具有一定实力的非通用语种专业，例如北京大学、中国传媒大学、对外经贸大学等（李茂林，2014）。近几年来，在"一带一路"倡议的大背景下，为了增强与"一带一路"沿线国家的政治、经济与文化交流，部分高校开始增设非通用语种专业以配合国家和社会对非通用语外语人才的需求。例如，位于"一带一路"内陆节点城市成都的四川大学与四川外国语大学成都学院均在 2017 年增设了波兰语专业，其目的就在于配合四川省新时期外向型经济的发展，为当地"蓉欧铁路"的建设、"蓉欧＋"战略的布局以及欧洲大陆市场的开拓提供复合型的波兰语人才。此外，作为"一带一路"六大经济走廊之一的中国－巴基斯坦经济走廊是连接新疆喀什和巴基斯坦瓜德尔港的重要经济通道。为了支持地方经济发展，新疆师范大学于 2017 年增设了巴基斯坦的官方语言乌尔都语专业。波斯语为伊朗和塔吉克斯坦的官方语言，为了增强新疆和波斯语国家的反恐合作，新疆石河子大学于 2017 年增设了波斯语专业。另有"孟中印缅"经济走廊的建设将云南放在了重要节点位置。云南民族大学于 2016 年增设了孟加拉语专业，2017 年新开设了泰米尔语、普什图语、僧伽罗语等 6 个南亚、东南亚语种。

然而，2018 年教育部公示的国内高校撤销的 416 个专业中，中国传媒大学一次性撤销了 10 个非通用语种专业，包括波斯语、印度尼西亚语、希伯来语、越南语、豪萨语、瑞典语、世界语、芬兰语、僧伽罗语和菲律宾语，与近年来蓬勃发展的非通用语专业和教学点增设形成了巨大的反差，也引人深思。诚然，国家"一带一路"倡议的持续推进让"一带一路"沿线国家和地区使用的非通用语种教育焕发了生机，但与此同时，如果高校缺乏基于市场调研数据对人才供需结构的准确研判，则极有可能造成专业建设的重复、教学资源的浪费和人才供需的失衡。

以波兰语专业的设立为例。2016 年以前，全国只有三所高校开设有波兰语专业。截至 2022 年，全国已经有接近 20 所高校设立了波兰语专业，这还不包括将波兰语作为选修课程的部分高校。波兰语专业在全国的迅猛发展势头虽然与中波近几年不断加强的外交与商贸关系密不可分，却也折射出我国非通用语教育资源建设在整体规划上的欠缺。2016—2019 年间增设波兰语专业的近 20 所高校对专业的描述中均不同程度地提到了"服务国家'一带一路'倡议"，但是国家"一带一路"建设所提供的市场是否能够容纳与消化每年接近两百人的波兰语专业本科毕业生却是一个值得商榷的问题。外语资源作为国家软实力的表现，是一种重要的战略资源，甚至事关国家安全。但是，高校非通用语种专业的设立和布局除了配合国家的发展导向与战略需求，还必须将市场作为主体，从市场的角度来考虑专业增设的必要性和紧迫性。

非通用语专业的建设在 21 世纪的第二个十年间开启了高速发展模式，但高速发展的表象下也存在许多值得深度探讨的问题。例如，从宏观的角度看，非通用语种在专业增设和教学点的布局上应该如何进行科学的调研和调控才能既保障目标语种人才储备的安全性，又能在基于市场就业需求分析的基础上不出现人才过剩的现象。从微观的角度看，非通用语专业的建设普遍存在专业办学定位不清，"语言＋专业"的复合型人才培养模式流于形式这两大问题。本文接下来将借用高校典型案例讨论这两大问题的解决对策，并从课程体系设计、教学媒介语使用及中外联合培养这三个方面针对"复合型人才"培养模式的具体实施提出建议，以期为非通用语教育的改革提供可资借鉴的探索与对策。

2. 非通用语专业定位的问题与对策

专业定位是专业建设的基础，是专业办学理念的体现。专业定位不清晰，势必会影响到人才培养目标、培养方案及课程体系的制定，继而使专业建设和改革创新缺乏清晰的思路。我国外语界长期存在外语学科"人文性"和"工具性"的两种定位思考（戴炜栋，2013）。《当代外语研究》2018 年第 6 期还专门组织学者就英语专业的定位、专业建设和外语专业的"人文性"与"工具性"进行了讨论。作为外语教育中的第一大语种，学者们针对英语专业的讨论对于非通用语种专业的定位和建设具有很强的参考意义。蔡基刚认为，在高等教育国际化和经济全球化背景下，各专业领域和用人单位对大学生国际交流能力的需求日益增加，因此外语教学的信息汲取工具性日益突出（2017）。同样，对于因应国家"一带一路"倡议而增设的各非通用语种专业和教学点来说，传统的强调外语专业"语言技能＋文学文化"的人文教育定位就体现出其局限性。

笔者认为，各高校在进行非通用语种专业增设前首先应该调研该语种专业在全国的布局，继而考虑新增专业的定位问题。某些高校的非通用语种专业在该语种的教学上有较长历史，在该语种的文学文化研究上有较深厚的积淀。因此，强调该语种的"语言技能＋文学文化"，专注于学生对目标语文学文化知识的学习无可厚非。对这部分学生来说，将来的就业方向很有可能是从事翻译、语言教学和文学研究。后续增设该专业的其他高校，特别是因应"一带一路"倡议在经济、法律、国别与区域研究等领域的需求而进行相关人才培养的高校在思考专业定位时不妨大胆强调和突出该语种专业的工具性，强调用该语种汲取其他学科领域知识的能力，在教学目标、人才培养、教学计划和课程体系的设计上充分体现该语种专业的"工具性"定位。

以波兰语专业为例。北京外国语大学于 1954 年设立了全国第一个波兰语专业，也是目前国内唯一一个拥有波兰语专业本硕博办学层次的高校。其悠久的办学历史，完备的办学层次和综合的教育与科研实力都为该校波兰语专业突出其人文性的定位奠定了坚实的基础。而 2017 年设立波兰语专业的四川大学则在专业定位上明确了其语言"工具性"的侧重点，强调用波兰语学习经济或者国际关系两个专业领域知识的能力，要求学以致用，不仅要"学外语"，还要"用外语学"。诚然，语言的人文性和工具性并不是对立的，但是在专业定位中明确两者的相对权重则有利于人才培养目标的明晰及培养方案与课程体系的制定。

3. 非通用语"复合型"人才培养模式的问题与对策

20 世纪 90 年代末教育部颁布的《关于外语专业面向 21 世纪本科教育改革的若干意见》（以下简称《若干意见》）中就已经指出："……为 21 世纪的社会主义市场经济体制服务，处理好外语教育与社会主义市场经济的关系……就必须打破计划经济体制下长期沿用的纯语言、纯文学的人才培养模式，而广大外语教育工作者首先要实现教育思想和教育观念的转变。"20 年过去了，在外语人才培养模式的设计上，绝大部分高校仍然沿用的是传统的"经院式"模式，培养重心依然是"语言＋文学"。如果说传统的通用语种，例如日语、俄语、法语、西班牙语等的人才培养模式受到惯性的影响，难以短时间内做出较大的调整，那么近几年迅速增设的非通用语种专业则具有相对的灵活性，更能因应时代的需求而做出改变。

2015 年教育部的《意见》重点指出要"创新"非通用语种人才培养机制，并建议"加强校内交叉培养，打通院系、专业壁垒，着力提高学生综合应用能力"。丁超（2017）对我国高校外语非通用语种专业建设现状进行了观察和分析，用五个案例来展示了我国非通用语种人才培养中的创新模式。从这几个案例可以看出，我国非通用语种人才的培养在校内跨专业培养和国际联合培养方面已经开展了一些尝试。个别高校在最具代表性的"语言＋专业"复合型非通用语人才培养方面取得了初步的成效。但是，需要有清醒认识的是，大多数高校的非通用语复合型人才培养仅仅体现在课程体系中增加几门其他专业的课程，即缺乏专业知识结构的系统性搭建，又缺乏语言与专业的深度融合，使语言与专业的"复合"流于形式，止于内容。复合型人才的培养是非通用语种人才培养模式创新的重中之重。本文接下来将从课程体系设计、课堂媒介语使用与国际联合培养项目三个方面一一探讨这三个举措如何促进非通用语复合型人才培养模式的创新。

3.1 课程体系设计搭建"复合"

课程体系是指各专业课程门类、教学内容和进程的总和，是专业培养目标的具化和体现，因此应当紧紧围绕育人目标、教学内容、教学活动方式进行规划和设计（丁超，2018）。非通用语专业的课程体系首先体现的是专业定位思考下的人才培养目标。因此，各高校在增设新的非通用语专业或者筹建新的教学点时，切忌"拿来主义"，即照搬其他高校该专业的课程体系，或者校内各语种专业索性直接共享一套课程体系和培养方案。作为零起点语言教学的非通用语种专业，首先应该考虑其语言核心课程的建设，其次应当考虑的是复合专业的课程设置。需要明晰的是，"语言＋专业"的复合型人才培养并不等同于"语言课程"和"专业课程"的简单叠加。真正的复合一定是一个有机整体的构建。语言核心课程的重要性已不必累述，简言之，没有恒量的课时保证及大量的外语基本功训练，外语学习的质量就难以为继。同时，复合专业的课程同样需要大量时间来构建系统性知识结构。因此，"语言＋专业"的课程体系设计就需要考虑课时分配的科学性与课程内容之间的深度融合。

　　四川大学波兰语专业，其课程体系除通识教育和公共基础课以外，还主要包括学科基础课和专业核心课两个板块。其中，学科基础课囊括所有波兰语语言学习基础课程和高级课程，专业核心课程则集中在国际关系和经济学两个方向。值得一提的是，四川大学波兰语专业对于专业定位有非常明确的认识，强调语言应用能力和专业实践能力的培养，突出语言的工具属性和服务意识。正是基于其强调"工具性"的专业定位，其课程体系从一年级就开设国际关系或者经济学学科的基础核心课程，并将波兰文学文化等人文属性的高阶课程让位于复合专业课程，既保证了波兰语语言学习和训练的课时量，又通过课时分配完整构建了国际关系或者经济学专业方向的知识体系。

　　有必要指出的是，通常非通用语种专业学生培养的主体都是各高校的外国语学院，在学科知识属性上很难跳出"外国语言文学"一级学科的课程体系思维模式。因此，要想做到语言与专业的深度复合，课程体系的设计就必须由外国语学院与复合专业的所在院系一起联合完成。例如四川大学波兰语专业的课程体系就是由外国语学院、国际关系学院、经济学院和数学学院联合制定，专业核心课板块的课程筛选也是由四个学院联合完成，从而有效地保证了复合专业知识体系构建的科学性和系统性。要做到这一点，正如教育部《意见》所指出的，就必须真正地打通院系和专业之间的壁垒，建立各学院、专业之间的课程、学分联动机制和共享机制。

3.2　教学媒介语黏合"复合"

教学媒介语对于语言和专业的学习至关重要。在什么目标语水平、在什么课程中具体使用什么语言才能够最有效地促进复合型的非通用语人才培养是非常值得研究的问题。大量二语习得与语言教学领域的研究发现，基于内容的语言学习（content-based language learning）对语言和教学内容的学习效果都有正面的促进作用。在复合型的非通用语学习课程体系建设中，我们不仅要避免将"语言与专业"两者割裂开来，还要有意识地将语言学习与专业内容学习有机结合，使两者相互融合、相辅相成，实现由"学外语"向"用外语学"的转变（李宇明，2017）。在这一语言和专业相融合的过程中，教学媒介语充当了重要的黏合剂角色。

各非通用语专业在低年级的语言学习几乎都依赖于汉语，这是零基础语言学习的性质所决定的。但是，在"复合"其他学科专业的培养模式中，我们往往忽视了教学媒介语在语言和专业内容学习中可以扮演的角色，忽视了汉语、英语、目标语与专业内容学习之间的融通。在这一点上，四川大学波兰语专业的做法值得借鉴。作为四川大学和华沙大学共建的联合培养专业，其学生在第一、第二年主要用英语和汉语学习波兰语、经济或国际关系专业课程（英语占绝大比重），在第三年用英语和波兰语学习语言及经济或国际关系专业课程（波兰语占绝大比重），并在第四、第五年实现全波兰语学习经济或国际关系专业课程，真正将语言学习与专业学习有机结合、融会贯通，既实现了多种语言（汉语、英语和波兰语）的复合，又完成了语言与专业的复合，让语言学习、语言使用和内容学习互为目的，互为条件。

教学媒介用语在促进语言和专业学习进行有机结合上具有黏合剂的功能。在不同目标语水平阶段，对语言课程和专业课程尝试使用不同比重的教学媒介语（汉语、英语、目标语）并观察其对语言学习和专业学习的促进与制约作用，对非通用语复合型人才培养以及非通用语教学的课程体系建设都具有重要的实证研究价值。

3.3　中外联合培养深化"复合"

教育部2015年《意见》关于非通用语种人才培养工作的主要任务和措施中明确提到了要创新非通用语种人才培养机制，加强国际联合培养，扩大非通用语种专业学生公派出国规模及专业覆盖面。在国家政策的鼓励支持下，学习非通用语种的师生前往对象国进修和留学的渠道明显拓宽了许多。

各种中外联合培养项目为非通用语种专业的学生提供了前所未有的机会与平台。赴对象国进行一定时间长度的学习，"浸入"该语言和文化环境中，确实能为外语专业的学生带来许多好处。然而，如果仅将留学的重点和目的放在语言与文化的学习上，则在复合型外语人才的培养上浪费了外方高校的优势资源。

首先，随着国际联合培养项目在国内各高校的逐渐成熟及高校之间互相选择的机会增多，学生对于出国进修或者交换的学校拥有了更多的选择。许多优质名校不仅能给非通用语种专业的学生提供良好的语言学习资源和环境，还能够提供其他优势专业的学习机会。例如波兰华沙大学在经济学领域和国际关系研究领域都在欧洲享有很高的声誉。如果波兰语专业的学生去华沙大学留学却只把重心放在语言学习上，则浪费了将目标语学习和复合专业进行深度融合的大好机会和资源。复合型非通用语种人才的培养不应该仅限于在国内课程体系设计中增加复合专业的课程，而是应该将目标放长远，利用联合培养的国外名校进一步加强复合专业的学习，将"语言＋专业"的深度融合优势在对象国高校进行延展和强化。在联合培养的国外名校中用目标语选修复合专业，既能强化目标语在学习中的实践运用，又能同时学习专业内容，能真正实现"语言＋专业"的复合型培养。

当然，对于零基础的非通用语种专业学生来讲，2～3年的目标语学习很有可能无法达到用该语言来学习其他专业课程的语言水平。因此，对学生前2～3年在国内学习期间的课程体系设计就显得尤为重要。除了必须要在复合专业课上提前用中文或者英文进行基础知识体系的搭建，还应该为学生在留学国家设置"浸入式"语言学习及专业学习的过渡期，并适度利用弹性学制延长学业年限。总之，利用国外名校优质资源深化"复合"既可以拓宽和强化现有非通用语种人才培养的路径，还能够有效解决国内非通用语师资在数量与质量上存在的不足。

4. 结 语

我国非通用语教育正面临前所未有的发展机遇，非通用语种人才培养的改革已经迫在眉睫，其发展任重而道远。许多学者已经就非通用语教育改革的重要性，人才培养的机制和路径提出了许多高屋建瓴的建议和意见。本文聚焦非通用语专业建设中的具体问题，从专业定位与"复合型"人才培养模式两方面进行了探索，并从课程体系设计、教学媒介语使用和中外联合培养三个方面讨论了对策。教育政策的顶层设计对人才培养的改革与实践有重要的指导意义，本文期待所探讨的教学改革与实践成果能够对非通用语人才培养的政策制定提供富有参考价值的范本。

参考文献：

蔡基刚，2017. 从语言属性看外语教学的工具性和人文性［J］. 东北师大学报（哲学社会科学版）（2）：1－6.

戴炜栋，2013. 我国外语专业教育的定位、布局与发展［J］. 当代外语研究（7）：1－5.

丁超，2017. 对我国高校外语非通用语种类专业建设现状的观察分析［J］. 中国外语教育（4）：3－8.

丁超，2018. 关于非通用语种人才培养机制变革与创新的若干思考［J］. 中国外语教育（1）：3－9.

胡文仲，2001. 我国外语教育规划的得与失［J］. 外语教学与研究（4）：245－251.

胡文仲，2009. 新中国六十年外语教育的成就与缺失［J］. 外语教学与研究（3）：164－169.

李茂林，2014. 我国高校非通用语专业建设的现状梳理与特征分析——以国内九大传统外语类高校和教育部直属高校为例［J］. 大学（研究版）（5）：32－39.

李宇明，2017. 提升国家外语能力任重而道远［N］. 人民日报，2017－02－06（7）.

彭龙，2016. 打造国家非通用语发展战略高地［J］. 神州学人（1）：16－19.

文秋芳，2016. 国家语言能力的内涵及其评价指标［J］. 云南师范大学学报（哲学社会科学版）（2）：23－31.

许清章，1984. 亚非地区非通用语言人材的培养问题［J］. 外语教学与研究（3）：63－65.

张天伟，2017. 国家语言能力视角下的我国非通用语教育：问题与对策［J］. 外语界（2）：44－52.

The Exploration in Cultivating Lesser-used Language Talents in China

Yu Miao

Abstract：The reform of the lesser-used language education in China has been undergoing significant changes at both macro and micro levels in recent years. The paper briefly introduced the guiding effect of educational policy on the reform of lesser-used language education. The current situation of the lesser-used language education in China was also presented by exampling the fast development of Polish Program in Chinese higher education institutions. Specifically, the paper focused on the empirical operation of university-level lesser-used language programs. It discussed the positive effect of innovative measures operated in program orientation and compound language talents cultivation from the perspectives of curriculum design, language as medium of instruction, and sino-foreign cooperation.

Key words：lesser-used language education; program development; compound language talents

通识教育课程思政模式创新
——以四川大学"英文之用:沟通与写作"课为例

张露露
（四川大学外国语学院，成都 610207）

摘　要："课程思政"是大学教育之本"立德树人"的重要一环，对高水平人才培养具有重要意义。通识课程是高校课程育人体系的重要组成部分，思政元素融入通识课程是"守好一段渠，种好责任田"的要求，是对课程改革的深入探索，也是对课程教学能力提升的践行。四川大学"英文之用：沟通与写作"通识课自 2020 年秋季开设以来，遵循思政教育规律、育人启迪规律、英语教学规律、学生成长规律，从课程内容确定、教师队伍建设、教学方式研究、学习模式探究等多个维度进行有益探索和创新，确保课程思政和价值塑造同向同行。

关键词：通识学习；课程思政；思政教育规律；育人启迪规律；英语教学规律；学生成长规律

1. 引言

2016 年 12 月，习近平总书记在全国高校思想政治工作会议上强调，"高校立身之本在于立德树人"，"要坚持把立德树人作为中心环节，把思想政治工作贯穿教育教学全过程，实现全程育人、全方位育人"，"其他各门课都要守好一段渠、种好责任田，使各类课程与思想政治理论课同向同行，形成协同效应"。（习近平，2016）这是对老师和课程提出的课程思政新要求。"培养什么人、怎样培养人、为谁培养人是教育的根本问题，立德树人成效是检验高校一切工作的根本标准。落实立德树人根本任务，必须将价值塑造、知识传授和能力培养三者融为一体、不可割裂。"（中华人民共和国教育部，2020）课程思政的"实施意味着所有课程都承载着思想政治教育的责任，其目的在于充分发挥所有课程的思想政治教育作用，使其转化为思想政治教育具体生动的教学载体，在'润物细无声'的教学过程中融入情感、精神和价值层面的教育"（夏文斌，2021）。作为育人体系的重要组成部分，近年来通识教育的理念被赋予新的内涵，强调文、理、工、医渗透兼容，加强专业宽度深度，培养德才兼备的高素质人才。在大学通识课程里有机融入课程思政，使思政教育渗透并贯穿课程教学的全过程，与课程思政共生发展，是高校加强教育教学改革、培养新时代高素质人才的有效途径。习近平总书记指出："做好高校思想政治工作，要因事而化、因时而进、因势而新。要遵循思想政治工作规律，遵循教书育人规律，遵循学生成长规律，不断提高工作能力和水平。"（习近平，2016）遵循三大规律也是做好通识课程中课程思政工作的关键。

从全面育人目标出发，四川大学于 2020 年秋季按照更加聚焦和强化"厚通识、宽视野、多交叉"的教育思想，以"涵养人文情怀、拓展知识视野、强化使命担当、塑造健全人格、养成终身发展的学习能力"为目标，打造"升级版"通识教育，在五大模块之一"国际事务与全球视野"下开设了"英文之用：沟通与写作"课程，向本科生开放。该课程践行四川大学"实现知识传授和能力培养的同时，突出价值引领和品格塑造"教育教学理念，注重强化各个领域、学科的知识整合，拓展学生的通识视野，加强跨学科的英语表达、交流、写作与研究，打通学科间的壁垒，培养学生逻辑思维和批判性思维能力。为实现这一目标，课程做了诸多创新。课程分为基础篇、提高篇和拓展篇三个部分，以英语人际沟通、书面表达和跨学科的拓展训练为主要内容，组织学生围绕主题开展深入的读、写、研讨活动，为价值塑造和能力培养提供生动场景。课程采用"大班共探讨、小班主题制、全过程深度浸润"英语老师和专业老师联合授课方式；每月一次课程反馈，反思研讨教学效果；教师每学期为每名学生提供不少于两次的师生"一对一"写作面批，对学生的沟通和写作提供全过程的形成性评价；在学生学习模式上，强调"以学生成长为中心"，强调学习者的主体性，尊重个性化发展；推行"朋辈学习"，让学生在学习过程中相互带动，形成课内课后、线下线上立体化延续型学习模式。

从开课情况来看，自 2020 年秋季学期开始的一年内，沟通与写作课先后探索性地开设了 5 个基础篇和提高篇课堂、8 个拓展篇课堂，先后已经有近 500 名同学选修完成了该课程。从每月一次的通识课程评价来看，学生对课程在"批判性思维""创新思维""能力提升"等维度的评价良好，课程推荐率处于前列。在课程主观反馈中，一些学生也提道："通过语言，我获取了更深层的价值取向，表达了自己的诉求。"写作课与思政课程同向同行特色初步呈现。

2. 沟通与写作课开展课程思政工作的具体做法

从沟通与写作课的实践来看，课程思政工作主要从遵循思政教育规律、育人启迪规律、英语教学规律、学生成长规律四方面来展开。

2.1 遵循思政教育规律，严格把关授课内容

课程思政将育人目标贯穿于课程教育的全过程，形成系统化课程体系。"英文之用：沟通与写作"是以写作与沟通能力提升为重要目标的英文通识课，遵循思想政治教育规律的首要任务是把握内容的正确性，主题的思想性。"大班共探讨、小班主题制、全过程深度浸润"是课程设计的最大特点。拓展篇分为不同主题，涵盖文、理、工、医等门类，内容涵盖人类历史、人文精神、数字科技、生命健康等多个领域，聚焦问题但不囿于任何学科。每学期，课题组根据师资力量，反复讨论开设主题，其目的是激发学生兴趣，提升素质，关注人类家园，厚植爱国主义情怀，培养创新精神。在主题选取上，遵循思政教育规律，处理好课程整体内容统一性和主题内容多元化的关系，确保二者"同向同行"。文史哲主题强调马克思主义世界观和方法论、习近平新时代中国特色社会主义思想；经管法主题强调经世济民、诚信服务、德法兼修；教育学主题强调为人师、行为世范；理工主题强调科学思维、科学伦理；工程主题强调伦理、大国工匠；医学主题强调学救死扶伤、医者仁心；艺术主题强调以美育人、以美化人。

课程主题的思想性也是我们关注的焦点，设立"无专业门槛，有学理深度"的标准。所开设出的每一个主题都能让来自不同学科的学生与其建立联系，激发学生的思考，为课程思政的开展打开学科空间，积累丰富素材。比如"认知"这个主题涉及文、理、工、医诸多学科。选修该主题的学生通过高强度的阅读、讨论和写作，思考和分享过去一年令他们的想法出现180度转变的一件事，讨论哪些原因导致这种普遍存在的现象：人的认知不断改变。在主题课老师的引导下，从知识的发现、传递和个人端处理三个环节，为上述现象寻找原因。在这一过程中，学科空间的打开和课程思政的展开同向同行。学生自身加强了对认知偏差的了解和修正，形成正确的"三观"。

在拓展篇多主题写作环节，课程思政显性教育与隐性教育的统一对育人工作具有重要意义，是立德树人的必然要求。有些主题显性课程思政资源凸

显，授课教师需要全面铺开课程思政。比如敦煌文化主题，授课教师引导学生在敦煌壁画中感受悠久历史、在戈壁探索中锤炼意志……每一堂课都是文化自信的鲜活教材。通过讨论与写作，引导学生理解中华优秀传统文化的内涵，树立和坚持正确的历史观、国家观、文化观。另外一些主题的专业性较强，授课教师需要结合具体内容深度挖掘隐性课程思政资源。"疾病、生命与死亡"主题，授课教师讲生理学发展历史，引导学生了解我国老一辈生理学家的事迹，培养学生的科学精神和家国情怀；讲心理压力，传授心理压力的识别、应对等内容，让学生讨论近期压力事件，并协助其分析和应对，以营造人文关怀氛围；讲疾病与死亡，引导学生树立正确的生命观、健康观，热爱生命，热爱生活。

2.2　遵循育人启迪规律，调动教师教学激情

课程思政工作的实施者是教师，围绕育人的目标，教师应不断增强育人意识，瞄准育人角度，提升育人能力，确保课程思政真正落到实处，以学生为中心，关注学生发展、关注学生学习、关注学习效果。教师要精心设计活动，让学生充分参与。教师是学习活动的设计者、学习环境的营造者、学习过程的辅导者。

教师是学习活动的设计者。按照建构主义的教学理念，针对教学目标，为课堂教学设计丰富有效的教学活动，使学生真正融入课堂，热爱学习。通过姓名卡加照片的方式记住学生姓名，熟悉学生；通过师生自我介绍了解学生家庭背景、兴趣爱好、压力困境；通过课堂测试了解学生学习基础、学习风格和职业规划；通过案例分析剖析学生沟通障碍的根源，从而找到解决办法；通过文本分析与讨论提升学生阅读速度与质量，勇于追踪研究前沿；通过当场写作实训和打磨激发学生写作的兴趣；通过参与、动手、动嘴、动脑、体验，让学生身体动起来，大脑转起来。

教师是学习环境的营造者。在课堂里，基于课程内容和主题为学生创设真实情境能促进学生自然融入讨论环节，提高学习效率。在"气候变化与碳中和"主题课堂里，教师强调气候变化是人类共同面对的重大课题，在这个议题面前没有人可以置身事外。教师在班级讨论中设计了一个日常生活习惯与气候变化的辩论场景，引导学生站在不同利益相关方的角度展开讨论，让学生在真实情景中增进对气候变化问题的关注和对碳中和的理解。教师在课堂讲授之外增加了互动环节，目的在于提高同学们深度学习和现场表达的能力。通过教师对学习环境的营造，构建出有温度的课堂，增加了凝聚

力和包容性。

教师是学习过程的辅导者。在知识传授、价值塑造和能力培养的过程中，教师及时的辅导、帮助和反馈是学生健康成长的基石。沟通与写作课最具特色的就是对学生写作"一对一"面批。按课程设置要求，学生每学期要提交一篇个人陈述和一篇主题论文。教师会在文章提交后的一周内先进行仔细的批阅，然后在课后对学生进行"一对一"辅导（30分钟至60分钟不等）。不仅仅介绍语言的规范使用、基本的学术规范，对文章进行字句修改，更重要的是通过写作聚焦思维训练，借助写作培养更加开阔、理性、锐利的思维。通过个人陈述写作辅导，教师能更全面地了解学生，及时帮助学生解决学习和生活中的困难；通过主题论文的辅导，引导学生形成自己的观点，基于相关支撑材料，有条不紊地论证，同时考虑对立观点，最后把要表述的观点和内容清楚、完整地传递出来。语言不只是形式，更深层的是价值取向和诉求。沟通与写作相生相伴，写作是为了沟通，沟通又反哺写作。在这一过程中，逐步构建师生的相互信任，帮助学生打开眼界，敞开心扉，提升格局。

2.3 遵循英语教学规律，稳步提高英语能力

"英文之用：沟通与写作"课程的学生绝大部分是大一新生，他们高中阶段聚焦应试型英语学习，听说读写能力普遍欠缺。针对学生的问题，教学需要采取有效策略，同时也要遵循英语教学规律，逐步推进课程内容。

沟通是"听、说、读、写"，而"听""说"是沟通最重要的基础。"听"强调审视自己，不要听错别人话语中的内容；"说"强调接受对方信息，明白自己为什么这么说话。此外，写作是思维的外化，写作训练首先是思维训练。好的作者首先是好的读者，写作并非简单的自说自话，而是人类彼此认知的桥梁。清晰的逻辑、建设性讨论和得体表达是有效沟通的要素。这门课程"输入"与"输出"相辅相成，教师和学生是两个最重要的因素，教师的主导作用必须有学生的积极主动配合才能得到充分发挥。这就要求学生和老师相互配合、相互协作，共同完成设定的教学任务。按照英语教学规律，从倾听、个人生长环境、沟通模型开始，经历英语应用文写作到主题说理文写作，通过大量文献阅读、分析、讨论，真实案例剖析和"一对一"写作辅导，一步步提升学生英语应用能力，增强学生学习主动性和激发学习内驱力。

2.4　遵循学生成长规律，全力助推学生成长

　　课程共开设 8 个主题，教师来自 8 个学院，采用一致的"全过程"考核，学生在教师的全程指导下，完成两篇完整的应用文和说理文写作与修改。授课过程中，教师既要做传授语言和专业知识的"经师"，更要做"灵魂塑造的人师"，于无声处塑造学生的品德、品行、品格、品位。教师以语言为载体，以其所蕴含的丰富内容为抓手，润物无声地进行思想引领教育，做到"教书和育人"相统一，让学生在价值、能力和知识上收获"三位一体"的成长。

　　在"气候变化与碳中和"主题课里，为了鼓励学生结合自己的兴趣用英文交流，每次课前都有 5～10 分钟让学生分享他们自己准备的与气候变化相关的新术语的"教学卡"。老师做数据卡片，学生课堂学习与交流，让一种"发现新大陆"的课堂感觉令人难忘。学生每人拿到一张关于气候变化与食物的关系的学术性数据图，按要求学习和解读数据卡内容后，先进行一对一解说，再进行一对四的小组轮流讲解与提问，最后邀请部分同学向全班解读自己手里的卡片信息。这个过程在帮助大家动脑和开口的同时，也让学生对数据读图找到了感觉。在"人工智能"主题课里，教师通过向学生介绍和讲解人工智能行业的发展，使学生对世界和中国的科技发展有初步的了解。学生结合自己专业大量阅读与人工智能应用相关的文献，最后呈现出一篇与之相关的说理文。学生评价道："这门课教会了我如何去与人沟通，如何去化解一些尴尬的瞬间，如何去享受生活。在课程的锻炼中我也自信了很多，敢于在公众面前发表演讲了。很感谢这门课程。""上完这门课收获很多，作为大一新生，对于简历和自荐信以及专业性强的学术写作之类的设计和写作非常陌生，在这门课上老师非常耐心、认真地教，提高了我们此类文本的写作能力，在分析别人的自荐信的同时，也提高了我们的批判性思维，是非常值得选的一门课。""气候变化是我们身边重要的议题，以前我从未加以关注，但上了这门课后我有了很多新的认识，也更加愿意加入保护气候的行列。""人工智能是我国发展的重要领域，我在这门非专业课里学到了很多，收获了很多，与我的专业互补，在老师对伦理部分的解读中我也学习了很多。"

　　遵循学生成长规律，还要重视发挥朋辈互动在价值塑造中的积极作用。班里有 10 位学生刚来上课时几乎无法开口说英文，为了有效解决该问题，

安排一位口语非常好的中国学生和一位海外学生去带动那 10 位学生。经过一段时间的尝试，这 10 位同学主动走上讲台与大家分享他们的生活与学习。"学生教学生"是教学中非常有效的策略。

3. 结语

推进通识教育与课程思政同向同行的课程体系建设，可以打破学科边界，促进专业和学科的融通，丰富学生的知识，提升其能力和思维。课程思政与通识教育相融通，不仅提升了通识教育的高度，而且丰富了课程思政的教学资源，增加了课程思政的感染力和引领力。"英文之用：沟通与写作"通识课程遵循思政教育规律、育人启迪规律、英语教学规律、学生成长规律，在课程思政、价值塑造、能力培养等方面取得了一些成绩，实现了课程思政与通识课程的有机融合，初步达到了课程思政和价值塑造同向同行、"润物无声"的效果。

参考文献：

陈乐，2019."多样"与"同一"：世界一流大学通识教育理念与实践［J］. 现代教育管理（4）：43-48.

高德毅，宗爱东，2017. 从思政课程到课程思政：从战略高度构建高校思想政治教育课程体系［J］. 中国高等教育（1）：43-46.

李树涛，2020. 课程思政建设要充分发挥教师作用［N］. 光明日报，2020-06-16（15）.

邱仁富，2018."课程思政"与"思政课程"同向同行的理论阐释［J］. 思想教育研究（4）：109-113.

习近平，2016. 习近平在全国高校思想政治工作会议上强调：把思想政治工作贯穿教育教学全过程开创我国高等教育事业发展新局面［N］. 人民日报，2016-12-09（1）.

夏文斌，2021. 通识教育应与课程思政共生发展［N］. 中国科学报，2021-07-20.

中华人民共和国教育部，2020. 教育部关于印发《高等学校课程思政建设指导纲要》的通知［EB/OL］.（2020-05-28）. http://www. moe. gov. cn/srcsite/A08/s7056/2020 06/t20200603_ 462437. html.

Innovation of Ideological and Political Model of General Education Curriculum—Course of "Application of English: Communication and Writing" in Sichuan University as a Case Study

Zhang Lulu

Abstract: Ideology and politics of curriculum is an important aspect of "building morality and cultivating people", which is the foundation of university education. It has great importance for the cultivation of high-level talents. General education curriculum is an important part of the education system in universities. The integration of ideological and political elements into general education curriculum is the requirement of "guarding a canal and planting a field", an in-depth exploration of curriculum reform and the practice of improving teaching ability. Since the general education course of "Application of English: Communication and Writing" was opened in the autumn of 2020, it has followed the laws of ideological and political education, education and enlightenment, English teaching and students' growth, and carried out beneficial exploration and innovation from multiple dimensions such as the determination of course teaching content, the construction of teaching team, the research of teaching methods and the exploration of learning modes, so as to ensure that the ideological and political education and value shaping of the course are in the same direction.

Key words: general education; ideology and politics of curriculum; law of ideological and political education; law of education and enlightenment; law of English teaching; law of students' growth

文幼章英语直接法教学述评[①]

赵 毅

（四川大学外国语学院，成都 610207）

摘 要：文幼章家族对中国怀有一份特殊的感情。文幼章曾经在重庆大学和华西协合大学等地从事英语教学，他倡导的英语直接法教学强调听说模仿和读写训练，对中国的英语教学产生过很大的影响，直到今天仍具有一定的借鉴意义。

关键词：文幼章；英语；直接法教学

文幼章家族和四川有着特殊的渊源，对四川有特殊的情结。文幼章曾经在华西协合大学从事英语教学，他倡导的英语直接法教学和编著的相关教材，对中国的英语教学产生过很大的影响，直到今天仍具有一定的借鉴意义。

1. 文幼章其人其事

文幼章（Dr. James G. Endicott，1898—1993）生在四川乐山，两岁时随父母举家迁到加拿大多伦多市，后来成为加拿大来华传教士。文幼章主张要适应中国的国民情绪，被其他传教士贬为青年理想家。1928 年前后，文幼章辞去了传教士工作，在重庆开始从事英语教学，并因此接触了国共两党的主要人物。文幼章在重庆精益中学从事英语教学期间，编辑出版了《精益英文周报》，抨击纳粹德国，曾一度引发外交争端。文幼章还应邀到国民党的监狱"反省院"给关押的狱中囚徒教授英语，接触了不少革命党人，对中国共产党产生了极大的同情和好感。

1933 年，文幼章受聘到重庆大学从事英语教学。文幼章编著的《直接法英语读本》教材和其他英语阅读教材，引领了中国的英语教学改革。1935 年，文幼章与人合著出版了《新法英语词典》。1944 年，文幼章应邀

---

① 本文为四川大学新世纪高等教育教学改革工程（第九期）研究项目（2021）"大学英语教学与学习激励机制研究"（SCU9075）的阶段性成果。本文写作过程中，曾得到四川大学宗教所陈建明教授和乐山市作协主席徐杉女士的友情帮助。

到成都华西协合大学教授英语和伦理学，协助四川省教育厅改革英语教学，支持中国共产党领导的革命活动。

1946 年 5 月，文幼章执教上海圣约翰大学，编辑出版中共地下刊物《上海时事通讯》，面向西方政界、教育界、学界、工会和教会等人士发行，宣传介绍中国革命和中国共产党，让中国共产党和西方一些有影响的机构取得了联系，争取到了许多外国友人的支持。1947 年 6 月 19 日，文幼章夫妇离开上海，回到加拿大，自费编辑、出版和发行《加拿大远东通讯》，宣传介绍中国革命和中国共产党，这项工作成为文幼章夫妇毕生的主要事业。

新中国成立后，文幼章夫妇应邀多次访问中国，受到了毛泽东、周恩来等党和国家领导人的接见。中国人民对外友好协会授予文幼章"中国人民的友好使者"的称号，称他是中国人民的老朋友。文幼章的儿子文忠志（Stephen Endicott）先生是加拿大约克大学历史系教授，曾在四川大学任教，培养了一批英语人才，中国政府多次邀请其来华访问。文幼章在四川教授英语期间，探索英语教学规律，抨击急功近利的英语学习和教学风气，积极从事英语教学改革，编著英语教材和工具书，为我国培养了一代英语人才。文幼章的英语教学理念、教学方法和专业精神，值得我们研究学习。

2. 文幼章推广践行的英语直接法教学

探索英语直接法教学，有必要先简要回顾早期拉丁文的学习和教学模式，拉丁文的教学法对后来的英语教学实践产生过很大的影响。罗马帝国时期，伴随帝国的扩张和天主教的流传，拉丁文逐渐成为"官方语言"，在帝国境内得以教授和传播。基督教在欧洲盛行之后，从中世纪开始，特别是在 18—19 世纪，拉丁文影响依旧，并逐渐成为欧洲许多地区的学术性语言，拉丁文对现代科学的发展和传播起到了十分重要的媒介作用，学习拉丁文和教授拉丁文成为当时的一种时尚。

然而，实际情况是，人们当时学习拉丁文，主要还是为了阅读文献和撰写学术论文。德国人学习拉丁文的一个目的则是更好地阅读文学作品。翻译教学成为当时教授拉丁文的主要方法，教师重视引导学生借助母语，精细分析句子语法和词法等知识的运用，疏于对学生口语能力的训练，对于普通拉丁文学习者来说，学习过程难免枯燥单调，学习者很难发挥出自主学习积极性。

基于儿童语言学习过程的研究，法国学者弗朗索瓦·古安（Francois

Gouin) 提出了古安系列 (the Gouin series) 教学法, 主张运用实物和动作进行直观教学, 调动学生的视觉和听觉, 加强口语训练, 培养学生的口语交际能力。19 世纪中后期, 古安系列教学法在欧洲逐渐流行起来。这期间, 西方殖民者的炮舰轰开了中国封建社会的大门, 越来越多的外国传教士开始来华传教, 开办教会学校, 讲授英语, 语法翻译法也从欧洲传入中国, 成为当时中国主要的外语教学方法。1902 年, 古安系列教学法引入我国苏州东吴大学, 不久被广州岭南学院等教会学校广泛采用 (高芳卉, 2011: 90 - 94)。

在当时的中国社会, 人们渴望迅速掌握外语, 如同对汉语的运用一样, 用英文听说读写, 适应日渐开放的社会。一些西方人士也趁势推介短平快的"基本英语"教学法。这些人声称, 中国的英语初学者只要"学会八百五十单词、五条简单规则, 再听上一张唱片, 就能掌握英语" (文忠志, 1983: 163)。这种速成的英语教学法颇受初学者青睐。

时过境迁, 我们发现, 这种"快餐式"英语速成法依然在使用。就在20 世纪 90 年代, 在成都市井流行的"戴氏英语"培训, 就曾提出 40 小时英语通的口号, 轰动里巷, 得到了不少英语初学者的追捧。实践证明, 英语学习是需要长期的实践和操练的。文幼章认为, 任何相信短时间就能学好英语的初学者, 很快就会发现自己上当了。

> "在'基本英语'中, 学生们会遇到大量含混的单词。这本书把'let off'看作一个词, 意为打枪的'打', 因此, 'He let off a gun'的意思是'他打了一枪'。但是'The judge let off the prisoner'却意为'法官放了犯人', 而不是'法官打了犯人'……那些对基本英语崇拜得五体投地的学生只会不知不觉地被教成蠢驴……, 要兜售五条简单规则是多么容易呵!"(文忠志, 1983: 163 - 164)

在重庆小十字路教堂, 文幼章任职牧师的时间不足两年。这期间, 文幼章临时去替一位休假的同事上英语课, 意外地让他开始了一场对中国英语教学法的改革。1927 年, 文幼章前往日本东京拜访英语教学研究所"英语直接教学法" (The Direct Method) 的创始人哈罗德・E. 帕默尔 (Harold E. Palmer) 先生。文幼章回到中国后, 热心推广英语直接教学法。

英语直接教学法强调听说领先, 读写跟上, 如同幼儿一样地咿呀学语,不依靠母语作为语义转换的媒介，直接用英语表情达意，假以时日，学习者能够直接从事"快速阅读"和"准确写作"。帕默尔认为，英语学习包括三个阶段：接受新知、温故知新和学以致用。英语教师借助实物、图片、手语、表情和姿势等，帮助学生理解英语单词，采取提问和预设具体教学环境等办法，激发学生英语口头表达的热情（转引自杨春卫，陈兆军，2012：160）。

文幼章先后受聘在重庆大学和华西协合大学执教英语。文幼章夫妇编写的一些英语简易读物，除了满足教学之需，还被慷慨地赠送给到访的客人。文幼章编著的英语教材和教师用书，多达15种，由上海中华书局出版，全国发行，文幼章的名字因此为国人所熟知。1935年，文幼章和迈克尔·威斯特（Michael West）为第二外语习得者共同编写并出版了《新法英语词典》，先后再版40次，累计印数超过400万册，畅销非洲、亚洲和北美等地区（文忠志，1983：164），为广大的英语学习者所接受。

文幼章在重庆和成都等地大力推广英语直接法教学模式，为当时战火中的中国西部地区英语教学注入了活力，颇受学生欢迎。文幼章最先在重庆精益中学系统地进行了教学实践，仿效帕默尔提出的英语直接法的"课堂教学程式和讲授办法"，重视听说领先。按照这个教学法的要求，学习者通常要接受五个步骤的训练：第一步是初识发音，教师指导学生先完成课堂英语资料的听力训练，这个阶段按照帕默尔的说法，称之为观察在先，学生主要接受"听"的训练，至于所听内容的具体含义，暂时可以先搁置一边。第二步是发音模仿，学生在教师的指导下，经过听力训练，有目的地模仿说话者的声音、神态、姿势。第三步是循环操练，教师指导学生反复重述听到的"声音"，模仿相关的"姿势"，不关心其具体的内涵，只是简单机械地重复模仿而已。这个阶段的英语学习就像婴儿最初接触语言一样，机械地模仿，被动地接受，耳濡目染，日积月累，最终逐渐熟悉和掌握语言。第四步是词义关联，学习者把通过倾听学到的英语单词与其所指的物体或含义联系起来。第五步是书面作文，这个阶段的练习比较复杂，英语学习者要通过举类的办法，运用自己娴熟掌握的英语词汇、短语和句型进行书面表达（文幼章，1937：ⅰ-ⅲ）。

3. 英语直接教学法对提高听说能力的影响

英语直接法教学强调听说领先，强调初学英语阶段，学习者要摒弃对自己母语的依赖，教和学都要在一种人为营造的全英语的环境下模仿学习，感悟提高。英语直接法教学要达到良好的效果，既要依靠学生的自主努力，更要依靠教师心甘情愿的付出，严格地执行规范化的教学秩序安排。如果英语学习者没有在最初的三个步骤投入相应的时间和实践，那么，接下来的英语单词发音和语义关联，以及英语写作实践，就成了无米之炊，难以为继。

事实上，经过笔者的实际考察，这种教学方式在成都地区某些中学课堂的英语教学实践中，被证明是行之有效的，在相同的英语起点和不同的教学环境下，接受英语直接法教学的初学者英语水平提高很快，英语口语表达的熟练程度也很让人满意，虽然师生在教学过程的最初阶段都要经历一个磨合适应阶段。显然，这是值得我们继续探索的一种教学方法，对于医治人们长期诟病的"哑巴英语"，确实是一剂良方。

文幼章大力推广的英语直接法教学，强调初学英语者要"先听为主"，更重要的是，学习者要尽快达到更高一级的英语阅读和英语写作，学生在高段的英语阅读材料中，倒是不排除适当地依靠汉语释疑。文幼章编著的英语教材图文并茂，颇有特色，教材练习重视对课文内容的问题设置，练习的分量很大，有利于督促学习者的口语训练，帮助学习者掌握文本内容，语法专项练习也略有兼顾。齐鲁大学陈寅回忆自己当年英语学习的情况时说："我在华西坝齐鲁大学读书时，他教过我英文。文幼章出生在四川嘉定，讲一口流利的四川话，人很幽默，他教英文用的是直接教授法。他常常嘲笑中国英文教师授课时，总是先从文法入手。他称这些教师为'文法老爷'。于是我们就给他取了个绰号，反过来把他称为'文法老爷'。"（岱峻，2013：121）

无可否认，在教学过程中，良好的教学方法能够增强学生的学习积极性，培养学生自主学习的能力，这是不言而喻的。教师的基本作用就是"传道受业解惑"，教师授之以渔，学生方可以独立自主地学习。教师在教学过程中及时发现问题，调整教学方法，因材施教，才能更好地指导学生，而不应缘木求鱼、刻舟求剑，一根筋走到黑，这不仅达不到应有的教学效果，还会使学生厌倦学习，失去课程学习的兴趣。与时俱进，具体问题具体分析，才是正确解决英语教学中"供需"矛盾的关键所在。《礼记·学记》有云："善歌者，使人继其声；善教者，使人继其志。其言也约而达，微而臧，罕譬而喻，可谓继志矣。"由此可见，从古至今，教师的课堂作用是十分重要的，但是，教师的作用只是外因，外因需要通过内因才能很好地发挥作用。"善学者，师逸而功倍，又从而庸之；不善学者，师勤而功半，又从而怨之。善问者，如攻坚木，先其易者，后其节目，及其久也，相说以解；不善问者反此。善待问者，如撞钟，叩之以小者则小鸣，叩之以大者则大鸣，待其从容，然后尽其声；不善答问者反此。此皆进学之道也。"

总之，在重视中西文化学习的同时，英语直接教学法重视英语听说能力的"自然"提高，注重激发学生课堂英语口语表达的热情和积极性，然后才是英语读写能力的训练和提升。

4. 结语

正如其他教学法一样，英语直接法教学是时代的产物。语言教学究竟采取何种教学法最有效呢？教育家叶圣陶先生提出，教学有法，教无定法，贵在得法。《说文解字》对教和学做了如是解释："教，上所施，下所效也。"那么，教学法如何才算是得法？学习方法又如何才算是得要领？这些问题不仅是英语学科教学的疑问，其他学科同样也会遇到这些疑问。

我们通常认为，有了特定的学习环境，外语学习就可以取得立竿见影的效果，学习者就会对外语学习充满自信。因此，社会的需要、学生的需要才是外语教学中需要认真研究的问题，对症下药，采取适合学生需要的教学办法，才能收到事半功倍之效。根据《大学英语课程教学要求》，大学英语课程是我国大学生的一门必修的基础课程，教学目标是培养学生的英语综合实践能力，特别是英语听说能力，其目的是让学生更好地适应我国经济社会发展和国际交流的需要（教育部高等教育司，2007：1）。该教学要求明确规定，大学英语课堂教学要充分利用现代信息技术，改进教师讲授为主的单一教学模式。

诚然，大学英语课堂中我们主张学生自主学习为主，教师讲授为辅，目的就是要学生学会自觉学习，自主学习，但是，这并不妨碍教师在课堂教学中发挥主导作用。不同地域和不同高校的学生英语水平相关很大，即使同一所高校的学生，其英语水平也会有很大的差异性，教学方法自然不能"一刀切"，有效的课堂教学需要教师事先调查研究，更需要教师因材施教，对症下药，一人一策，或者一班一策，辅之以可操作的综合考评方式。

我们应重视英语教师对课本的"精讲多练"，自然，"精讲"到哪种程度，"多练"到那种境界，都需要任课教师仔细思量，否则"言者谆谆，听者藐藐"，导致事与愿违，"来归相怨怒"。教材该讲的内容还是要系统地讲授，只需点到之处也要一带而过，要言不烦。如果学生只是为了参加全国大学英语四、六级考试（CET），毫无疑问，大量练习是必不可少的，"操千曲而后晓声，观千剑而后识器"。如果学生只是希望提升自己的英语口语表达熟练程度，那么就要进行有效的对话和经常性的讨论训练。新媒体和互联网技术的迅猛发展为英语学习者提供了良好的学习环境和丰富的音视频资源，如何让英语课堂教学兼具实用性、知识性和趣味性，显然是一个与时俱进亟待研究的问题。

参考文献：

岱峻，2013．风过华西坝：战时教会五大学纪［M］．南京：江苏文艺出版社．

高芳卉，2011．晚清英语教学法及其对大学英语教学的启示［J］．陕西理工学院学报（社会科学版）（4）．

教育部高等教育司，2007．大学英语课程教学要求［M］．上海：上海外语教育出版社．

文幼章，1937．直接法英语读本：第1册［M］．上海：中华书局．

文忠志，1983．文幼章传——出自中国的叛逆者［M］．李国林，等译．成都：四川人民出版社．

杨春卫，陈兆军，2012．大学英语精读教学中直接法的应用探究［J］．黑龙江教育学院学报（9）．

赵毅，2016．关于加强对乐山市传教士文幼章故居保护开发的建议［J］．决策咨询（5）．

Dr. James G. Endicott's Direct Method in English Courses：A Review

Zhao Yi

Abstract：The Endicotts have expressed their sympathy for the modern Chinese revolution and cherished an honest friendship with the CPC's government and Chinese people. Dr. James G. Endicott's work on behalf of China and of peace has generated international understanding and friendship. He started a though-going reform in the method of teaching English both in Sichuan and in other areas around China by means of compiling English readers and teaching the Direct Method English courses based strictly on Mr. H. E. Palmer's classroom procedures and devices.

Key words：Dr. James G. Endicott；English；Direct Method